应用技能型院校"十四五"规划教材
根据全国会计专业技术初级资格考试大纲编写

初级会计实务习题集

（第二版）

初级会计资格课证融通教研组 / 编

立信会计出版社
LIXIN ACCOUNTING PUBLISHING HOUSE

图书在版编目(CIP)数据

初级会计实务习题集 / 初级会计资格课证融通教研组编. —2版. —上海：立信会计出版社，2022.7(2024.1重印)
ISBN 978-7-5429-7127-2

Ⅰ.①初… Ⅱ.①初… Ⅲ.①会计实务-资格考试-习题集 Ⅳ.①F233-44

中国版本图书馆 CIP 数据核字(2022)第 123274 号

策划编辑　　王斯龙
责任编辑　　王斯龙

初级会计实务习题集(第二版)
CHUJI KUAIJI SHIWU XITIJI

出版发行	立信会计出版社			
地　　址	上海市中山西路 2230 号	邮政编码	200235	
电　　话	(021)64411389	传　　真	(021)64411325	
网　　址	www.lixinaph.com	电子邮箱	lixinaph2019@126.com	
网上书店	http://lixin.jd.com		http://lxkjcbs.tmall.com	
经　　销	各地新华书店			
印　　刷	上海万卷印刷股份有限公司			
开　　本	787 毫米×1092 毫米	1/16		
印　　张	11.75			
字　　数	301 千字			
版　　次	2022 年 7 月第 2 版			
印　　次	2024 年 1 月第 3 次			
书　　号	ISBN 978-7-5429-7127-2/F			
定　　价	32.50 元			

如有印订差错,请与本社联系调换

第二版前言

为帮助学生掌握"初级会计实务"课程的知识,我们根据该课程的特点,编写了本书,可与《初级会计实务》一书配套使用。本书具有以下特点。

1. 紧贴政策,与时俱进

本书严格按照最新的个人所得税法和税收政策编写,在重印时会随着会计税收政策的修订而及时更新,并在相关配套资源中予以体现。

2. 精选习题,详尽解析

本书符合应用技能型院校对专业课程知识和能力的要求,每章节均设有相应的训练习题,并配有3套模拟试卷,便于学生学习。

3. 理实一体、知行合一

为培养应用技能型人才,本书不仅配有基础理论题,还配有大量考核业务能力的大题,有利于学生全面、系统地掌握所学知识,培养学生分析、解决问题的能力,真正做到知行合一。

本书知识内容与《初级会计实务》一书同步,每章节的题型包括单项选择题、多项选择题、判断题、不定项选择题。

本书由初级会计资格课证融通教研组组织编写。胡桂青、梁克工担任教研组主任,胡月珍、古南荣担任教研组副主任,董晓旭、曾高峰、温素娟、张锐参与编写工作。其中,梁克工、董晓旭编写了第一章,梁克工、曾高峰编写了第二章,梁克工、古南荣编写了第三章至第五章,梁克工、胡月珍编写了第六章,胡月珍、古南荣编写了第七章,张锐、温素绢编写了第八章,胡桂青编写了综合模拟测试卷。

由于编者水平有限,书中如有不足之处,恳请读者提出宝贵意见,以便我们及时更正。

目 录

第一章　概述 ··· 1
  知识训练一　会计的内涵、职能和目标 ··· 1
  知识训练二　会计基本假设、会计核算基础 ·· 2
  知识训练三　会计信息质量要求 ·· 3
  知识训练四　会计职业道德 ·· 4
  知识训练五　内部控制基础 ·· 6

第二章　会计基础 ·· 8
  知识训练一　会计要素及其确认与计量 ·· 8
  知识训练二　会计科目和借贷记账法 ·· 11
  知识训练三　会计凭证和会计账簿 ·· 15
  知识训练四　财产清查 ·· 17
  知识训练五　会计账务处理程序和会计信息化基础 ····································· 21
  知识训练六　成本与管理会计基础 ·· 22
  知识训练七　政府会计基础 ·· 25

第三章　流动资产 ·· 27
  知识训练一　货币资金 ·· 27
  知识训练二　交易性金融资产 ·· 30
  知识训练三　应收及预付款项 ·· 36
  知识训练四　存货 ··· 43

第四章　非流动资产 ··· 61
  知识训练一　长期投资 ·· 61
  知识训练二　投资性房地产 ·· 67
  知识训练三　固定资产 ·· 72

    知识训练四　生产性生物资产 ………………………………………………… 85
    知识训练五　无形资产和长期待摊费用 ……………………………………… 86

第五章　负债 …………………………………………………………………………… 95
    知识训练一　短期借款 ………………………………………………………… 95
    知识训练二　应付及预付账款 ………………………………………………… 96
    知识训练三　应付职工薪酬 …………………………………………………… 98
    知识训练四　应交税费 ……………………………………………………… 102
    知识训练五　非流动负债 …………………………………………………… 107

第六章　所有者权益 …………………………………………………………………… 110
    知识训练一　实收资本或股本 ……………………………………………… 110
    知识训练二　资本公积和其他综合收益 …………………………………… 115
    知识训练三　留存收益 ……………………………………………………… 117

第七章　收入、费用和利润 …………………………………………………………… 122
    知识训练一　收入 …………………………………………………………… 122
    知识训练二　费用 …………………………………………………………… 133
    知识训练三　利润 …………………………………………………………… 139

第八章　财务报告 ……………………………………………………………………… 146
    知识训练一　概述 …………………………………………………………… 146
    知识训练二　资产负债表 …………………………………………………… 146
    知识训练三　利润表 ………………………………………………………… 153
    知识训练四　现金流量表 …………………………………………………… 156
    知识训练五　所有者权益变动表 …………………………………………… 157
    知识训练六　财务报表附注及财务报告信息披露要求 …………………… 158

综合模拟测试卷一 ……………………………………………………………………… 160
综合模拟测试卷二 ……………………………………………………………………… 169
综合模拟测试卷三 ……………………………………………………………………… 176

第一章 概 述

知识训练一 会计的内涵、职能和目标

一、单项选择题

1. 下列各项中,属于合法性审查的是（　　）。
   A. 检查各项经济业务是否符合经济运行客观规律
   B. 检查各项经济业务是否遵守国家各项方针政策
   C. 检查各项经济业务是否符合单位的内部管理要求
   D. 检查各项经济业务是否有利于经营目标或预算目标的实现

2. 下列各项中,可以反映企业管理层受托责任履行情况,有助于财务会计报告使用者作出经济决策的是（　　）。
   A. 会计目标　　　　　　　　　　B. 会计方法
   C. 会计核算基础　　　　　　　　D. 会计准则

3. 下列关于会计基本职能的说法中,正确的是（　　）。
   A. 会计的核算职能是对特定主体经济活动和相关会计核算的真实性、合法性和合理性进行审查
   B. 财物的收发、增减和使用属于会计核算的内容
   C. 根据财务报告等提供的信息,定量或者定性地判断和推测经济活动的发展变化规律属于会计的基本职能
   D. 会计的基本职能包括对经营业绩的评价

二、多项选择题

1. 下列关于会计职能关系的表述中,正确的有（　　）。
   A. 会计拓展职能只包括预测经济前景
   B. 会计监督是会计核算职能的基础
   C. 会计核算职能是会计的首要职能
   D. 会计监督是会计核算的保障

2. 下列活动不需要进行会计核算的有（　　）。
   A. 订立经济合同　　　　　　　　B. 确定企业投资方案
   C. 制订财务收支计划　　　　　　D. 以实物形式发放职工福利

3. 会计核算的内容主要包括（　　）。
   A. 有价证券的收付　　　　　　　B. 成本的计算
   C. 债权、债务的结算　　　　　　D. 基金的增减

三、判断题

1. 在会计核算中，企业应以货币计量为主要计量单位，以实物量或者劳务量为辅，对单位的经济活动进行计量。（   ）
2. 会计除了核算和监督职能外，还具有预测经济前景、参与经济决策、评价经营业绩等拓展职能。（   ）
3. 费用的发生应当会导致经济利益流出企业，从而导致资产的增加或者负债的减少。（   ）

知识训练二　会计基本假设、会计核算基础

一、单项选择题

1. 甲企业在年初用银行存款支付本年租金 60 000 元，于 1 月末仅将其中的 5 000 元计入本月费用，这符合（   ）。
   A. 收付实现制原则　　　　　　　　B. 权责发生制原则
   C. 谨慎性原则　　　　　　　　　　D. 历史成本计价原则
2. 企业于 8 月 28 日销售产品价款共计 56 000 元，于 11 月 1 日收到货款存入银行，按收付实现制核算时，该项收入应归属于（   ）。
   A. 8 月　　　　　　　　　　　　　B. 11 月
   C. 当年　　　　　　　　　　　　　D. 视情况而定
3. 下列各项中，可能采用可变现净值进行计量的是（   ）。
   A. 短期借款期末计量　　　　　　　B. 固定资产期末计量
   C. 无形资产期末计量　　　　　　　D. 原材料期末计量
4. 企业盘盈固定资产应采用的会计计量属性是（   ）。
   A. 可变现净值　　　　　　　　　　B. 公允价值
   C. 重置成本　　　　　　　　　　　D. 现值
5. 资产按照预计从其持续使用和最终处置中所产生的未来净现金流入的折现金额计量，其会计计量属性是（   ）。
   A. 历史成本　　　　　　　　　　　B. 重置成本
   C. 现值　　　　　　　　　　　　　D. 公允价值
6. 收付实现制和权责发生制两种会计核算基础是基于（   ）会计基本假设。
   A. 会计主体　　　　　　　　　　　B. 持续经营
   C. 会计分期　　　　　　　　　　　D. 货币计量
7. 下列关于会计核算基础的说法中，不正确的是（   ）。
   A. 事业单位预算会计核算一般采用收付实现制
   B. 凡是不属于当期的收入和费用，即使款项已在当期收付，也不应当作为当期的收入和费用，属于权责发生制
   C. 企业可以选择按权责发生制或收付实现制进行会计核算，一经确定，不得变更
   D. 凡是当期已经实现的收入和已经发生或者应当负担的费用，无论款项是否收付，都应当作为当期的收入和费用，计入利润表，属于权责发生制

二、多项选择题

下列关于会计基本假设的说法中,正确的有( )。
A. 选人民币作为记账本位币体现了货币计量假设
B. 对业务进行确认、计量和报告体现了会计主体假设
C. 对外购固定资产按使用年限计提折旧体现了持续经营假设
D. 按年编制财务报告体现了会计分期假设

三、判断题

1. 我国企业应采用收付实现制作为会计核算的基础。 ( )
2. 会计分期是对持续经营假设的有效延续。 ( )
3. 持续经营是指会计主体将会按当前的规模和状态一直持续经营下去,不会停业、破产清算,也不会大规模削减业务。 ( )

知识训练三 会计信息质量要求

一、单项选择题

1. 固定资产采用加速折旧法折旧,体现了( )原则。
   A. 一贯性   B. 谨慎性
   C. 主要性   D. 及时性

2. 下列关于会计信息质量要求的说法中,不正确的是( )。
   A. 可比性不仅要求同一企业不同时期可比,而且要求不同企业相同会计期间可比
   B. 可理解性要求提供的会计信息清晰明了,它是高质量会计信息的重要基础和关键所在
   C. 企业租入的资产(短期租赁和低值资产租赁除外)应作为使用权资产进行核算与管理体现的是实质重于形式
   D. 既不高估资产或收益,也不低估负债或费用体现的是谨慎性

3. 某企业本期购入一批原材料,因暂时未生产领用,因此一直未登记入账,这违背了会计信息质量要求中的( )要求。
   A. 及时性   B. 实质重于形式
   C. 谨慎性   D. 重要性

4. 企业对固定资产计提固定资产减值准备体现了会计信息质量要求中的( )要求。
   A. 实质重于形式   B. 谨慎性
   C. 重要性   D. 可靠性

二、多项选择题

1. 下列关于会计信息质量要求的说法中,正确的有( )。
   A. 企业前后各期应用的会计政策一致体现可比性
   B. 计提存货跌价准备体现谨慎性
   C. 保证会计信息真实完整体现可靠性

D. 售后回购不确认收入体现实质重于形式

2. 下列各项中,符合谨慎性要求的有( )。
A. 设置各种秘密准备
B. 固定资产采用加速折旧法
C. 对存货计提存货跌价准备
D. 对应收账款计提坏账准备

3. 下列各项中,属于会计信息质量要求的有( )。
A. 可靠性
B. 相关性
C. 可理解性
D. 可比性

4. 下列各项中,体现"可靠性"原则要求的有( )。
A. 要求企业根据真实的交易进行会计核算
B. 要求企业提供的会计信息应当与投资者等财务报告使用者的经济决策需要相关
C. 要求企业如实反映符合确认和计量要求的会计要素及其他相关信息
D. 要求企业提供的会计信息应当清晰明了,便于投资者等财务报告使用者理解和使用

5. 下列各项中,体现"实质重于形式"原则要求的有( )。
A. 分期付款购买固定资产具有融资性质,按购买价款的现值作为固定资产入账成本
B. 不得提前确认收入
C. 将 5 000 元以下的打印机直接作为当期费用核算
D. 母子公司编制合并报表

三、判断题

1. 甲公司存货发出计价采用月末一次加权平均法,因管理需要将其改为移动加权平均法,该事项违背可比性原则。 ( )

2. 同一企业不同时期发生的所有交易或者事项,都应当采用一致的会计政策,不得随意变更。 ( )

3. 企业月末发生的交易或者事项,由于要进行月末结账比较忙,该交易或者事项可以下个月进行确认、计量、记录和报告。 ( )

4. 会计信息质量要求中的可比性要求会计核算方法前后各期应当保持一致,不得变更。 ( )

知识训练四 会计职业道德

一、单项选择题

1. 下列各项中,不属于会计职业道德规范的内容是( )。
A. 坚持准则
B. 客观公正
C. 提高会计核算质量
D. 及时传递信息

2. 下列关于会计职业道德规范的"爱岗敬业"表述中,不正确的是( )。
A. 持续提高会计职业技能
B. 安心会计工作和会计工作岗位,任劳任怨
C. 忠于职守,尽心尽力、尽职尽责

D. 热爱会计工作,敬重会计职业
3. 下列关于会计职业道德和会计法律制度区别的表述中,不正确的是(　　)。
   A. 会计法律制度具有很强的自律性,会计职业道德具有很强的他律性
   B. 会计法律制度表现形式是成文的规范,会计职业道德表现形式既有明确成文的规范,也有不成文的规范
   C. 会计职业道德主要依靠行业行政管理部门监管执行和职业道德教育、社会舆论、传统习惯和道德评价来实现
   D. 会计法律制度侧重于调整会计人员的外在行为和结果的合法化,会计职业道德不仅调整会计人员的外在行为,还调整会计人员内在的精神世界,作用范围更加广泛
4. 会计人员充分发挥会计在企业经营管理中的职能作用,努力钻研相关业务,体现了会计职业道德中(　　)的要求。
   A. 爱岗敬业　　　　　　　　B. 提高技能
   C. 强化服务　　　　　　　　D. 参与管理
5. 某公司为获得项工程合同,拟向工程发包的有关人员支付好处费10万元。公司市场部人员持公司董事长的批示到财务部领取该笔款项时,财务部经理小王认为该项支出不符合有关规定,但考虑到公司主要领导已作了同意的批示,遂支付了此款项。下列对小王做法的认定中,正确的是(　　)。
   A. 小王违反了爱岗敬业的会计职业道德要求
   B. 小王违反了参与管理的会计职业道德要求
   C. 小王违反了客观公正的会计职业道德要求
   D. 小王违反了坚持准则的会计职业道德要求
6. 会计人员在做好本职工作的同时,主动提出合理化建议,协助领导决策。这体现了会计职业道德中(　　)的要求。
   A. 爱岗敬业　　　　　　　　B. 参与管理
   C. 提高技能　　　　　　　　D. 坚持准则
7. 会计职业道德不依靠(　　)来实现。
   A. 职业道德教育　　　　　　B. 社会舆论
   C. 道德评价　　　　　　　　D. 国家强制力

二、多项选择题

1. 下列各项企业会计人员行为中,属于遵守客观公正会计职业道德要求的有(　　)。
   A. 在企业发生严重亏损时,坚持按照会计准则要求计提资产减值准备
   B. 面对众多利益相关者始终保持不偏不倚的客观态度
   C. 在处理利益相关者关系时保持应有的独立性
   D. 坚持以合法有效的原始凭证为依据进行会计处理
2. 下列各项中,属于"廉洁自律"会计职业道德基本要求的有(　　)。
   A. 公私分明,清正廉洁,不贪不占,保持清白
   B. 树立正确的人生观和价值观
   C. 正确认知会计职业,树立职业荣誉感

D. 始终坚持按法律、法规和国家统一的会计制度的要求进行会计核算,实施会计监督

3. 下列关于会计职业道德和会计法律制度两者关系的表述中,正确的有(   )。
   A. 会计法律制度是会计职业道德的重要补充
   B. 会计法律制度是会计职业道德的最低要求
   C. 违反会计职业道德一定违反会计法律制度
   D. 会计职业道德与会计法律制度在内容上相互渗透、相互吸收;在作用上相互补充、相互协调

4. 下列各项企业会计人员行为中,属于廉洁自律职业道德的有(   )。
   A. 遵纪守法,一身正气   B. 严肃认真,一丝不苟
   C. 忠于职守,尽心尽力   D. 公私分明,清正廉洁

5. 下列各项中,属于增强会计人员诚信意识的具体措施的有(   )。
   A. 强化会计职业道德意识
   B. 建立严重失信会计人员"黑名单"制度
   C. 加强会计诚信教育
   D. 建立会计人员信用信息管理制度

6. 下列关于会计职业道德与会计法律制度区别的表述中,正确的有(   )。
   A. 会计职业道德不仅调整会计人员的外在行为,还调整会计人员内在的精神世界
   B. 会计法律制度依靠国家强制力保证其贯彻执行
   C. 会计职业道德以道德评价为标准
   D. 会计法律制度既有成文的规定也有不成文的规定

7. 会计法律制度是会计职业道德的(   )。
   A. 最低要求   B. 基本制度保障
   C. 重要前提   D. 重要补充

三、判断题

1. 当企业利益相关者与社会公众发生利益冲突时,企业会计人员应当维护企业的利益。(   )
2. 鼓励用人单位建立会计人员信用管理制度,将会计人员遵守会计职业道德情况作为考核评价、岗位聘用的重要依据,强化会计人员诚信责任。(   )
3. 会计职业是会计人员和审计人员赖以谋生的劳动过程,具有获取合理报酬的特性。(   )
4. 对会计领域违法失信当事人,将其违法失信记录记入会计人员信用档案。(   )

知识训练五 内部控制基础

一、单项选择题

1. 下列各项中,属于内部控制目标的是(   )。
   A. 会计监督的真实有效   B. 费用支出的最小化

C. 提高经营效率和效果 　　　　　　　D. 内部各部门的协调配合
2. 下列关于内部控制目标的说法中,错误的是(　　)。
   A. 内部控制的目标是建立健全并实施内部控制应实现的目的和要求
   B. 企业财务报告及相关信息在范围上包括企业内部的财务报告和各种相关的信息
   C. 企业应合理恰当地处理效率和效果的关系,强调经济效果的重要性
   D. 企业应建立健全与内控制度协调一致的企业内部的其他各项管理规章制度
3. (　　)是实施内部控制的重要环节,也是实施控制的对象内容。
   A. 风险评估 　　　　　　　　　　　　B. 内部环境
   C. 控制活动 　　　　　　　　　　　　D. 内部监督
4. 甲公司及子公司未制定对账制度,对应收账项的多个往来科目未定期与对方公司核对,导致企业财务报表中应收账款、应付账款、其他应收款和其他应付款等科目存在真实准确性的认定风险,进而导致资产安全完整和财务报告及相关信息真实完整等控制目标难以实现。甲公司的内部控制缺陷属于(　　)。
   A. 明显缺陷 　　　　　　　　　　　　B. 重要缺陷
   C. 一般缺陷 　　　　　　　　　　　　D. 重大缺陷

二、多项选择题

1. 下列各项中,属于内部控制要素的有(　　)。
   A. 控制活动 　　　　　　　　　　　　B. 风险评估
   C. 企业发展战略 　　　　　　　　　　D. 外部环境
2. 下列各项中,属于内部控制实施者的有(　　)。
   A. 重要员工 　　　　　　　　　　　　B. 董事会
   C. 监事会 　　　　　　　　　　　　　D. 经理层
3. 下列各项中,属于控制活动的有(　　)。
   A. 职责分工控制 　　　　　　　　　　B. 审核批准控制
   C. 信息技术控制 　　　　　　　　　　D. 财产保护控制
4. 下列各项中,属于风险评估的有(　　)。
   A. 风险目标设定 　　　　　　　　　　B. 风险分析
   C. 风险应对 　　　　　　　　　　　　D. 风险识别

三、判断题

1. 企业内部控制是为提升会计核算的信息质量,所以内部控制的实施主体是财务机构和人员。(　　)
2. 内部控制缺陷按其成因分为人为缺陷和失误缺陷。(　　)
3. 信息与沟通主要包括信息的收集机制及企业内部的沟通机制。(　　)

第二章 会计基础

知识训练一 会计要素及其确认与计量

一、单项选择题

1. ( )是指企业取得或生产制造某项财产物资时所实际支付的现金或者现金等价物。
   A. 现值
   B. 重置成本
   C. 历史成本
   D. 可变现净值

2. 下列属于企业编制资产负债表的依据是( )。
   A. 收入－费用＝利润
   B. 资产＝净资产
   C. 资产＝负债＋所有者权益＋收入－费用
   D. 资产＝负债＋所有者权益

3. 下列经济业务中,引起负债减少,同时所有者权益增加的是( )。
   A. 将应付账款转为股本
   B. 以银行存款偿还前欠货款
   C. 以赊购方式购入材料
   D. 宣告分派现金股利

4. 从任何一个时点看,企业的资产总额与权益总额之间必须保持数量上的平衡关系,用恒等式表示的是( )。
   A. 资产＝债务人权益＋所有者权益
   B. 资产＝所有者权益
   C. 资产＝负债
   D. 资产＝负债＋所有者权益

5. 下列经济业务中,能引起资产和负债同时增加的是( )。
   A. 收到其他单位归还的欠款,存入银行
   B. 归还银行短期借款
   C. 将现金存入银行
   D. 购进商品一批,货款尚未支付

6. 企业收回某公司前欠的购货款,表现为( )。
   A. 一项资产增加,一项所有者权益增加
   B. 一项资产增加,一项负债增加
   C. 一项资产增加,另一项资产减少,资产总额减少
   D. 一项资产增加,另一项资产减少,资产总额不变

7. 下列各项中,属于资产的是( )。
   A. 短期租入的设备
   B. 企业预计买入的卡车
   C. 委托代销的商品
   D. 已经报废的机器设备

8. 下列关于交易或事项对会计等式影响的说法中,不正确的是( )。
   A. 每一项经济业务的发生都必然会引起会计等式的两边有关项目相互联系的发生等量变化

B. 当某一项经济业务的发生涉及会计等式的两边时,有关项目的金额发生相同方向的等额变动

C. 从银行提取备用金,体现的是资产的一增一减

D. 每一项经济业务的发生,都不会影响会计等式的平衡关系

9. 下列各项中,不应确认为费用的是(　　)。
   A. 广告宣传费　　　　　　　　B. 因自然灾害造成的固定资产净损失
   C. 管理费用　　　　　　　　　D. 财务费用

10. 甲公司以从银行借入的长期借款购买一批原材料,此项经济业务对会计等式的影响是(　　)。
    A. 资产一增一减　　　　　　　B. 资产增加,负债增加
    C. 资产减少,负债减少　　　　　D. 负债一增一减

11. 下列关于利润的说法中,不正确的是(　　)。
    A. 利润是指企业在一定会计期间的经营成果
    B. 利润包括营业利润、利润总额和净利润
    C. 企业非日常发生的利得或损失不影响利润
    D. 利润的确认主要依赖于收入和费用,以及利得和损失的确认

12. 下列各项中,不会引起企业资产总额发生变化的是(　　)。
    A. 购入原材料一批,款项尚未支付　　B. 接受新投资者的货币资金投资
    C. 销售商品一批,款项尚未收到　　　D. 从银行提取备用金

二、多项选择题

1. 所有者权益的来源包括(　　)。
   A. 企业投资人投入的资本　　　　B. 留存收益
   C. 直接计入所有者权益的利得　　D. 直接计入所有者权益的损失

2. 下列各项中,属于经营成果要素的有(　　)。
   A. 资产　　　　　　　　　　　B. 负债
   C. 利润　　　　　　　　　　　D. 费用

3. 下列经济业务中,不会引起资产和负债同时增加的有(　　)。
   A. 以银行存款购买固定资产　　　B. 以银行存款对外股权投资
   C. 以银行存款清偿所欠货款　　　D. 获取贷款并存入银行

4. 下列关于负债特征的表述中,不正确的有(　　)。
   A. 负债是企业承担的潜在义务
   B. 负债预期会导致经济利益流出企业
   C. 负债是由企业过去或将来需履行的交易或者事项形成的
   D. 负债需要与该义务有关的经济利益很可能流出企业

5. 下列对会计等式"资产=负债+所有者权益"的描述中,正确的有(　　)。
   A. 该等式反映了在某一特定时点企业财务的基本状况
   B. 该等式反映了在某一特定时期企业财务的基本状况
   C. 资产、负债及所有者权益是构成资产负债表的三个基本要素

D. 该等式反映了资金运动三个静态要素之间的内在联系

6. 下列关于资产的说法中,正确的有( )。
   A. 资产是属于反映企业财务状况的会计要素
   B. 资产是企业拥有或者控制的经济资源
   C. 资产预期会为企业带来经济利益
   D. 资产是由企业过去的交易或者事项形成的

7. 下列关于会计等式原理的说法中,正确的有( )。
   A. 负债增加,所有者权益减少,资产不变
   B. 资产有增有减,所有者权益不变
   C. 资产增加,负债减少,所有者权益不变
   D. 资产不变,负债增加,所有者权益增加

8. 下列经济业务中,会导致资产和负债同时减少的有( )。
   A. 以银行存款偿还材料采购款   B. 向银行借款偿还应付账款
   C. 以银行存款发放现金股利   D. 以盈余公积转增资本

9. 下列经济业务中,企业资产总额不会发生变动的有( )。
   A. 资本公积转增资本   B. 从银行提取备用金
   C. 赊购固定资产   D. 用银行存款归还前欠货款

10. 下列交易事项中,会使会计等式成立的有( )。
   A. 资产增加、所有者权益增加   B. 负债减少、所有者权益减少
   C. 负债增加、所有者权益减少   D. 资产增加、负债减少

11. 某项经济业务的发生没有影响所有者权益总额,则可能发生( )。
   A. 资产和负债同时增减   B. 资产和负债一增一减
   C. 负债内部一增一减   D. 资产内部一增一减

12. 下列关于会计等式的说法中,正确的有( )。
   A. 无论企业发生任何经济业务,会计等式关系不变
   B. "资产=负债+所有者权益"是编制资产负债表的依据
   C. "收入-费用=利润"是编制利润表的依据
   D. 会计等式是表明会计要素之间基本关系的等式

13. 下列关于资产与负债的表述中,正确的有( )。
   A. 企业的资产和负债都是在过去的交易或者事项中所形成的
   B. 资产与负债的区别之一是资产会为企业带来经济利益的流入,而负债会导致企业经济利益的流出
   C. 资产与负债的共同之处表现在,未来交易或者事项中所有可能形成的均不作为资产、负债核算的内容
   D. 资产与负债都可以按流动性划分

14. 某企业收到投资人投入的一项专利权,该项业务会导致( )。
   A. 资产增加   B. 负债增加
   C. 所有者权益增加   D. 收入增加

15. 下列关于费用的说法中,不正确的有( )。

A. 费用会导致资产的增加或负债的减少
B. 企业处置非流动资产发生的净损失应确认为企业的费用
C. 费用最终会导致所有者权益的减少
D. 企业向投资者分配利润发生的现金流出不属于企业的费用

三、判断题

1. 根据《企业会计准则》规定,只要能使所有者权益增加的均属于收入。（ ）
2. "资产＝负债＋所有者权益"是复式记账法的理论基础,也是编制资产负债表的依据。（ ）
3. 在同一项经济业务中,资产和负债发生一增一减的变化,不会影响会计等式的平衡关系。（ ）
4. 已无使用和转让价值的专利权仍是企业的资产。（ ）
5. 在会计要素中,实收资本和盈余公积均属于投资者投入企业的资本。（ ）
6. 在会计恒等式"资产＝负债＋所有者权益"中,负债与所有者权益可以统称为权益,但是负债与所有者权益的性质不同。（ ）
7. 所有者权益不需要偿还,除非发生减资、清算或分配股票股利。（ ）
8. 企业将短期借款延期,变更为长期借款,该项经济业务会引起会计等式左右两边会计要素发生一增一减的变化。（ ）
9. 尽管所有者权益和负债都对企业资产拥有要求权,但它们的权利和义务是不一样的。（ ）
10. 一项现时义务符合负债的定义,并且未来很可能流出的经济利益的金额能够可靠地计量,即可确认为负债。（ ）
11. 企业的费用主要包括其他业务成本、税金及附加、期间费用及营业外支出。（ ）
12. 历史成本是指按照当前市场条件,重新取得同样一项资产所需支付的现金或现金等价物。（ ）
13. 企业资产分为流动资产和非流动资产两大类,企业负债分为流动负债和非流动负债两大类。（ ）

知识训练二　会计科目和借贷记账法

一、单项选择题

1. 下列各项中,属于负债类科目的是(　　)。
   A. 长期待摊费用　　　　　　　　B. 应收账款
   C. 预付账款　　　　　　　　　　D. 预收账款
2. 借贷记账法下分别以借、贷两个记账符号表示各会计要素的增加或减少,至于借表示增加还是贷表示增加,则取决于(　　)。
   A. 账户的格式　　　　　　　　　B. 账户的名称
   C. 账户的用途　　　　　　　　　D. 账户的性质与所记录经济内容的性质
3. 下列各项中,属于所有者权益类科目是(　　)。
   A. 以前年度损益调整　　　　　　B. 待处理财产损溢

  C. 公允价值变动损益   D. 本年利润

4. 按反映的经济内容分,制造费用属于( )科目。
  A. 资产类   B. 负债类
  C. 损益类   D. 成本类

5. 某企业月末在编制试算平衡表中,全部账户的本月贷方发生额合计为 13.2 万元,除银行存款账户外的本月借方发生额合计为 4.2 万元,则银行存款账户( )。
  A. 本月贷方余额为 9 万元   B. 本月借方余额为 9 万元
  C. 本月借方发生额为 9 万元   D. 本月贷方发生额为 9 万元

6. 下列各项中,可以通过编制试算平衡表发现的记账错误是( )。
  A. 重记了某项经济业务
  B. 漏记了某项经济业务
  C. 记错有关账户
  D. 只登记了会计分录的借方或贷方,漏记了另一方

7. 某企业月初"短期借款"账户为贷方余额 50 万元,本月向银行借入期限为 6 个月的短期借款 30 万元,归还以前的短期借款 20 万元,则本月末短期借款账户的余额为( )。
  A. 贷方 40 万元   B. 贷方 60 万元
  C. 借方 60 万元   D. 贷方 30 万元

8. 会计科目按其所( )不同,可分为总分类科目和明细分类科目。
  A. 反映的会计对象
  B. 归属的会计要素
  C. 提供信息的详细程度及其统驭关系
  D. 反映的经济业务

9. 下列各项中,属于长期负债科目的是( )。
  A. 应付账款   B. 应付股利
  C. 应付债券   D. 资本公积

10. 下列关于借贷记账法的说法中,不正确的是( )。
  A. 资产类科目的借方表示增加,贷方表示减少
  B. 负债类科目的借方表示减少,贷方表示增加
  C. 所有者权益类科目期末贷方余额=期初贷方余额+本期贷方发生额-本期借方发生额
  D. 损益类科目的期末借方余额=期初借方余额+本期贷方发生额-本期借方发生额

11. 甲公司"累计折旧"科目的年初贷方余额为 6 000 万元,假设甲公司"累计折旧"科目当年的借方发生额为 2 000 万元,贷方发生额为 3 000 万元,则甲公司"累计折旧"科目的年末余额为( )。
  A. 贷方 7 000 万元   B. 借方 5 000 万元
  C. 贷方 5 000 万元   D. 借方 7 000 万元

12. 某公司期初资产总额为 25 万元,所有者权益总额为 15 万元,本月从银行借款 3 万元,以银行存款购买原材料 5 万元。不考虑其他因素,则上述业务发生后,该公司负债总额为( )万元。
  A. 13   B. 15

C. 18　　　　　　　　　　　　　D. 25

13. 某企业12月初的资产总额为150 000元，负债总额为50 000元。12月份发生两笔业务，取得收入共计60 000元，发生费用共计40 000元，则12月底该企业的所有者权益总额为（　　）元。

A. 120 000　　　　　　　　　　B. 170 000

C. 160 000　　　　　　　　　　D. 100 000

14. 下列各项中，属于负债类科目的是（　　）。

A. 预付账款　　　　　　　　　　B. 递延收益

C. 其他综合收益　　　　　　　　D. 资产处置损益

15. A公司"原材料"总分类账户下设"甲材料"和"乙材料"两个明细账户，"原材料"总账余额为80 000元，"甲材料"明细账户余额为30 000元，则"乙材料"明细账户余额为（　　）元。

A. 50 000　　　　　　　　　　B. 80 000

C. 40 000　　　　　　　　　　D. 30 000

二、多项选择题

1. 下列关于账户的说法中，正确的有（　　）。

A. 账户本期的期末余额等于下期的期初余额

B. 余额一般与增加额在同一方向

C. 账户的左方发生额等于右方发生额

D. 如果一个账户的左方记增加额，右方就记减少额

2. 下列各项中，属于所有者权益类账户的有（　　）。

A. 盈余公积　　　　　　　　　　B. 资本公积

C. 递延收益　　　　　　　　　　D. 实收资本

3. 下列关于会计科目与会计账户的说法中，正确的有（　　）。

A. 在实务工作中会计科目和会计账户不加严格区分，而是相互通用的

B. 会计账户是根据会计科目设置的，具有一定格式和结构，用于分类反映会计要素增减变动情况及其结果的载体

C. 所有的总分类科目都有明细科目

D. 会计账户是对会计要素具体内容进行分类核算的项目

4. 下列关于会计分录的表述中，正确的有（　　）。

A. 一组会计分录主要包括三个要素，分别为记账符号、会计科目和金额

B. 根据账户对应关系的不同，会计分录可以分为简单会计分录和复合会计分录

C. 存在对应关系的账户被称为对应账户

D. 不能将两项或两项以上不同类型的经济业务合在一起编制复合分录

5. 下列各项中，属于企业损益类科目的有（　　）。

A. 管理费用　　　　　　　　　　B. 销售费用

C. 制造费用　　　　　　　　　　D. 研发支出

6. 下列等式中，能正确反映试算平衡关系的有（　　）。

A. 全部账户本期借方发生额合计＝全部账户本期贷方发生额合计

B. 全部账户借方期末余额合计＝全部账户贷方期末余额合计

C. 负债类账户借方发生额合计＝负债类账户贷方发生额合计

D. 每个账户本期借方发生额合计＝每个账户本期贷方发生额合计

7. 下列各项经济业务中，无法通过试算平衡发现错误的有（　　）。

A. 漏记某项经济业务

B. 某项经济业务记录的应借、应贷科目正确，但借贷双方金额同时多记或少记

C. 某项经济业务在账户记录中颠倒了记账方向

D. 某项经济业务记错有关账户

8. 某企业为增值税一般纳税人，购入库存商品一批，价款1 000元，增值税进项税额130元，商品验收入库，以银行存款支付1 000元，剩余款项尚未支付，则用借贷记账法记账涉及的会计科目及发生额有（　　）。

A. "库存商品"借方1 000元   B. "应交税费"借方130元

C. "银行存款"贷方1 000元   D. "应付账款"贷方130元

9. 借贷记账法下，可以在账户借方登记的有（　　）。

A. 资产的增加额   B. 负债的增加额

C. 收入的增加额   D. 所有者权益的减少额

10. 下列关于借贷记账法下的账户结构的表述中，正确的有（　　）。

A. 负债增加记借方，负债减少记贷方   B. 资产增加记借方，资产减少记贷方

C. 费用增加记借方，费用减少记贷方   D. 收入增加记贷方，收入减少记借方

11. 下列关于会计科目和会计账户的关系的表述中，正确的有（　　）。

A. 账户是根据会计科目设置的

B. 会计科目具有格式和结构

C. 账户能够反映各会计要素的增减变动情况及结果

D. 会计科目是账户的名称，也是设置账户的依据

12. 下列关于会计科目与账户的说法中，正确的有（　　）。

A. 会计科目不仅表明了本身的核算内容，也决定了其自身的结构

B. 会计科目是账户的名称

C. 会计科目是对会计要素具体内容进行分类核算的项目

D. 账户是分类反映会计要素增减变动情况及其结果的载体

13. 下列各项中，属于流动负债的有（　　）。

A. 应付职工薪酬   B. 应交税费

C. 应付利息   D. 一年内到期的长期借款

14. 下列各项中，属于企业所有者权益类科目的有（　　）。

A. 实收资本   B. 盈余公积

C. 递延收益   D. 其他收益

三、判断题

1. 账户的功能在于连续、系统、完整地提供企业经济活动中各会计要素增减变动及其结果的具体信息。（　　）

2. 会计科目的设置与会计要素的分类相同,分为资产、负债、所有者权益、收入、费用、利润六大类。（   ）
3. 为了保证会计核算指标、口径的可比性,企业不得自行设置二级会计科目。（   ）
4. 账户按反映的经济内容不同,可以分为总分类账户和明细分类账户。（   ）
5. "借方期末余额＝借方期初余额＋本期借方发生额－本期贷方发生额"这一公式适用于任何性质账户的结账。（   ）
6. 预付账款账户和应付账款账户在结构上是相同的。（   ）
7. 成本类科目,是对可归属于产品生产成本、劳务成本等的具体内容进行分类核算的项目,主要有"生产成本""制造费用""合同取得成本""合同履约成本""研发支出"等科目。（   ）
8. 试算平衡是通过借贷金额是否平衡来检查账户记录是否正确的一种方法。如果借贷双方发生额或余额相等,表明账户记录一定正确。（   ）
9. 会计科目和会计账户性质相同,区别在于会计科目是核算的标志,没有结构;而会计账户以会计科目为名称,有其结构和格式。（   ）
10. 企业不能编制多借多贷的会计分录,因为其无法进行试算平衡,检查账户记录是否正确。（   ）
11. 在会计期末只要是没有余额的账户均为损益类账户。（   ）

知识训练三　会计凭证和会计账簿

一、单项选择题

1. 下列各项经济业务中,应编制收款凭证的是（   ）。
   A. 购买原材料,款项以银行存款支付
   B. 收到销售商品的款项
   C. 购买固定资产,款项尚未支付
   D. 销售商品,收到商业汇票一张
2. 下列各项经济业务中,企业需要编制收款凭证的是（   ）。
   A. 将现金存入银行
   B. 从银行提取现金
   C. 支付管理人员工资
   D. 收到出差人员交回的差旅费借款
3. 下列账簿中采用卡片式账簿的是（   ）。
   A. 现金日记账
   B. 固定资产
   C. 总分类账
   D. 明细分类账
4. 在登账时,如果发生隔页,则（   ）。
   A. 应将空页撕掉
   B. 应更改账簿登录
   C. 应将空页用蓝线对角划掉,注明"此页空白"或"此行空白"字样,并由记账人员和会计机构负责人（会计主管人员）在更正处签章
   D. 应将空页用红线对角划掉,注明"此页空白"或"此行空白"字样,并由记账人员和会计机构负责人（会计主管人员）在更正处签章
5. 下列关于活页式账簿的说法中,不正确的是（   ）。

A. 活页式账簿将账页装在活页账夹中
B. 活页式账簿可根据需要增加账页,便于记账工作的分工
C. 活页式账簿的账页易于散失或被抽换
D. 总分类账多为活页式账簿

6. 下列账簿中,通常不采用三栏式或多栏式账页格式的是( )。
   A. 应付账款明细账　　　　　　　　B. 银行存款日记账
   C. 销售费用明细账　　　　　　　　D. 库存商品明细分类账

7. 下列各项中,不属于原始凭证基本内容的是( )。
   A. 凭证的名称　　　　　　　　　　B. 接受凭证单位统一社会信用代码
   C. 经济业务内容　　　　　　　　　D. 填制凭证的日期

8. 下列各项中,属于对原始凭证真实性审核的是( )。
   A. 凭证日期是否真实、业务内容是否真实
   B. 审核原始凭证所记录经济业务是否符合国家法律
   C. 审核原始凭证各项基本要素是否齐全
   D. 审核原始凭证各项金额计算及填写是否正确

9. 下列各项会计凭证中,属于通用凭证的是( )。
   A. 银行转账结算凭证　　　　　　　B. 工资费用分配表
   C. 产品入库单　　　　　　　　　　D. 折旧计算表

10. 甲公司购入原材料取得一张增值税专用发票,下列各项说法正确的是( )。
    A. 增值税专用发票属于外来原始凭证
    B. 增值税专用发票属于专用凭证
    C. 增值税专用发票属于累计凭证
    D. 增值税专用发票属于汇总凭证

11. 企业开出现金支票提取库存现金,该业务应当编制( )。
    A. 银行存款收款凭证　　　　　　　B. 银行存款付款凭证
    C. 库存现金收款凭证　　　　　　　D. 库存现金付款凭证

12. 下列各项经济业务中,应填制收款凭证的是( )。
    A. 将备用金存入银行　　　　　　　B. 从银行提取备用金
    C. 赊销商品　　　　　　　　　　　D. 取得退税款

13. 下列关于对账的说法中,不正确的是( )。
    A. 明细分类账之间无须核对
    B. 总分类账簿需要与所辖明细分类账簿进行核对
    C. 总分类账簿需要与序时账簿进行核对
    D. 账证核对是指将账簿记录与会计凭证核对,核对账簿记录与原始凭证、记账凭证的时间、凭证字号、内容、金额等是否一致,记账方向是否相符

14. 下列关于账簿登记方法的说法中,不正确的是( )。
    A. 库存现金日记账由出纳人员根据业务发生时间的先后顺序逐日逐笔登记
    B. 银行存款日记账的登记方法与库存现金日记账的登记方法基本相同
    C. 库存商品明细账一般采用数量金额式账簿登记

D. 总分类账只能根据记账凭证逐笔登记

二、判断题

1. 结账前发现在记账凭证无误的情况下,企业实际记录账簿的金额大于应记入账簿的金额,可以采用划线更正法直接更正。( )
2. 企业使用累计凭证,如限额领料单,既可以对材料消耗进行事先控制,又可以简化核算手续。( )
3. 企业从外单位取得的原始凭证,必须有填制单位的公章或财务专用章;从个人取得的原始凭证,必须有填制人员的签名或盖章。( )
4. 一次凭证是只记录一项经济业务或同时记录若干同类经济业务并在经济业务发生后一次填制完毕的原始凭证,如收发凭证汇总表。( )
5. 填制原始凭证,汉字大写金额数字一律用正楷或行书书写,汉字大写金额数字到元位或角位为止的,后面写正或整,分位后面不写正或整。( )
6. 所有的记账凭证都必须附有原始凭证,否则,不能作为记账的依据。( )
7. 通过试算平衡检查账簿记录后,如果左右平衡就可以确定账簿记录完全正确。( )
8. 原始凭证是填制记账凭证的依据,而会计账簿才是编制财务报表的直接依据。( )
9. 复式记账凭证是将每一笔经济业务所涉及的全部科目及其发生额均在同一张记账凭证中反映的一种凭证。( )
10. 累计凭证应在每次经济业务完成后,由相关人员在同一张凭证上重复填制完成。( )
11. 只有原始凭证是记载经济业务的发生或完成情况的书面证明。( )
12. 累计凭证的特点是在一张凭证内可以连续登记相同性质的经济业务,随时结出累计数及结余数,累计凭证是多次有效的原始凭证。( )
13. 各单位都应当设置库存现金日记账和银行存款日记账,日记账必须使用订本账,日记账可以逐笔登记,也可定期汇总登记。( )
14. 需要结计本年累计发生额的明细账户,全年累计发生额下通栏划单红线。( )
15. 账簿记录发生错误,不准涂改、挖补、刮擦。( )
16. 库存现金日记账和银行存款日记账是根据与收、付款有关的记账凭证逐日逐笔顺序登记的。( )
17. 在新年度启用新账簿时,为了保证年度之间账簿记录的相互衔接,应把上年度的年末余额,记入新账簿的第一行,不需编制转账凭证,只需在摘要栏中注明"上年结转"字样即可。( )
18. 对账仅是指会计凭证与会计账簿的核对和实物资产与会计账簿的核对。( )

知识训练四 财产清查

一、单项选择题

1. 下列属于实物资产清查范围的是( )。
    A. 应付账款 B. 存货

  C. 银行存款   D. 应收账款

2. 企业实行股份制改造前,为了明确经济责任,需进行( )。
  A. 定期清查   B. 内部清查
  C. 全面清查   D. 外部清查

3. 对银行存款进行清查,应该采用的方法是( )。
  A. 定期盘点法   B. 与银行核对账目法
  C. 实地盘存法   D. 和往来单位核对账目法

4. 出纳人员清点现金的时间应该是( )。
  A. 每季度一次   B. 每月一次
  C. 每星期一次   D. 每日一次

5. 库存现金清查盘点时,( )必须在场。
  A. 记账人员   B. 出纳人员
  C. 单位领导   D. 会计主管

6. 下列各项中,采用与对方核对账目的方法清查的是( )。
  A. 固定资产   B. 存货
  C. 库存现金   D. 往来款项

7. 在财产清查中,实物盘点的结果应如实登记在( )。
  A. 盘存单   B. 账存实存对比表
  C. 对账单   D. 盘盈盘亏报告表

8. 单位撤销、合并或改变隶属关系时,对财产物资一般需要进行( )。
  A. 全面清查   B. 局部清查
  C. 定期清查   D. 不需要清查

9. 企业仓库被盗后,对其遭受损失的财产物资进行的清查,属于( )。
  A. 局部清查和定期清查   B. 全面清查和定期清查
  C. 局部清查和不定期清查   D. 全面清查和不定期清查

10. 下列各项中,应采用实地盘点法进行清查的是( )。
  A. 库存现金   B. 银行存款
  C. 应收账款   D. 煤堆

二、多项选择题

1. 下列各项中,会导致企业银行存款日记账余额大于银行对账单余额的事项有( )。
  A. 企业销售商品一批,收到对方开具的转账支票已入账,而银行尚未入账
  B. 企业采购商品一批,已开具给对方转账支票,而银行尚未入账
  C. 银行代企业支付水电费,未通知企业
  D. 银行代企业收取服务费,未通知企业

2. 下列各项中,属于原材料清查方法的有( )。
  A. 实地盘点法   B. 编制报表法
  C. 发函证法   D. 技术推算法

3. 下列关于财产清查类型的表述中,错误的有( )。

A. 全面清查的对象主要是流动性较大的财产以及容易造成短缺、损耗的贵重财产物资
B. 不定期清查可以采用局部清查
C. 全面清查具有清查范围广、内容多、时间长、参与人员多、工作量大等特点
D. 全面清查通常在月末、季末、年末进行

4. 下列关于局部清查的说法中,正确的有( )。
A. 对于现金应由出纳员在每日业务终了时清点,做到日清月结
B. 对于银行存款,应由出纳员至少每月同银行核对一次
C. 对于债权债务,应在年度内至少核对一至二次,有问题应及时核对,及时解决
D. 对于材料、在产品和产成品除年度清查外,应有计划地每月重点抽查,对于贵重的财产物资,应每月清查盘点一次

5. 下列各项中,属于财产清查对象的有( )。
A. 库存现金
B. 其他货币资金
C. 其他应收款
D. 母公司投资转入的设备

6. 下列情形中,可能造成银行存款日记账与银行对账单不一致的有( )。
A. 企业账务记录有误
B. 银行账务记录有误
C. 企业已记账,银行未记账
D. 银行已记账,企业未记账

7. 下列关于结账方法的表述中,正确的有( )。
A. 库存现金、银行存款日记账,每月要结出本月发生额和余额,在摘要栏内注明"本月合计"字样,并在下面通栏划单红线
B. 需要结计本年累计发生额的明细账,每月结账时,应在"本月合计"行下结出自年初起至本月末的累计发生额
C. 总账账户平时只需结出月末余额,年终结账时,将所有总账账户结出全年发生额和年末余额,在摘要栏内注明"本年合计"字样,并在合计数下通栏划单红线
D. 年度终了时,对所有账户要在摘要栏注明"结转下年"字样

8. 下列关于记账凭证填制的基本要求说法中,正确的有( )。
A. 所有记账凭证必须附原始凭证
B. 记账凭证可以根据原始凭证汇总表填制
C. 记账凭证应连续编号
D. 填制记账凭证时若发生错误,应当重新填制

9. 下列各项中,需要通栏划双红线的有( )。
A. 本月合计
B. 6月30日的本年累计
C. 12月31日的本年累计
D. 本年合计

10. 发函询证法一般适用的清查项目有( )。
A. 应收账款
B. 预收账款
C. 预付账款
D. 应付账款

11. 下列关于对账工作的说法中,正确的有( )。
A. 对账就是核对账目,即对账簿、账户记录的正确与否所进行的核对工作
B. 对账工作是为了保证账证相符、账账相符和账实相符的一项检查性工作,目的在于使期末用于编制会计报表的数据真实、可靠

C. 对账工作应每季度至少进行一次
D. 对账工作一般在月末进行

12. 下列关于平行登记的说法中,正确的有(   )。
    A. 总账本期发生额=所辖明细账本期发生额合计
    B. 总账期初余额=所辖明细账期初余额合计
    C. 总账期末余额=所辖明细账期末余额合计
    D. 总账借方余额合计=总账贷方余额合计

13. 下列关于总分类账与明细分类账关系的说法中,正确的有(   )。
    A. 明细分类账户对总分类账户具有补充说明作用
    B. 总账提供的经济指标,是明细账资料的综合,对所辖明细账起着统驭作用
    C. 登记总分类账与登记所辖明细账的原始凭证是相同的
    D. 总分类账户与其所辖明细分类账户在总金额上应当相等

14. 下列各项中,属于账实核对的有(   )。
    A. 银行存款日记账账面余额与银行对账单的余额定期核对是否相符
    B. 会计部门财产物资明细账的期末余额,应当与财产物资保管和使用部门的有关物资明细账核对相符
    C. 各项财产物资明细账账面余额与财产物资的实有数额定期核对是否相符
    D. 库存现金日记账账面余额与库存现金实际库存数逐日核对是否相符

15. 下列关于划线更正法表述中,正确的有(   )。
    A. 更正时,可在错误的文字或数字上划一条红线
    B. 在红线的上方填写正确的文字或数字,并由记账人员及会计机构负责人在更正处盖章
    C. 对于错误的数字,可只更正其中的错误数字
    D. 在结账前发现账簿记录有误,而记账凭证没有错误的,应使用划线更正法

16. 下列关于总账的说法中,正确的有(   )。
    A. 总账属于三栏式账簿
    B. 总账属于分类账簿
    C. 总账属于订本式账簿
    D. 总账属于序时类账簿

17. 下列关于财产清查的说法中,正确的有(   )。
    A. 不定期清查可以是全面清查,也可以是局部清查
    B. 按照清查范围,分为全面清查和局部清查
    C. 按照清查的时间,分为定期清查和不定期清查
    D. 按照清查的执行系统,分为内部清查和外部清查

三、判断题

1. 企业应当定期将会计账簿与实物、款项及有关资料相互核对,保证会计账簿记录与实物及款项的实有数相符。(   )
2. 库存现金,出纳人员应于每日业务终了时清点核对。(   )
3. 对于盘盈或盘亏的财产物资,需在期末结账前处理完毕,如在期末结账前尚未经批准处理的,等批准后进行处理。(   )
4. 账证核对是指核对会计账簿记录与原始凭证、记账凭证的时间、凭证字号、内容、金额等

是否一致,记账方向是否相符。( )
5. 清查时应当本着先清查质量、核对有关账簿记录等,后认定数量的原则进行。( )
6. 银行存款企业至少每月与银行核对一次。( )
7. 出纳人员每天工作结束前都要将库存现金日记账结清并与库存现金实存数核对,此项属于账证核对。( )

知识训练五　会计账务处理程序和会计信息化基础

一、单项选择题

1. 各种账务处理程序的主要区别在于( )。
   A. 登记总账的依据和方法不同　　B. 登记明细账的依据和方法不同
   C. 会计凭证的种类不同　　D. 编制报表的依据和方法不同
2. 汇总记账凭证账务处理程序适用于( )的单位。
   A. 规模较小,业务量较少　　B. 规模较大,业务量较多
   C. 规模较大,业务量较少　　D. 规模较小,业务量较多
3. 最基本的账务处理程序是( )。
   A. 记账凭证账务处理程序　　B. 科目汇总表账务处理程序
   C. 汇总记账凭证账务处理程序　　D. 多栏式日记账账务处理程序
4. 规模较小、业务较少的单位适用( )账务处理程序。
   A. 记账凭证　　B. 汇总记账凭证
   C. 多栏式日记账　　D. 日记总账
5. 科目汇总表账务处理程序和汇总记账凭证处理程序的主要相同点是( )。
   A. 汇总记账凭证的方法相同　　B. 登记总账的依据相同
   C. 会计凭证的种类相同　　D. 都减轻了登记总账的工作量
6. 科目汇总表账务处理程序登记总账的直接依据是( )。
   A. 各种记账凭证　　B. 科目汇总表
   C. 汇总记账凭证　　D. 多栏式日记账
7. 科目汇总表账务处理程序的缺点是( )。
   A. 不利于会计核算分工　　B. 不能进行试算平衡
   C. 反映不出账户的对应关系　　D. 会计科目数量受限制

二、多项选择题

1. 下列各项中,属于记账凭证账务处理程序优点的有( )。
   A. 简单明了、手续简便
   B. 便于了解账户之间的对应关系
   C. 减轻了登记总分类账的工作量
   D. 适用于规模较小、业务量较少、记账凭证不多的单位
2. 下列各项中,属于汇总记账凭证账务处理程序优点的有( )。

A. 便于会计核算的日常分工 B. 便于了解账户之间的对应关系
C. 减轻了登记总分类账的工作量 D. 便于试算平衡

3. 下列各项中,属于汇总记账凭证账务处理程序缺点的有( )。
A. 不能减轻登记总账的工作量 B. 不能够反映账户间的对应关系
C. 汇总记账凭证的编制工作量较大 D. 不利于日常核算工作的合理分工

4. 科目汇总表账务处理程序的主要特点有( )。
A. 直接根据记账凭证登记总账 B. 直接根据记账凭证登记明细账
C. 定期编制科目汇总表 D. 直接根据科目汇总表登记总账

5. 汇总记账凭证包括( )。
A. 汇总收款凭证 B. 汇总付款凭证
C. 汇总转账凭证 D. 汇总原始凭证

6. 下列各项中,属于财务机器人的应用范围的有( )。
A. 会计核算与会计报表列报 B. 纳税申报
C. 全面预算 D. 资金预算与管理优化

三、判断题

1. 记账凭证账务处理程序是最基本的账务处理程序。( )
2. 在各种不同账务处理程序下,会计报表的编制依据都是相同的。( )
3. 在采用汇总记账凭证处理程序下,企业应定期分别编制汇总收款凭证、汇总付款凭证及汇总转账凭证。( )
4. 科目汇总表账务处理程序,是以科目汇总表作为登记总账和明细账的依据。( )
5. 在各种不同的账务处理程序下,登记总分类账的依据和程序都是相同的。( )
6. 采用科目汇总表账务处理程序,记账凭证必须使用收、付、转三种格式。( )
7. 企业提高会计核算质量,充分发挥会计工作效能的一个重要前提,就是选用适当的账务处理程序。( )
8. 记账凭证账务处理程序的特点是直接根据记账凭证逐笔登记总分类账。( )
9. 未经有关主管部门批准,企业不得将涉及国家秘密的电子会计资料传输至境外。( )
10. 信息化环境下,企业会计资料中对经济业务事项的描述可以使用中文或使用外国文字。( )

知识训练六 成本与管理会计基础

一、单项选择题

1. 下列各项中,不应计入产品成本的是( )。
A. 直接材料成本
B. 直接人工成本
C. 生产车间管理人员的工资
D. 销售机构相关的固定资产修理费用

2. 企业生产产品耗用的外购半成品费用应归类为（　　）成本项目。
　　A. 直接材料　　　　　　　　　　　　B. 制造材料
　　C. 燃料及动力　　　　　　　　　　　D. 直接人工

3. 下列各种产品成本计算方法中，适用于单件、小批生产的是（　　）。
　　A. 品种法　　　　　　　　　　　　　B. 分批法
　　C. 逐步结转分步法　　　　　　　　　D. 平行结转分步法

4. 下列各项中，不属于管理会计要素的是（　　）。
　　A. 工具方法　　　　　　　　　　　　B. 信息与报告
　　C. 应用环境　　　　　　　　　　　　D. 财务会计活动

5. 下列关于逐步结转分步法的表述中，不正确的是（　　）。
　　A. 成本核算对象是各种产品的生产步骤
　　B. 月末生产费用要在各步骤完工产品和在产品之间进行分配
　　C. 成本计算期与产品的生产周期一致
　　D. 适用于大量大批连续式复杂性生产的企业

6. 下列关于作业成本法的表述中，错误的是（　　）。
　　A. 作业成本法，以"作业消耗资源、产出消耗作业"为原则
　　B. 按消耗对象不同，作业可分为主要作业和次要作业
　　C. 成本动因按其在资源流动中所处的位置和作用，可分为资源动因和作业动因
　　D. 作业成本法主要适用于作业类型较少且作业链较短的企业

7. 下列各项中，属于企业管理会计主要目标的是（　　）。
　　A. 提供现金流量信息　　　　　　　　B. 提供财务状况信息
　　C. 提供经营成果信息　　　　　　　　D. 推动企业实现战略规划

二、多项选择题

1. 下列各项中，构成产品成本的有（　　）。
　　A. 生产车间机器设备的日常维修费用　B. 生产产品耗用的材料成本
　　C. 生产车间管理人员的薪酬　　　　　D. 生产车间生产工人的薪酬

2. 下列企业中，适合用品种法计算产品成本的有（　　）。
　　A. 发电企业　　　　　　　　　　　　B. 供水企业
　　C. 造船企业　　　　　　　　　　　　D. 采掘企业

3. 下列关于产品成本计算品种法的表述中，正确的有（　　）。
　　A. 成本计算期与财务报告期不一致
　　B. 以产品品种作为成本计算对象
　　C. 以产品批别作为成本计算对象
　　D. 广泛适用于小批或单件生产的企业

4. 下列企业中，适合用分步法计算产品成本的有（　　）。
　　A. 机械制造企业　　　　　　　　　　B. 精密仪器制造企业
　　C. 供水公司　　　　　　　　　　　　D. 纺织企业

5. 下列各项中，属于管理会计要素的有（　　）。

A. 工具方法 B. 管理会计活动
C. 信息与报告 D. 应用环境

6. 下列关于产品成本计算品种法特点的表述中,正确的有( )。
A. 不定期计算产品成本
B. 适用于单步骤、大量生产的企业
C. 期末在产品数量较少时,需要将生产成本在完工产品和在产品之间进行分配
D. 以产品品种作为成本核算的对象

7. 下列各项中,属于企业目前常用的成本计算方法的有( )。
A. 品种法 B. 分批法
C. 分步法 D. 分类法

8. 为了进行产品成本和期间费用核算,企业一般应设置的会计科目有( )。
A. 生产成本 B. 制造费用
C. 主营业务成本 D. 废品损失

9. 下列关于各行业确定成本核算对象的说法中,错误的有( )。
A. 农业企业一般按照生物资产的品种、成长期、批别(群别、批次)、与农业生产相关的劳务作业等确定成本核算对象
B. 建筑企业一般按照开发项目、综合开发期数并兼顾产品类型确定成本核算对象
C. 房地产企业一般按照订立的单项合同等确定成本核算对象
D. 文化企业一般按照制作产品的种类、批次、印次、刊次等确定成本核算对象

10. 下列关于产品成本计算分批法的表述中,正确的有( )。
A. 需要计算和结转各步骤产品的生产成本
B. 一般不需在完工产品和在产品之间分配成本
C. 成本计算期与产品生产周期基本一致
D. 以产品的批别作为成本核算对象

11. 下列关于产品成本计算方法的表述中,正确的有( )。
A. 分批法成本计算期与产品生产周期基本一致,而与财务报告期不一致
B. 逐步结转分步法不能提供各个生产步骤的半成品成本资料
C. 平行结转分步法能直接提供按原始成本项目反映的产成品成本资料
D. 品种法一般定期于每月月末计算产品成本

12. 下列各项中,属于管理会计指引体系的有( )。
A. 管理会计基本指引
B. 管理会计应用指引
C. 管理会计案例库
D. 企业会计基本准则

13. 下列关于管理会计工具方法的表述中,正确的有( )。
A. 战略地图通常以财务、客户、内部业务流程、学习与成长四个维度为主要内容,通过分析各维度的相互关系,绘制成战略因果关系图
B. 中期滚动预算的预算编制周期通常为5年或10年,以年度作为预算滚动频率
C. 作业成本法,以"作业消耗资源、产出消耗作业"为原则

D. 平衡计分卡适用于战略规划目标明确、管理制度比较完善、管理水平相对较高的企业

三、判断题

1. 逐步结转分步法在计算各步骤成本时,不计算各步骤所产半成品的成本。（ ）
2. 管理会计指引体系包括基本指引、应用指引和案例库,用以指导单位管理会计实践。（ ）
3. 分步法,即成本核算对象是各种产品的生产步骤,要计算各步骤的成本,也就是要计算半成品的成本。（ ）
4. 管理会计应用过程中,管理会计信息是管理会计报告的基本元素,其包括财务信息和非财务信息。（ ）

知识训练七 政府会计基础

一、单项选择题

1. 下列各项中,属于事业单位非流动负债的是（ ）。
   A. 应缴款项　　　　　　　　　　B. 长期应付款
   C. 预收款项　　　　　　　　　　D. 短期借款
2. 下列各项中,不属于政府举借债务的是（ ）。
   A. 向国际经济组织借入的款项　　B. 政府发行的债券
   C. 对外国政府贷款担保形成的预计负债　D. 向上级政府借入的转贷款
3. 下列关于政府决算报告的表述中,正确的是（ ）。
   A. 以权责发生制为编制基础
   B. 以财务会计核算生成的数据为准
   C. 反映一级政府年度预算收支执行情况的结果
   D. 反映政府整体的财务状况
4. 下列财务报表中,行政单位可以根据实际情况自行选择是否编制的是（ ）。
   A. 净资产变动表　　　　　　　　B. 收入费用表
   C. 现金流量表　　　　　　　　　D. 资产负债表
5. 下列关于政府会计核算的表述中,错误的是（ ）。
   A. 政府会计应当实现财务会计与预算会计双重功能
   B. 财务会计核算实行收付实现制,预算会计核算实行权责发生制
   C. 单位对于纳入部门预算的现金收支业务,在采用财务会计核算的同时应当进行预算会计核算
   D. 财务会计要素包括资产、负债、净资产、收入和费用,预算会计要素包括预算收入、预算支出和预算结余

二、多项选择题

1. 下列各项中,属于政府预算会计要素的有（ ）。

A. 预算结余　　　　　　　　　　B. 预算收入
　　C. 预算支出　　　　　　　　　　D. 净资产
2. 下列各项中,属于政府主体资产的有(　　)。
　　A. 在建工程　　　　　　　　　　B. 长期投资
　　C. 保障性住房　　　　　　　　　D. 自然资源资产
3. 下列各项中,属于政府财务会计要素的有(　　)。
　　A. 净资产　　　　　　　　　　　B. 所有者权益
　　C. 收入　　　　　　　　　　　　D. 预算结余
4. 下列各项中,属于政府负债计量属性的有(　　)。
　　A. 现值　　　　　　　　　　　　B. 重置成本
　　C. 历史成本　　　　　　　　　　D. 公允价值
5. 下列各项中,属于政府会计特点的有(　　)。
　　A. 财务会计要素分为资产、负债、净资产、收入和利润五大类
　　B. 财务会计实行权责发生制,预算会计实行收付实现制,国务院另有规定的,从其规定
　　C. 财务会计与预算会计适度分离包括"双功能""双基础""双报告"
　　D. 预算会计通过预算收入、预算支出和预算结余三个要素,全面反映单位预算收支执行情况
6. 下列各项中,属于政府财务会计要素的有(　　)。
　　A. 预算支出　　　　　　　　　　B. 负债
　　C. 收入　　　　　　　　　　　　D. 资产

三、判断题

1. 预算会计采用权责发生制,财务会计采用收付实现制。　　　　　　　　　　(　　)
2. 政府单位对于纳入年度部门预算管理的现金收支业务,在采用财务会计核算的同时应当进行预算会计核算。　　　　　　　　　　　　　　　　　　　　　　　　　　(　　)
3. 政府财务报告应当包括财务报表和其他应当在财务报告中披露的相关信息和资料。(　　)
4. 政府资产是指报告期内导致政府会计主体净资产增加的、含有服务潜力或经济利益的经济资源的流入。　　　　　　　　　　　　　　　　　　　　　　　　　　(　　)

第三章 流动资产

知识训练一 货币资金

一、单项选择题

1. 下列关于其他货币资金表述中,正确的是(　　)。
   A. 企业单位信用卡存款账户可以存取现金
   B. 企业信用证保证金存款余额不可以转存其开户行结算存款
   C. 企业银行汇票存款的收款人不得将其收到的银行汇票背书转让
   D. 企业外埠存款除采购人员可从中提取少量现金外,一律采用转账结算

2. 企业在进行现金清查时,查出现金溢余,并将溢余数记入"待处理财产损溢"科目。后经进一步核查,无法查明原因,经批准后,正确的会计处理方法是(　　)。
   A. 将其从"待处理财产损溢"科目转入"管理费用"科目
   B. 将其从"待处理财产损溢"科目转入"营业外收入"科目
   C. 将其从"待处理财产损溢"科目转入"其他应付款"科目
   D. 将其从"待处理财产损溢"科目转入"其他应收款"科目

3. 下列项目中,不属于货币资金的是(　　)。
   A. 债权人持有的商业汇票　　　　B. 银行存款
   C. 其他货币资金　　　　　　　　D. 库存现金

4. 企业现金清查中,经检查仍无法查明原因的现金短缺,经批准后应(　　)。
   A. 计入财务费用　　　　　　　　B. 计入管理费用
   C. 计入其他应收款　　　　　　　D. 计入营业外支出

5. 2×21年7月11日,A公司向甲公司提供咨询服务并开具了增值税专用发票,应收取的服务费为100万元,增值税为6万元。为了提早收款,企业在合同中规定了现金折扣条件为2/10,1/20,N/30(假定计算现金折扣时不考虑增值税)。甲公司在2×21年7月20日支付上述款项,则A公司实际收到的金额为(　　)万元。
   A. 115　　　　　　　　　　　　B. 106
   C. 104　　　　　　　　　　　　D. 103.88

6. 下列关于银行存款业务的表述中,正确的是(　　)。
   A. 企业外埠存款除采购人员可从中提取少量现金外,一律采用转账结算
   B. 企业单位信用卡存款账户可以存取现金
   C. 企业信用证保证金存款余额不可以转存其开户行结算存款
   D. 企业银行汇票存款的收款人不得将其收到的银行汇票背书转让

7. 企业将款项汇往异地银行开立采购专户时,应编制的会计分录为(　　)。

A. 借记"其他货币资金"科目,贷记"银行存款"科目
B. 借记"应收账款"科目,贷记"银行存款"科目
C. 借记"其他应收款"科目,贷记"银行存款"科目
D. 借记"原材料"科目,贷记"其他货币资金"科目

8. 下列关于资产的表述中,不正确的是(　　)。
A. 资产是过去的交易或事项形成的
B. 资产是由企业拥有或控制的
C. 资产预期为企业带来经济利益流入
D. 资产需要具有实物形态

9. 2×21年7月31日,甲公司进行现金清查时发现库存现金溢余500元。经查实,应付职工金三280元,其余220元无法查明原因。不考虑其他因素,该业务对甲公司当期营业利润的影响金额为(　　)元。
A. 0　　　　　　　　　　　　B. 220
C. 500　　　　　　　　　　　D. 280

10. 企业支付的下列款项中,可以直接使用现金进行支付的是(　　)。
A. 支付财务部门购买账簿1 100元
B. 支付销售部门宣传费20 000元
C. 支付研发人员奖金90 000元
D. 支付生产车间办公费2 000元

二、多项选择题

1. 下列各项中,应通过"其他货币资金"科目核算的有(　　)。
A. 申请信用卡而转存银行的款项
B. 赊购原材料出具的商业承兑汇票
C. 赊销商品取得的银行承兑汇票
D. 为取得银行本票而转存银行的款项

2. 下列选项中,企业可用现金支付的款项有(　　)。
A. 职工工资、津贴
B. 结算起点以上的支出
C. 根据国家规定颁发给个人的科学技术、文化艺术、体育比赛等各种奖金
D. 个人劳务报酬

3. 根据《现金管理暂行条例》规定,下列各项经济业务中,可以用现金支付的有(　　)。
A. 支付给出差人员必须随身携带的差旅费5 000元
B. 支付零星办公用品购置费900元
C. 支付职工津贴2 000元
D. 支付某单位的物资采购款3 000元

4. 下列关于企业现金清查的说法中,正确的有(　　)。
A. 现金清查一般采用实地盘点法
B. 超限额留存的现金,应及时送存银行

C. 无法查明原因的现金短缺,经批准后应计入营业外支出
D. 无法查明原因的现金溢余,经批准后应计入营业外收入

5. 下列各项中,应通过"其他货币资金"科目核算的有( )。
A. 企业将款项汇往外地开立的采购专用账户
B. 用银行本票购买办公用品
C. 销售商品收到商业汇票
D. 用银行汇票购入原材料

6. 下列未达账项中,会导致企业银行存款对账单余额大于银行日记账余额的有( )。
A. 企业送存支票,银行尚未入账
B. 企业开出支票,银行尚未支付
C. 银行代付的电话费,企业尚未接到付款通知
D. 银行代收货款,企业尚未接到收款通知

7. 下列各项中,应通过"其他货币资金"科目核算的有( )。
A. 销售商品收到银行承兑汇票
B. 申请开具信用证向银行交存的信用证保证金
C. 为购买股票向证券公司指定账户划出的资金
D. 申请银行汇票向银行转存的款项

8. 企业现金清查中发现现金溢余,在进行账务处理时可能会涉及的会计科目有( )。
A. 待处理财产损溢   B. 管理费用
C. 其他应付款   D. 营业外收入

9. 下列关于库存现金的表述中,正确的有( )。
A. 现金清查中无法查明原因的现金短缺计入营业外支出
B. 现金清查中无法查明原因的现金溢余计入营业外收入
C. 企业购买价值10 000元以下的办公用品可以使用现金
D. 企业内部各部门周转使用的备用金可以单独设置"备用金"科目核算

三、判断题

1. 某企业收到对方以转账支票形式支付的货款,应通过"其他货币资金"科目核算。
( )
2. 企业外埠存款一律采用转账结算,不能提取现金。( )
3. 企业采购商品或接受服务采用银行汇票结算时,应通过"应付票据科"目核算。( )
4. 属于无法查明的其他原因造成的现金短缺,应计入营业外支出。( )
5. 企业的现金都有一定的限额,这一限额是由企业根据自己单位的实际情况自行制定的。
( )
6. 企业收到的银行汇票多余款项,应记入"其他货币资金"科目的借方。( )
7. 企业月末签发一张转账支票,持票单位尚未到银行办理转账,会使银行存款日记账的余额大于银行对账单的余额。( )
8. 企业取得的商业承兑汇票到期而承兑人无力支付款项时,企业应当将应收票据转入到"短期借款"科目中。( )

知识训练二 交易性金融资产

一、单项选择题

1. 2×20年1月1日,某公司购入乙公司同日发行的面值为1 000万元的3年期公司债券作为交易性金融资产核算,该债券票面利率为5%,每年年末计提利息,于次年1月5日支付。购买价款为1 050万元,另支付交易费用5万元,2×20年12月31日,该债券的公允价值为980万元。该公司于2×21年6月30日将其全部出售,取得价款1 280万元,则该公司出售该债券应确认的投资收益为(　　)万元。
   A. 300　　　　　　　　　　　　　　B. 230
   C. 280　　　　　　　　　　　　　　D. 225

2. 甲公司将其持有的交易性金融资产全部出售,售价为3 000万元,出售前该金融资产的账面价值为2 800万元(其中成本2 500万元,公允价值变动300万元)。假定不考虑其他因素,甲公司对该交易应确认的投资收益为(　　)万元。
   A. 200　　　　　　　　　　　　　　B. −200
   C. 500　　　　　　　　　　　　　　D. −500

3. 2×21年12月10日,A公司购入B公司15万股股票作为交易性金融资产,每股价格为6元。2×21年12月31日该股票为每股7元,2×22年3月1日B公司宣告发放现金股利3万元,3月15日收到B公司分派的现金股利。2×22年6月30日将该股票出售,股票的市价为每股6.5元,则2×22年6月30日出售时确认的投资收益为(　　)万元。
   A. 10.5　　　　　　　　　　　　　B. 7.5
   C. 15　　　　　　　　　　　　　　D. −7.5

4. 2×21年7月1日,甲公司购入乙公司2×21年1月1日发行的债券,支付价款为1 600万元(含已到付息期但尚未领取的债券利息30万元),另支付交易费用15万元。该债券面值为1 500万元,票面年利率为4%(票面利率等于实际利率),每半年付息一次,甲公司将其划分为交易性金融资产。7月5日,收到债券利息30万元。甲公司2×21年度该项交易性金融资产应确认的投资收益为(　　)万元。
   A. 15　　　　　　　　　　　　　　B. 30
   C. −15　　　　　　　　　　　　　D. 45

5. 某企业2×21年购入A上市公司股票并划分为交易性金融资产,共支付款项2 030万元,其中包括已宣告但尚未发放的现金股利100万元及相关交易费用10万元。2×21年12月31日该项交易性金融资产的公允价值为2 000万元。则2×21年12月31日该交易性金融资产公允价值变动的金额为(　　)万元。
   A. −30　　　　　　　　　　　　　B. −20
   C. 80　　　　　　　　　　　　　　D. 90

6. 2×20年3月20日,甲公司购入乙公司股票100万股,将其划分为交易性金融资产,购买价格为每股8元,另支付相关交易费用2.5万元,6月30日,该股票公允价值为每股10元,当日该交易性金融资产的账面价值应确认为(　　)万元。
   A. 802.5　　　　　　　　　　　　B. 800

C. 1 000   D. 1 000.5

7. 2×20年12月10日,甲公司购入乙公司股票10万股,将其划分为交易性金融资产,购买日支付价款249万元,另支付交易费用0.6万元,2×20年12月31日,该股票的公允价值为258万元,不考虑其他因素,甲公司2×20年度利润表"公允价值变动收益"项目本期金额为(　　)万元。

A. 9   B. 9.6
C. 0.6   D. 8.4

8. 2×20年10月31日,甲公司以银行存款购买乙公司发行的股票30万股,每股支付购买价款1.5元,另支付相关交易费用1万元,取得增值税专用发票上注明增值税税额为0.06万元。甲公司购买该股票准备短期持有以赚取差价。2×20年12月31日,乙公司宣告分配现金股利5万元;2×21年1月31日,该股票公允价值为32万元。假定不考虑其他因素,则2×21年1月31日甲公司该股票的账面价值为(　　)万元。

A. 32   B. 35
C. 45   D. 46

9. 甲公司从证券市场购入乙公司股票,划分为交易性金融资产。甲公司为此支付价款1 060万元,其中包含已宣告但尚未发放的现金股利20万元,另支付相关交易费用10万元(不考虑增值税)。不考虑其他因素,甲公司取得该投资的入账金额为(　　)万元。

A. 1 060   B. 1 040
C. 1 030   D. 1 050

10. A公司从证券交易所购入北方公司股票400万股,每股支付购买价款15元(其中包括已宣告但尚未发放的现金股利每股0.5元),另支付交易费用4万元。A公司将其划分为交易性金融资产核算,则该交易性金融资产的入账价值是(　　)万元。

A. 5 796   B. 5 800
C. 6 000   D. 6 004

11. 下列关于转让金融商品增值税销售额的计算表述中,正确的是(　　)。
A. 转让金融商品按盈亏相抵后的余额为销售额
B. 金融商品转让按照卖出价扣除已宣告未发放现金股利后的余额作为销售额
C. 金融商品转让按盈亏相抵后出现负差不可结转到下一纳税期
D. 年末金融商品转让按盈亏相抵后出现负差的,可以转入下一会计年度

12. 甲公司于2×21年12月1日从证券市场上购入A公司发行在外的股票100万股,作为交易性金融资产核算。购入时每股支付价款10元,另支付相关费用20万元;2×21年12月31日,该部分股票的公允价值为1 060万元。不考虑其他因素,则2×21年12月31日,甲公司应确认的公允价值变动损益为(　　)万元。

A. 60   B. －60
C. 40   D. －40

13. 2×20年7月1日,某企业购入股票100万股,每股21元,其中包含已宣告尚未发放的股利为每股0.4元,另外支付交易费用20万元,企业将其划分为交易性金融资产。2×20年12月31日,股票的公允价值为2 200万元,不考虑其他因素,则2×20年年末

该交易性金融资产的账面价值为(　　)万元。
A. 2 200　　　　　　　　　　B. 2 100
C. 2 060　　　　　　　　　　D. 2 120

14. 甲公司从证券交易所购入某公司股票100万股,每股支付购买价款5.8元(其中包括已宣告但尚未发放的现金股利0.3元),另支付交易费用2万元,甲公司将其划分为交易性金融资产核算,则该交易性金融资产的入账价值为(　　)万元。
A. 582　　　　　　　　　　B. 580
C. 552　　　　　　　　　　D. 550

15. 2×21年6月2日,甲公司从证券交易市场中购入A公司发行在外的普通股股票1 000万股作为交易性金融资产核算,每股支付购买价款8元,另支付相关交易费用5万元,2×21年6月30日,该股票的公允价值为8.3元/股。则该项金融资产对当期损益的影响金额为(　　)万元。
A. 300　　　　　　　　　　B. 295
C. 305　　　　　　　　　　D. 0

16. 企业取得一项交易性金融资产,在持有期间,被投资单位宣告分配股票股利,下列会计处理正确的是(　　)。
A. 按分得的金额计入营业外收入
B. 企业应当在实际收到时才进行账务处理
C. 被投资单位宣告分派股票股利,投资单位无须进行账务处理
D. 按企业应分得的金额计入当期投资收益

17. 2×21年3月15日,A公司购入甲公司发行在外的普通股股票作为交易性金融资产核算。购买时支付价款2 200万元(其中包括已宣告但尚未发放的现金股利200万元,交易费用10万元),至2×21年6月30日,该股票的公允价值为2 200万元。2×21年8月19日A公司将持有的甲公司的股票全部出售,收取价款为2 230万元,不考虑增值税等相关因素,则甲公司处置该股票时应当确认的投资收益为(　　)万元。
A. 10　　　　　　　　　　B. 230
C. 20　　　　　　　　　　D. 30

二、多项选择题

1. 企业核算交易性金融资产的现金股利时,可能涉及的会计科目有(　　)。
A. 交易性金融资产　　　　B. 投资收益
C. 应收股利　　　　　　　D. 其他货币资金

2. 下列有关交易性金融资产的说法中,不正确的有(　　)。
A. 购入交易性金融资产时,支付的相关交易费用计入投资收益核算
B. 企业取得交易性金融资产时,应当按照该金融资产取得时的公允价值作为其初始入账金额
C. 取得交易性金融资产时,支付价款中包含的应收未收利息应计入其成本核算
D. 交易性金融资产持有期间的公允价值变动应确认为其他综合收益

3. 下列关于交易性金融资产账务处理的说法中,正确的有(　　)。

A. 资产负债表日,交易性金融资产应当按照公允价值计量
B. 企业持有交易性金融资产期间对被投资单位宣告发放的利息/股利收入,应当确认为应收项目,借记"应收利息/股利"科目,贷记"投资收益"科目
C. 资产负债表日,企业应将金融资产的公允价值变动下降的部分计入资产减值损失
D. 处置交易性金融资产时,企业应将原计入"公允价值变动损益"科目的金额转入"投资收益"科目

4. 甲企业 2×21 年 1 月 1 日购入面值为 200 万元,年利率为 4%的 A 债券;取得时支付价款 208 万元(含已到付息期但尚未发放的利息 8 万元),另支付交易费用 1 万元,甲企业将该项金融资产划分为交易性金融资产。2×21 年 2 月 5 日,收到购买时价款中所含的利息 8 万元,2×21 年 12 月 31 日,A 债券的公允价值为 212 万元。2×22 年 2 月 5 日,收到 A 债券 2×21 年度的利息 8 万元;2×22 年 4 月 20 日,甲企业出售 A 债券售价为 215 万元。下列关于该项债券的核算中,正确的有( )。
   A. 甲企业出售 A 债券时应确认投资收益的金额为 7 万元
   B. 甲企业出售 A 债券时应确认投资收益的金额为 3 万元
   C. 该交易性金融资产对甲企业 2×21 年度损益的影响为 11 万元
   D. 该交易性金融资产 2×21 年 12 月 31 日的账面余额为 212 万元

5. 下列关于交易性金融资产计量的说法中,正确的有( )。
   A. 应当按取得该金融资产的公允价值作为初始确认金额,相关交易费用在发生时计入当期损益
   B. 应当按取得该金融资产的公允价值和相关交易费用之和作为初始确认金额
   C. 资产负债表日,企业应将金融资产的公允价值变动计入当期损益
   D. 处置该金融资产时,应将原计入该金融资产的公允价值变动转出,借记或贷记"公允价值变动损益"科目,贷记或借记"投资收益"科目

6. 下列各项中,不会反映在交易性金融资产的初始计量金额中的有( )。
   A. 债券的买入价   B. 支付的手续费
   C. 支付的印花税   D. 已到付息期但尚未领取的利息

7. 企业发生的下列事项中,不影响"投资收益"的有( )。
   A. 交易性金融资产持有期间确认并收到不包含在买价中的现金股利
   B. 期末交易性金融资产的公允价值大于账面余额
   C. 期末交易性金融资产的公允价值小于账面余额
   D. 交易性金融资产持有期间收到包含在买价中的现金股利

8. 企业若可以将交易性金融资产取得的现金股利确认为股利收入并计入当期损益,应满足的条件有( )。
   A. 企业收取股利的权利已经确立
   B. 与股利相关的经济利益很可能流入企业
   C. 股利的金额能够可靠计量
   D. 与取得股利相关的义务已经履行

9. 2×20 年 1 月 1 日,甲公司购入 B 公司发行的公司债券,支付价款 26 000 000 元(其中包含已到付息期但尚未领取的债券利息 500 000 元),另支付交易费用 300 000 元,取得的

增值税专用发票上注明增值税税额为18 000元。该债券于2×19年7月1日发行,面值为25 000 000元,票面利率为4%,上年债券利息于下年初支付。甲公司将其划分为交易性金融资产进行管理和核算。2×20年1月31日,甲公司收到该笔债券利息500 000元。2×21年初,甲公司收到债券利息1 000 000元。假定债券不考虑相关税费,下列说法正确的有(   )。

A. 2×20年1月1日购入时,交易费用应借记"投资收益"科目300 000元
B. 2×20年1月1日购入时,尚未领取的利息应借记"应收利息"科目500 000元
C. 2×20年1月31日收到利息时,贷记"应收利息"科目500 000元
D. 2×20年12月31日,确认B公司债券利息时,借记"应收利息"科目1 000 000元

10. 下列各项中,不应计入交易性金融资产入账价值的有(   )。
A. 购买股票支付的手续费
B. 购买股票支付的买价
C. 支付的价款中包含的已到付息期但尚未领取的债券利息
D. 支付的价款中包含的已宣告但尚未发放的现金股利

11. 下列关于交易性金融资产的表述中,正确的有(   )。
A. 交易性金融资产期末按照公允价值进行后续计量
B. 取得时支付的价款中包含的已宣告但尚未发放的现金股利计入初始成本
C. 持有期间,被投资单位宣告发放的现金股利计入投资收益
D. 如果持有期间公允价值下降幅度较大,需要计提减值准备

12. 企业持有交易性金融资产时,对于持有的分期付息到期还本的债券投资,在计息日企业进行相关账务处理会涉及的会计科目有(   )。
A. 投资收益   B. 财务费用
C. 公允价值变动损益   D. 应收利息

13. 下列关于交易性金融资产的表述中,正确的有(   )。
A. 企业取得交易性金融资产时支付的价款中包括的交易费用应单独作为投资收益处理
B. 交易性金融资产在持有期间收到购入前被投资单位已宣告但尚未发放的现金股利计入当期损益
C. 交易性金融资产在持有期间公允价值的变动会对当期营业利润产生影响
D. 处置时要将处置价款与其账面价值的差额计入投资收益

14. 企业取得交易性金融资产支付的下列价款中,不构成交易性金融资产入账金额的有(   )。
A. 取得时已宣告但尚未发放的现金股利
B. 取得时已到期但尚未领取的债券利息
C. 支付代理机构的手续费
D. 支付给咨询公司的佣金

三、判断题

1. 企业为取得交易性金融资产发生的交易费用应计入交易性金融资产初始确认金额。
(   )

2. 资产负债表日,交易性金融资产应当按照公允价值计量,公允价值与账面余额之间的差额计入当期收益,记入"投资收益"科目。（　　）
3. 出售某项交易性金融资产时,确认的投资收益金额是取得价款和该项交易性金融资产账面价值的差额。（　　）
4. 资产负债表日,企业持有的交易性金融资产因公允价值变动而形成的损益应计入营业外支出。（　　）
5. 交易性金融资产按公允价值进行后续计量,且公允价值变动计入当期损益。（　　）
6. 企业出售交易性金融资产时,应将其出售时实际收到的款项与其账面价值之间的差额计入当期投资损益,同时将原计入该金融资产的公允价值变动损益计入当期投资收益。（　　）
7. 金融商品转让,销售额出现负差时,可结转下一纳税期与下期转让金融商品销售额互抵,年末仍出现负差的,可继续结转下一纳税期。（　　）
8. 企业取得交易性金融资产时,如果实际支付的价款中包含已经宣告但尚未分派的现金股利,应作为应收股利单独核算。（　　）
9. 企业取得某项投资将其划分为交易性金融资产,初始取得时支付的相关交易费用计入交易性金融资产入账成本中。（　　）
10. 企业出售交易性金融资产时,要将原计入公允价值变动损益的金额转入投资收益中。（　　）

四、不定项选择题

甲公司 2×20 年至 2×21 年度发生如下与股票投资有关的业务：

（1）2×20 年 4 月 1 日,用银行存款购入 A 上市公司（以下简称 A 公司）的股票 4 000 股作为交易性金融资产,每股买入价为 20 元,其中包含已宣告但尚未分派的现金股利 0.5 元,另支付相关税费 360 元,于 4 月 18 日收到该现金股利存入银行。

（2）2×20 年 10 月 1 日,购入 B 公司股票 50 000 股,并准备随时变现,每股买价 8 元,其中包含已宣告但尚未发放的现金股利 1 元,另支付相关税费 4 000 元,均以银行存款支付。2×20 年 10 月 5 日收到 B 公司发放的现金股利。

（3）2×20 年 12 月 18 日,甲公司出售了该公司所持有的 B 公司的股票,售价为 450 000 元,支付了相关费用 2 500 元。

（4）2×20 年 12 月 31 日,购入 A 公司的股票的公允价值为每股 21 元。

（5）2×21 年 2 月 3 日,出售持有的 A 公司股票 3 000 股,实得价款 65 000 元。

（6）2×21 年 4 月 15 日,A 公司宣告分派现金股利,每股派发 0.1 元。2×21 年 4 月 30 日,收到派发的现金股利。

要求：根据上述资料,不考虑其他因素,回答下列问题。（答案金额单位均为元）

1. 根据资料（1）,甲公司取得 A 公司股票的会计处理,正确的是（　　）。
   A. 借：交易性金融资产——成本　　　　　　　　　　　78 360
   　　　应收股利　　　　　　　　　　　　　　　　　　2 000
   　　贷：银行存款　　　　　　　　　　　　　　　　　80 360

B. 借：交易性金融资产——成本　　　　　　　　　　　　80 000
　　贷：银行存款　　　　　　　　　　　　　　　　　　　80 000
C. 借：交易性金融资产——成本　　　　　　　　　　　　80 360
　　贷：其他货币资金　　　　　　　　　　　　　　　　　80 360
D. 借：交易性金融资产——成本　　　　　　　　　　　　78 000
　　　应收股利　　　　　　　　　　　　　　　　　　　　2 000
　　　投资收益　　　　　　　　　　　　　　　　　　　　　360
　　贷：银行存款　　　　　　　　　　　　　　　　　　　80 360

2. 根据资料(2)，甲公司购买 B 公司股票的会计处理，正确的是(　　)。
  A. 购入 B 公司的股票作为交易性金融资产核算
  B. 该股票的入账价值是 354 000 元
  C. 价款中包含的现金股利作为应收项目
  D. 支付的相关税费计入投资收益

3. 根据上述资料，甲公司下列会计处理正确的是(　　)。
  A. 2×20 年 4 月 18 日，甲公司的会计处理是借记"应收股利"科目，贷记"投资收益"科目，金额为 2 000 元
  B. 2×20 年 12 月 31 日，甲公司的会计处理是借记"交易性金融资产"科目，贷记"公允价值变动损益"科目，金额为 6 000 元
  C. 2×21 年 4 月 15 日，甲公司确认投资收益的金额为 400 元
  D. 2×21 年 4 月 30 日，甲公司收到的应收股利为 100 元

4. 根据资料(5)，甲公司出售 A 公司股票，应确认的投资收益是(　　)元。
  A. 5 000　　　　　　　　　　　　　　　B. 2 000
  C. 4 500　　　　　　　　　　　　　　　D. −2 500

5. 根据资料(3)，甲公司因处置 B 公司股票而确认的处置损益是(　　)元。
  A. 97 500　　　　　　　　　　　　　　　B. 96 000
  C. 47 500　　　　　　　　　　　　　　　D. 100 000

知识训练三　应收及预付款项

一、单项选择题

1. 2×20 年 6 月 6 日，甲公司销售产品一批，货款为 1 000 万元，增值税税率为 13%，该公司为增值税一般纳税人。销售当日甲公司收到购货方寄来一张 3 个月到期的商业承兑汇票，则甲公司应收票据的入账金额为(　　)万元。
  A. 1 034　　　　　　　　　　　　　　　B. 830
  C. 1 130　　　　　　　　　　　　　　　D. 1 000

2. 甲公司 2×20 年 12 月 31 日应收乙公司账款 500 万元，该账款预计的未来现金流量现值为 485 万元，此前已对该账款计提了 9 万元的坏账准备，则 12 月 31 日甲公司为该笔应收账款应计提的坏账准备为(　　)万元。

A. 24　　　　　　　　　　　　　　　　　B. 15
C. 6　　　　　　　　　　　　　　　　　　D. 9

3. 企业在连续提取坏账准备的情况下,"坏账准备"科目在期末结账前如为贷方余额,其反映的内容是(　　)。
　　A. 企业已提取但尚未转销的坏账准备数额
　　B. 上年末坏账准备的余额小于本年确认的坏账损失部分
　　C. 已经发生的坏账损失
　　D. 本年提取的坏账准备

4. 2×20 年 12 月初,某企业"坏账准备"科目贷方余额为 10 万元,本月收回上月已确认并作为坏账转销的应收账款 5 万元。12 月 31 日,根据应收账款预计未来现金流量现值确定的期末"坏账准备"科目贷方余额为 18 万元,不考虑其他因素,12 月末该企业应计提的坏账准备为(　　)万元。
　　A. 13　　　　　　　　　　　　　　　　B. 18
　　C. 3　　　　　　　　　　　　　　　　　D. 8

5. 应收票据贴现时,贴现息应计入(　　)。
　　A. 银行存款　　　　　　　　　　　　　B. 应收票据
　　C. 财务费用　　　　　　　　　　　　　D. 库存现金

6. 2×20 年 11 月 30 日,甲企业"坏账准备——应收账款"科目贷方余额为 20 万元;12 月 31 日,相关应收账款所属明细科目借方余额合计为 480 万元。经减值测试,该应收账款预计未来现金流量现值为 450 万元,不考虑其他因素,甲企业 2×20 年 12 月 31 日应确认的信用减值损失为(　　)万元。
　　A. 90　　　　　　　　　　　　　　　　B. 120
　　C. 30　　　　　　　　　　　　　　　　D. 10

7. 某企业采用托收承付结算方式销售一批商品,增值税专用发票注明价款为 1 000 万元,增值税税额为 130 万元,销售商品为客户代垫运输费 5 万元,全部款项已办妥托收手续。该企业应确认的应收账款为(　　)万元。
　　A. 1 000　　　　　　　　　　　　　　 B. 1 005
　　C. 1 130　　　　　　　　　　　　　　 D. 1 135

8. 企业在持有以公允价值计量且其变动计入当期损益的金融资产(交易性金融资产)期间,被投资单位宣告发放现金股利,正确的处理方法是(　　)。
　　A. 借:应收股利　　　　　　　　　　　B. 借:应收股利
　　　　贷:利润分配　　　　　　　　　　　　 贷:投资收益
　　C. 借:银行存款　　　　　　　　　　　D. 借:银行存款
　　　　贷:投资收益　　　　　　　　　　　　 贷:利润分配

9. 甲企业 2×20 年 1 月 1 日"应收账款"科目的余额为 100 万元,"坏账准备"科目的余额为 10 万元。1 月份甲企业实际发生应收账款 10 万元,收回已确认并转销的应收账款 15 万元,期末转回坏账准备 3 万元。则 2×20 年 1 月 31 日应收账款的账面价值为(　　)万元。
　　A. 88　　　　　　　　　　　　　　　　B. 95

C. 110   D. 125

10. 2×20年5月1日,甲公司销售商品一批,并于当日收到面值为10 000元,期限为3个月的银行承兑汇票一张。5月10日,甲公司将该票据背书转让给乙公司以购买原材料。所购材料的价款为9 000元,增值税税率为13%,运费为270元(不考虑增值税)。则甲公司应补付的银行存款为(   )元。

   A. 710   B. 440
   C. 1 000   D. 1 170

11. 预付货款不多的企业,可以不单独设置"预付账款"账户,而是将预付的货款直接计入(   )账户的借方。

   A. "应收账款"   B. "其他应收款"
   C. "应付账款"   D. "应收票据"

12. 2×21年12月1日,甲公司企业"坏账准备"科目贷方余额为12万元。12月31日"应收账款"科目借方余额为200万元,经评估,该企业应收账款的账面价值为190万元。该企业2×21年12月31日应计提的坏账准备金额为(   )万元。

   A. −12   B. −2
   C. 10   D. 0

13. 2×21年2月1日,甲公司应收账款余额为2320万元,当月赊销商品一批,形成应收账款1392万元。当月收回应收账款200万元,前期核销的坏账当月重新收回10万元。甲公司根据预期信用损失计提坏账准备,当期计提比例为10%。不考虑其他因素,则当月甲公司应当计提的坏账准备为(   )万元。

   A. 341.2   B. 109.2
   C. 351.2   D. 361.2

14. 2×21年12月1日,甲公司"坏账准备——应收账款"科目贷方余额为10万元。12月21日,收回已作坏账转销的应收账款1万元。12月31日,应收账款账面余额为500万元。经评估,应收账款的账面价值为488万元,不考虑其他因素,12月31日该公司应计提的坏账准备金额为(   )万元。

   A. 11   B. 12
   C. 2   D. 1

二、多项选择题

1. 下列各项中,会影响制造企业应收账款入账金额的有(   )。

   A. 销售商品的价款
   B. 增值税的销项税额
   C. 销售商品发生的现金折扣
   D. 预计坏账

2. 下列各项中,会引起应收账款期末账面价值发生变动的有(   )。

   A. 期末计提坏账准备
   B. 已转销的坏账又重新收回
   C. 实际发生坏账损失

D. 企业持有的商业承兑汇票到期承兑人尚未支付

3. 下列关于预付账款的表述中,正确的有（　　）。
   A. 预付账款是因为购货等行为发生的
   B. 预付账款属于资产
   C. 预付款项不多的企业可以将预付的款项记入应付账款的贷方
   D. 企业收到购买商品时预付账款减少

4. 下列各项中,应当通过"其他应收款"科目核算的有（　　）。
   A. 已收取的包装物的押金　　　　B. 企业替购货单位代垫的包装费
   C. 应收取的包装物租金　　　　　D. 应收取的各项保险赔款

5. 企业销售商品以商业汇票结算,收到商业汇票时,下列各项应计入应收票据成本的有（　　）。
   A. 销售商品的货款　　　　　　　B. 增值税销项税额
   C. 代替购买方垫付的运输费　　　D. 销售商品的检验费

6. 下列关于应收账款的说法中,正确的有（　　）。
   A. 企业销售商品应该向购货单位收取的货款,应该通过应收账款核算
   B. 企业因提供劳务应该向接受劳务单位收取的款项,应该通过应收账款核算
   C. 不单独设置预收账款科目的企业,预收的款项可以在应收账款科目核算
   D. 应收账款科目期末余额一般在借方,反映企业尚未收回的应收账款

7. 按现行会计准则规定,不能用"应收票据"及"应付票据"核算的票据包括（　　）。
   A. 银行汇票存款　　　　　　　　B. 银行承兑汇票
   C. 银行本票存款　　　　　　　　D. 商业承兑汇票

8. 下列各项中,会导致企业应收账款账面价值减少的有（　　）。
   A. 转销无法收回备抵法核算的应收账款　　B. 收回应收账款
   C. 计提应收账款坏账准备　　　　　　　　D. 收回已转销的应收账款

9. 下列各项中,应记入"坏账准备"科目贷方的项目有（　　）。
   A. 经批准转销的坏账
   B. 年末按应收账款余额的一定比例计提的坏账准备
   C. 确实无法支付的应付账款
   D. 收回过去已经确认并转销的坏账

10. 下列各种情况,进行会计处理时,应记入"坏账准备"科目贷方的有（　　）。
    A. 企业经过分析首次按"应收账款"账户期末余额计算提取坏账准备
    B. 收回过去已确认并转销的坏账
    C. 期末计算出的坏账准备总额大于计提前坏账准备余额
    D. 发生坏账

11. 应收票据终止确认时,有可能会涉及的科目有（　　）。
    A. 财务费用　　　　　　　　　　B. 原材料
    C. 应交税费　　　　　　　　　　D. 银行存款

12. 2×20年11月1日,甲公司向乙公司销售一批产品,开出增值税专用发票,货款为10 000元,增值税税率为13%,已办理托收手续,乙公司开出一张3个月不带息商业承兑

汇票。2×20年2月1日甲公司该票据到期,收回到期票款。下列甲公司的会计处理中,正确的有( )。

A. 借：应收票据　　　　　　　　　　　　　　　　　　　　　　10 000
　　　贷：主营业务收入　　　　　　　　　　　　　　　　　　　　　10 000

B. 借：应收票据　　　　　　　　　　　　　　　　　　　　　　11 300
　　　贷：主营业务收入　　　　　　　　　　　　　　　　　　　　　10 000
　　　　　应交税费——应交增值税(销项税额)　　　　　　　　　　　1 300

C. 借：银行存款　　　　　　　　　　　　　　　　　　　　　　10 000
　　　贷：应收票据　　　　　　　　　　　　　　　　　　　　　　　10 000

D. 借：银行存款　　　　　　　　　　　　　　　　　　　　　　11 300
　　　贷：应收票据　　　　　　　　　　　　　　　　　　　　　　　11 300

13. 2×20年9月份甲公司收回已确认为坏账的应收账款3万元,则下列甲公司的账务处理中,正确的有( )。

A. 借：信用减值损失——计提的坏账准备　　　　　　　　　　　　　3
　　　贷：坏账准备　　　　　　　　　　　　　　　　　　　　　　　　3

B. 借：信用减值损失——计提的坏账准备　　　　　　　　　　　　　3
　　　贷：应收账款　　　　　　　　　　　　　　　　　　　　　　　　3

C. 借：银行存款　　　　　　　　　　　　　　　　　　　　　　　　3
　　　贷：应收账款　　　　　　　　　　　　　　　　　　　　　　　　3

D. 借：应收账款　　　　　　　　　　　　　　　　　　　　　　　　3
　　　贷：坏账准备　　　　　　　　　　　　　　　　　　　　　　　　3

14. 下列各项中,不会引起应收账款账面价值变动的有( )。
　　A. 计提坏账准备　　　　　　　　　B. 实际发生坏账损失
　　C. 代购货方垫付的包装费　　　　　D. 租入包装物支付的押金

15. A公司为增值税一般纳税人,适用的增值税税率为13%,所得税税率为25%,年末一次确认全年所得税费用。8月15日,向B公司销售商品一批,开出的增值税专用发票上注明价款500 000元,增值税税额为65 000元,销售商品实际成本为350 000元,提货单和增值税专用发票已交购货方,并收到购货方开出的商业承兑汇票。则下列A公司的账务处理中,正确的有( )。

A. 借：应收票据　　　　　　　　　　　　　　　　　　　　　　565 000
　　　贷：主营业务收入　　　　　　　　　　　　　　　　　　　　500 000
　　　　　应交税费——应交增值税(销项税额)　　　　　　　　　　65 000

B. 借：银行存款　　　　　　　　　　　　　　　　　　　　　　565 000
　　　贷：主营业务收入　　　　　　　　　　　　　　　　　　　　500 000
　　　　　应交税费——应交增值税(销项税额)　　　　　　　　　　65 000

C. 借：主营业务成本　　　　　　　　　　　　　　　　　　　　350 000
　　　贷：库存商品　　　　　　　　　　　　　　　　　　　　　　350 000

D. 借：其他业务成本　　　　　　　　　　　　　　　　　　　　350 000
　　　贷：库存商品　　　　　　　　　　　　　　　　　　　　　　350 000

16. 下列项目中,应通过"其他应收款"核算的有( )。
    A. 应向责任人收取的赔款
    B. 应收的各种罚款
    C. 收取的各种押金
    D. 租入包装物支付的押金
17. 下列各项中,应在"坏账准备"借方登记的有( )。
    A. 冲减已计提的坏账准备
    B. 收回前期已核销的应收账款
    C. 核销实际发生的坏账损失
    D. 计提坏账准备

三、判断题

1. 企业预付款业务不多的,可以不设置"预付账款"科目,而将预付的款项记入"应付账款"科目的贷方。　　　　　　　　　　　　　　　　　　　( )
2. 商业汇票的付款期限一般在1年以内,最长不得超过1年。　　　　　( )
3. 其他应收款科目借方登记其他应收款的增加,贷方登记其他应收款的收回,期末余额一般在借方。　　　　　　　　　　　　　　　　　　　　　　　( )
4. 企业为职工垫付的水电费、应由职工负担的医药费等应该在企业的应收账款科目核算。　　　　　　　　　　　　　　　　　　　　　　　　　　　( )
5. 已确认为坏账的应收账款重新收回,应借记"坏账准备"账户,贷记"信用减值损失"账户。　　　　　　　　　　　　　　　　　　　　　　　　　( )
6. 企业在确定应收账款减值的核算方式时,应根据企业实际情况,按照成本效益原则,在备抵法和直接转销法之间合理选择。　　　　　　　　　　　　　( )
7. 企业出租包装物应收取的租金,应通过"应收账款"科目进行核算。　( )
8. 企业收到债务人签发的用于抵偿前欠货款的商业承兑汇票时,其会计处理应借记"应收票据"科目,贷记"应收账款"科目。　　　　　　　　　　　　　( )
9. 企业当期计提的坏账准备应该计入信用减值损失,且计提后不能转回。( )
10. 企业计提坏账准备不影响应收账款账面价值的变动。　　　　　　　( )
11. 应收股利是指企业应收取的现金股利和应收取其他单位分配的利润。( )
12. 收回已转销的应收账款,不会影响应收账款的账面价值。　　　　　( )
13. 暂收个人的款项和短期租入固定资产的未付租金应通过其他应付款科目核算。( )

四、不定项选择题

A公司为增值税一般纳税人,适用的增值税税率为13%,2×20年发生如下交易事项:

(1) 8月,购入需要安装的设备一台,取得增值税专用发票注明的价款为275万元,增值税税额为35.75万元,发生运费取得增值税专用发票注明的运费金额为2万元,增值税税额为0.18万元,采购人员差旅费2 000元。以上款项均通过银行转账方式支付。当日该设备即开始进行安装。

(2) 9月,设备安装工程领用本公司自产产品一批,该批产品成本为3万元,市场售价为

4万元。

(3) 10月,设备达到预定可使用状态,A公司预计可以使用10年,预计净残值率为7%,采用年限平均法计提折旧。

(4) 12月,A公司得知甲公司发生严重财务困难,应收取甲公司的200万元货款很可能无法全额收回,A公司当月计提坏账准备50万元。

要求:根据上述资料,回答下列问题。(答案中的金额单位用万元表示)

1. 下列各项中,关于A公司购入设备的相关会计处理正确的是(　　)。

 A. 8月购入需要安装的设备:

   借:在建工程　　　　　　　　　　　　　　　　　　　277
    应交税费——应交增值税(进项税额)　　　　　35.93
   贷:银行存款　　　　　　　　　　　　　　　　　　312.93

 B. 8月购入需要安装的设备:

   借:在建工程　　　　　　　　　　　　　　　　　　　275
    应交税费——应交增值税(进项税额)　　　　　35.75
   贷:银行存款　　　　　　　　　　　　　　　　　　310.75

 C. 9月领用本公司自产产品时:

   借:在建工程　　　　　　　　　　　　　　　　　　　4.52
   贷:库存商品　　　　　　　　　　　　　　　　　　　　4
    应交税费——应交增值税(销项税额)　　　　　　0.52

 D. 9月领用本公司自产产品时:

   借:在建工程　　　　　　　　　　　　　　　　　　　　3
   贷:库存商品　　　　　　　　　　　　　　　　　　　　3

2. 2×20年该设备应计提的折旧额为(　　)万元。

 A. 4.29　　　　　　　　　　　　B. 4.34
 C. 6.44　　　　　　　　　　　　D. 6.51

3. 该设备在2×20年资产负债表上的填列金额为(　　)万元。

 A. 214.9　　　　　　　　　　　B. 236.77
 C. 275.66　　　　　　　　　　　D. 280

4. 下列关于坏账准备的表述中,正确的是(　　)。

 A. 计提坏账准备会减少应收账款的账面价值
 B. 计提坏账准备不会影响应收账款账面价值
 C. 实际发生坏账时应冲减坏账准备
 D. 实际发生坏账时不会影响应收账款的账面价值

5. 关于A公司该笔应收款项,下列说法正确的是(　　)。

 A. 填列在"应收账款"项目,金额为200万元
 B. 填列在"应收账款"项目,金额为150万元
 C. 使利润表"营业利润"减少50万元
 D. 不影响利润表"营业利润"金额

知识训练四 存 货

一、单项选择题

1. 某企业原材料采用实际成本核算。2×19 年 6 月 29 日该企业对存货进行全面清查。发现短缺原材料一批,账面成本 12 000 元,已计提存货跌价准备 2 000 元。经确认,应由保险公司赔款 4 000 元,由过失人员赔款 3 000 元,假定不考虑其他因素,该项存货清查业务应确认的净损失为( )元。
   A. 3 000
   B. 5 000
   C. 6 000
   D. 8 000

2. 企业对于已记入"待处理财产损溢"科目的存货盘亏及毁损事项进行会计处理时,应计入管理费用的是( )。
   A. 收发计量差错造成的存货净损失
   B. 自然灾害造成的存货净损失
   C. 应由保险公司赔偿的存货损失
   D. 应由过失人赔偿的存货损失

3. 某商品流通企业(一般纳税人)采购甲商品 1 000 件,每件进价 6 万元,取得的增值税专用发票上注明增值税税额为 780 万元,另支付采购费用 10 万元。该企业采购的该批商品的单位成本为( )万元。
   A. 6
   B. 6.01
   C. 6.78
   D. 6.79

4. 某一般纳税人购进免税农产品一批,支付购买价款 80 万元,增值税扣除率为 9%,另发生保险费 1 万元,装卸费 1.4 万元。该批农产品的采购成本为( )万元。
   A. 82.4
   B. 75.2
   C. 72.8
   D. 80

5. 甲公司在 2×21 年 12 月 31 日的资产清查中,盘盈材料一批,则甲公司在进行会计处理时不可能会涉及的会计科目是( )。
   A. 原材料
   B. 待处理财产损溢
   C. 营业外收入
   D. 管理费用

6. 甲公司因意外火灾(管理不善导致)毁损一批存货,其中原材料的成本为 100 万元,增值税税额 13 万元;库存商品的实际成本 800 万元,经确认损失外购商品的增值税税额为 26 万元。该企业的有关会计分录不正确的是( )。
   A. 借记"待处理财产损溢"科目 939 万元
   B. 贷记"原材料"科目 100 万元
   C. 贷记"库存商品"科目 800 万元
   D. 贷记"应交税费——应交增值税(进项税额转出)"科目 13 万元

7. 某工业企业为增值税一般纳税人,2×21 年 4 月购入 A 材料 1 000 千克,增值税专用发票上注明的买价为 300 万元,增值税税额为 39 万元,对方代垫运杂费和保险费 3 万元,该批 A 材料在运输途中发生 1% 的合理损耗,实际验收入库 990 千克,在入库前发生挑选整理费用 2 万元。该批入库 A 材料的实际总成本为( )万元。
   A. 302
   B. 300

C. 344   D. 305

8. ABC企业采用成本与可变现净值孰低法对存货进行期末计价,成本与可变现净值按单项存货进行比较。2×21年12月31日,甲、乙、丙三种存货的成本与可变现净值分别为:甲存货成本50万元,可变现净值30万元;乙存货成本110万元,可变现净值150万元;丙存货成本80万元,可变现净值75万元。甲、乙、丙三种存货此前未计提存货跌价准备。假定该企业只有这三种存货,2×21年12月31日应计提的存货跌价准备总额为( )万元。
   A. 25   B. 15
   C. 0   D. 5

9. 甲企业为增值税一般纳税人,2×21年9月购入农产品一批,农产品收购发票上注明的买价为50 000元,规定的扣除率为9%,货物收到并验收入库,价款已用银行存款支付,则下列表述中不正确的是( )。
   A. "原材料"科目入账金额为45 500元   B. 增值税进项税额为4 500元
   C. "原材料"科目入账金额为50 000元   D. 银行存款减少50 000元

10. 下列税金中,不应计入存货成本的是( )。
    A. 一般纳税企业进口原材料支付的关税
    B. 一般纳税企业购进原材料支付的增值税
    C. 小规模纳税企业购进原材料支付的增值税
    D. 一般纳税企业进口应税消费品支付的消费税

11. 甲公司2×21年1月初,结存材料计划成本为200万元,材料成本差异为超支30万元。本月购入材料实际成本为380万元,计划成本为400万元,则甲公司2×21年1月份的材料成本差异率为( )。
    A. 1.67%   B. 1.72%
    C. 5%   D. 8.33%

12. 下列关于存货跌价准备的表述中,正确的是( )。
    A. 存货跌价准备一经计提在存货持有期间不得转回
    B. 转回存货跌价准备会减少存货的账面价值
    C. 存货的成本高于其可变现净值的差额为当期需要计提的存货跌价准备
    D. 企业出售存货时要将对应的存货跌价一并结转

13. 下列各项中,不构成一般纳税人外购存货入账成本的是( )。
    A. 入库前的仓储费   B. 进口环节缴纳的增值税
    C. 进口环节缴纳的关税   D. 运输途中合理损耗

14. 下列各项中,会引起企业期末存货账面价值发生变动的是( )。
    A. 发出一批原材料用于委托加工
    B. 商品已发出但不符合收入确认条件
    C. 将半成品移送至下一生产车间
    D. 已收到材料至月末仍未收到发票账单

15. 下列关于"材料成本差异"科目的表述中,正确的是( )。
    A. "材料成本差异"科目期初借方余额反映库存材料的节约差异

B. "材料成本差异"科目期末余额应在资产负债表中单独列示
C. "材料成本差异"科目期末贷方余额反映库存材料的节约差异
D. "材料成本差异"科目借方登记入库材料的节约差异

16. 企业发生存货盘盈时,在按管理权限报经批准后,应贷记的会计科目是( )。
    A. 资本公积   B. 以前年度损益调整
    C. 营业外收入   D. 管理费用

17. 企业存货发生盘亏,在按管理权限报经批准后,属于非常损失的部分应借记的会计科目是( )。
    A. 营业外支出   B. 资产减值损失
    C. 管理费用   D. 制造费用

18. A公司为增值税一般纳税人,增值税税率为13%,2×21年6月在财产清查中发现盘亏甲材料1 000千克,实际购入成本为300元/千克。经查属于管理不善造成的损失,由过失人赔款992元,保险公司赔款2 000元,则处理后有关存货盘亏的净损失处理正确的是( )。
    A. 计入管理费用297 008元
    B. 计入管理费用336 008元
    C. 计入营业外支出339 000元
    D. 计入营业外支出300 000元

19. 2×21年12月1日甲公司库存商品借方余额为1 200万元,对应的存货跌价准备贷方余额为30万元,当期销售库存商品结转的成本为400万元,当期完工入库的库存商品成本为450万元。12月31日库存商品的可变现净值为1 250万元,则甲公司2×21年12月31日需要计提的存货跌价准备为( )万元。
    A. 20   B. 0
    C. -20   D. -10

20. 2×21年6月5日,甲公司委托某量具厂加工一批模具,发出材料的计划成本为80 000元,材料成本差异率为5%,以银行存款支付运杂费2 000元;6月25日以银行存款支付上述量具的加工费用20 000元;6月30日收回委托加工的量具,并以银行存款支付运杂费3 000元。假定不考虑其他因素,甲公司收回该批量具的实际成本为( )元。
    A. 102 000   B. 103 000
    C. 105 000   D. 109 000

21. 某企业为增值税一般纳税人,2×21年12月5日购入一批材料,增值税专用发票上注明的售价为500万元,增值税税额为65万元,对方代垫保险费10万元,发生入库前的挑选整理费5万元。不考虑其他因素,该批材料的入账价值为( )万元。
    A. 580   B. 565
    C. 500   D. 515

22. XM公司为增值税一般纳税人,2×21年因泥石流掩埋库房,造成一批原材料损毁,该批原材料购入成本为100万元,市场售价120万元,保险公司理赔50万元。则该批原材料进项税应该转出的金额为( )万元。

A. 0 　　　　　　　　　　　　B. 11.9
C. 13 　　　　　　　　　　　　D. 15.6

23. 某企业材料采用计划成本核算。月初结存材料计划成本为200万元,材料成本差异为节约20万元,当月购入材料一批,实际成本为135万元,计划成本为150万元,领用材料的计划成本为180万元。当月结存材料的实际成本为( )万元。
    A. 153 　　　　　　　　　　　B. 162
    C. 170 　　　　　　　　　　　D. 187

24. 某企业为增值税一般纳税人,本月购进原材料200吨,增值税专用发票上注明的价款为60万元,增值税税额为7.8万元,支付的保险费为3万元,入库前的挑选整理费用为1万元。不考虑其他因素,该批原材料实际成本为每吨( )万元。
    A. 0.3 　　　　　　　　　　　B. 0.32
    C. 0.359 　　　　　　　　　　D. 0.339

25. 企业在购入材料时,需在月末暂估入账的是( )。
    A. 月末购货发票账单未到,但已入库的材料
    B. 月末购货发票账单已到,货款已付但未入库的材料
    C. 月末购货发票账单已到,货款已付且已入库的材料
    D. 月末购货发票账单已到,货款未付但已入库的材料

26. 甲公司为增值税一般纳税人,2×21年5月份采购一批原材料,支付材料价款40万元,增值税税额5.2万元;发生不含税运输费5万元,取得运输专用发票,注明增值税税额0.45万元。另外发生装卸费1万元,保险费1.5万元。则甲公司购入该批原材料的成本为( )万元。
    A. 42.5 　　　　　　　　　　　B. 45
    C. 47.5 　　　　　　　　　　　D. 53.15

27. 某企业(增值税一般纳税人)购进原材料一批,材料已验收入库,月末发票账单尚未收到,也难以确定其实际成本,暂估价值为100万元,假定不考虑其他因素。则下列关于该业务的说法中,正确的是( )。
    A. 发票账单未到,难以确定其实际成本,不应该将材料确认为企业的存货
    B. 原材料应该按照成本100万元暂估入账
    C. 企业应该确认应付账款113万元
    D. 企业应该在实际收到发票账单时再进行入账

28. 某企业采用移动加权平均法计算发出甲材料的成本,2×21年4月1日,甲材料结存300千克,每千克实际成本为3元;4月3日,发出甲材料100千克;4月12日,购入甲材料200千克,每千克实际成本10元;4月27日,发出甲材料350千克,4月末该企业甲材料的期末结存成本为( )元。
    A. 450 　　　　　　　　　　　B. 440
    C. 500 　　　　　　　　　　　D. 325

29. 某工业企业为增值税一般纳税人,适用的增值税税率为13%,2×21年6月5日,购入材料一批,增值税专用发票上注明价款为25 000元,增值税税额为3 250元,运输途中合理损耗3%,材料入库前的挑选整理费用为300元,材料已验收入库。则该企业取得的该

材料的入账价值为( )元。
A. 25 000　　　　　　　　　　　　B. 28 550
C. 28 250　　　　　　　　　　　　D. 25 300

30. 某企业为增值税一般纳税人,2×21年9月因洪灾毁损原材料一批,该批原材料的实际成本为10 000元,收回残料价值200元,保险公司赔偿2 000元。该批毁损材料造成的非常损失净额是( )元。
A. 6 100　　　　　　　　　　　　B. 7 800
C. 9 400　　　　　　　　　　　　D. 8 200

31. 甲公司为增值税一般纳税人,购入原材料1 000吨,取得增值税专用发票注明的价款300万元,增值税税额39万元,发生包装费10万元,保险费10万元。入库时验收为995吨,缺失部分为运输途中合理损耗。则该批原材料入账的单位成本为( )元。
A. 3 200　　　　　　　　　　　　B. 3 590
C. 3 608　　　　　　　　　　　　D. 3 216.08

32. 某企业采用先进先出法计算发出原材料成本,2×21年11月末甲材料结存100千克,每千克实际成本为200元,12月5日购入甲材料350千克,每千克实际成本210元,12月10日购入甲材料400千克,每千克实际成本230元,12月15日发出甲材料500千克,12月份发出甲材料成本为( )元。
A. 105 000　　　　　　　　　　　B. 150 000
C. 145 000　　　　　　　　　　　D. 155 000

33. 甲公司原材料采用计划成本核算,月初"原材料"科目借方余额35 000元,本月购入原材料的计划成本为200 000元,本月发出原材料的计划成本为150 000元,"材料成本差异"科目月初贷方余额480元,本月购入材料的超支差为5 180元,则本月结存材料的实际成本为( )元。
A. 86 700　　　　　　　　　　　　B. 83 300
C. 87 390　　　　　　　　　　　　D. 88 330

34. 下列关于企业领用原材料的会计处理表述中,正确的是( )。
　　A. 在建厂房工程领用的原材料成本应计入工程成本
　　B. 专设销售机构日常维修房屋领用的原材料应计入在建工程
　　C. 生产车间日常维修房屋领用的原材料应计入制造费用
　　D. 财务部门领用原材料成本应计入财务费用

35. 某企业销售商品领用一批随同销售而不单独计价的包装物,不考虑其他因素,该企业领用包装物应记入的会计科目是( )。
　　A. 管理费用　　　　　　　　　　B. 销售费用
　　C. 其他业务成本　　　　　　　　D. 主营业务成本

36. 对于可供多次反复使用的低值易耗品,应采用的摊销方法是( )。
　　A. 实际成本法　　　　　　　　　B. 分次摊销法
　　C. 一次转销法　　　　　　　　　D. 计划成本法

37. 企业销售随同商品出售单独计价的包装物一批,该批包装物的计划成本为30 000元,材料成本差异率为2%,则需要计入( )。

A. 其他业务成本 29 400 元 B. 销售费用 29 400 元
C. 其他业务成本 30 600 元 D. 销售费用 30 600 元

38. 某一般纳税企业委托外单位加工一批消费税应税消费品,材料成本 1 000 万元,加工费 100 万元(不含税),受托方适用的增值税税率为 13%,受托方代收代缴消费税 50 万元。该批材料加工后委托方直接出售,则该批材料加工完毕入库时的成本为( )万元。
   A. 1 000 B. 1 150
   C. 1 280 D. 1 050

39. 作为委托方来说,如果委托加工物资收回后直接用于销售的,则支付的代收代缴的消费税,应该记入( )科目。
   A. 税金及附加 B. 应交税费——应交消费税
   C. 委托加工物资 D. 应收账款

40. 某一般纳税企业委托外单位加工一批消费税应税消费品,材料成本 50 万元,加工费 12 万元(不含税),受托方增值税税率为 13%,受托方代收代缴消费税 2 万元。该批材料加工后委托方直接出售,则该批材料加工完毕入库时的成本为( )万元。
   A. 64 B. 62
   C. 56.5 D. 70.5

41. 甲、乙公司均为增值税一般纳税人,甲公司委托乙公司加工一批应交消费税的半成品,收回后用于连续生产应税消费品。甲公司发出原材料实际成本 210 万元,支付加工费 6 万元、增值税 0.96 万元、消费税 24 万元。假定不考虑其他相关税费,甲公司收回该半成品的入账价值为( )万元。
   A. 216 B. 216.96
   C. 240 D. 240.96

42. 企业委托加工应税消费品,如果收回后用于连续生产,委托方对于尚未支付的受托方代收代缴的消费税的会计处理,正确的是( )。
   A. 借记"原材料"科目,贷记"银行存款"科目
   B. 借记"应交税费——应交消费税"科目,贷记"应付账款"科目
   C. 借记"委托加工物资"科目,贷记"银行存款"科目
   D. 借记"委托加工物资"科目,贷记"应付账款"科目

43. 某企业为增值税一般纳税人,适用的增值税税率为 13%。该企业委托其他单位(增值税一般纳税人)加工一批属于应税消费品的原材料(非金银首饰),该批委托加工原材料收回后用于继续生产应税消费品。发出材料的成本为 300 万元,支付的不含增值税的加工费为 100 万元,支付的增值税为 13 万元,受托方代收代缴的消费税为 30 万元。该批原材料已加工完成并验收入库成本为( )万元。
   A. 400 B. 430
   C. 413 D. 313

44. 甲公司和乙公司均为增值税一般纳税人,甲公司委托乙公司加工一批应税消费品(非金银首饰),发出材料成本 500 000 元,支付往返运杂费 5 000 元,乙公司收取的加工费为 20 000 元(不含税),并向甲公司开具了增值税专用发票,乙公司代收代缴消费税 45 000 元。甲公司收回该批商品后用于连续加工生产应税消费品。则甲公司收回该批

委托加工物资的成本为( )元。
A. 525 000
B. 520 000
C. 570 000
D. 568 000

45. 某商业企业采用毛利率法计算期末存货成本。A类商品2×21年4月1日期初成本为700万元,当月购货成本为100万元,当月销售收入为900万元。A类商品第一季度实际毛利率为25%。2×21年4月30日,A类商品结存成本为( )万元。
A. 10
B. 225
C. 125
D. 675

46. 某商场为增值税一般纳税人,采用售价金额法核算。该商场2×21年1月份期初存货的进价为100万元,售价总额为200万元,本月购入的进价成本为500万元,售价总额为800万元,本期销售收入600万元。则2×21年1月期末存货的成本为( )万元。
A. 10
B. 400
C. 240
D. 150

47. 某商业企业的库存商品采用售价金额核算法核算。2×21年7月初库存商品成本为200万元,售价总额为300万元。本月购入库存商品成本为500万元,售价总额为700万元。7月销售收入为900万元。不考虑其他因素,该企业7月份销售成本为( )万元。
A. 500
B. 370
C. 1 000
D. 630

48. 某企业为增值税一般纳税人,2×21年6月采购商品一批,取得的增值税专用发票上注明的售价为300 000元,增值税税额为39 000元,款项用银行存款支付,另支付保险费10 000元,商品已验收入库;不考虑其他因素,该企业采购商品的成本为( )元。
A. 339 000
B. 310 000
C. 300 000
D. 340 000

49. 某商场库存商品采用售价金额核算法进行核算。2×21年5月初,库存商品的进价成本为34万元,售价总额为45万元。当月购进商品的进价成本为126万元,售价总额为155万元。当月销售收入为130万元。月末结存商品的实际成本为( )万元。
A. 30
B. 56
C. 104
D. 130

50. A公司采用毛利率法进行核算,2×20年7月1日,日杂类商品库存余额为1 800万元,本月购进905万元,本月销售收入1 200万元,发生现金折扣20万元,上季度该类商品的毛利率为20%,则本月结存该类商品的实际成本为( )万元。
A. 1 745
B. 1 761
C. 1 505
D. 1 485

51. 某企业库存商品采用售价金额法核算,2×21年5月初库存商品售价总额为14.4万元,进销差价率为15%,本月购入库存商品进价成本总额为18万元,售价总额为21.6万元,本月销售商品收入为20万元,该企业本月销售商品的实际成本为( )万元。
A. 20
B. 16.8
C. 17
D. 16

52. 某批发商业企业采用毛利率法对存货计价,第一季度的某商品实际毛利率为30%,5月1日该存货成本1 800万元,5月购入该存货成本4 200万元,销售商品收入4 500万元,发生销售退回450万元。则5月末该存货结存成本为(　　)万元。
    A. 3 165 　　　　　　　　　　　　B. 2 850
    C. 1 950 　　　　　　　　　　　　D. 3 300

53. 某商场采用毛利率法核算库存商品。2×21年10月1日,美妆类库存商品余额为500万元,10月份购进商品600万元,销售商品取得收入800万元,上季度该类商品毛利率为20%。不考虑增值税等其他因素,10月31日该企业美妆类库存商品成本为(　　)万元。
    A. 300 　　　　　　　　　　　　　B. 460
    C. 496 　　　　　　　　　　　　　D. 480

54. 某商贸公司采用售价金额核算法核算库存商品,2×21年2月初库存商品成本为1 200万元,售价总额为1 500万元,本月购进商品进价成本为1 000万元,售价总额为1 250万元,本月销售收入1 000万元,则月末结存库存商品的实际成本为(　　)万元。
    A. 1 320 　　　　　　　　　　　　B. 1 200
    C. 1 220 　　　　　　　　　　　　D. 1 400

二、多项选择题

1. 某公司2×19年10月31日库存甲材料账面余额为80 000元,预计可变现净值为75 000元,12月31日该批材料账面余额为80 000元,预计可变现净值为78 000元,在此期间,甲材料没有发生购销业务。则下列会计处理中正确的有(　　)。
    A. 10月31日:
        借:管理费用　　　　　　　　　　　　　　　　　　　　　　5 000
            贷:存货跌价准备　　　　　　　　　　　　　　　　　　　　5 000
    B. 10月31日:
        借:资产减值损失——计提的存货跌价准备　　　　　　　　　　5 000
            贷:存货跌价准备　　　　　　　　　　　　　　　　　　　　5 000
    C. 12月31日:
        借:存货跌价准备　　　　　　　　　　　　　　　　　　　　3 000
            贷:资产减值损失——计提的存货跌价准备　　　　　　　　　3 000
    D. 12月31日:
        借:资产减值损失——计提的存货跌价准备　　　　　　　　　　2 000
            贷:存货跌价准备　　　　　　　　　　　　　　　　　　　　2 000

2. 下列关于存货的说法中,正确的有(　　)。
    A. 外购的商品和存放在门市部准备出售的商品都可以作为企业的库存商品
    B. 寄存在外的商品和接受来料加工的代制品不能作为企业的库存商品
    C. 库存商品可以采用实际成本核算,也可以采用计划成本核算
    D. 原材料实际成本与计划成本的差异,可单独设置材料成本差异科目核算

3. 某增值税一般纳税企业因管理不善毁损库存原材料一批,其成本为100万元,经确认应转出的增值税税额为13万元;收回残料价值2万元,应由保险公司赔偿110万元。假定不考虑其他因素,下列账务处理中正确的有(　　)。

   A. 批准处理前:

   　　借:待处理财产损溢　　　　　　　　　　　　　　　　　　113

   　　　　贷:原材料　　　　　　　　　　　　　　　　　　　　　　　113

   B. 残料入库:

   　　借:原材料　　　　　　　　　　　　　　　　　　　　　　2

   　　　　贷:待处理财产损溢　　　　　　　　　　　　　　　　　　　2

   C. 确认保险公司赔款:

   　　借:其他应收款　　　　　　　　　　　　　　　　　　110

   　　　　贷:待处理财产损溢　　　　　　　　　　　　　　　　　　110

   D. 结转净损益:

   　　借:管理费用　　　　　　　　　　　　　　　　　　　　1

   　　　　贷:待处理财产损溢　　　　　　　　　　　　　　　　　　　1

4. 下列与存货相关会计处理的表述中,正确的有(　　)。

   A. 应收保险公司存货损失赔偿款计入其他应收款
   B. 资产负债表日存货应按成本与可变现净值孰低计量
   C. 按管理权限报经批准的盘盈存货价值冲减管理费用
   D. 结转商品销售成本的同时转销已计提的存货跌价准备

5. 下列各项中,应计入存货成本的有(　　)。

   A. 买产品发生的运输费
   B. 为特定客户设计产品发生的设计费用
   C. 自然灾害导致的存货毁损
   D. 存货入库后为达到下一生产阶段所必需的储存费用

6. 下列关于小规模纳税企业的说法中,正确的有(　　)。

   A. 小规模纳税企业销售货物或者提供应税服务,一般情况下,只能开具普通发票,不能开具增值税专用发票
   B. 小规模纳税企业销售货物或提供应税服务,实行简易办法计算应纳税额,按照不含税销售额的一定比例计算征收
   C. 小规模纳税企业在"应交增值税"明细科目下应设置"已交税金"等专栏
   D. 小规模纳税企业购入货物取得增值税专用发票,其支付的增值税额可计入进项税额,并由销项税额抵扣,而不计入购入货物的成本

7. 下列关于存货成本的表述中,正确的有(　　)。

   A. 商品流通企业采购商品的进货费用金额较小的,可以不计入存货成本
   B. 委托加工物资发生的加工费用应计入委托加工物资成本
   C. 商品流通企业发生的进货费用先进行归集的,期末未售商品分摊的进货费用计入存货成本
   D. 企业为特定客户设计的产品直接发生的设计费用应计入产品成本

8. 下列各项中,企业需暂估入账的有(　　)。
   A. 月末已验收入库但发票账单未到的原材料
   B. 已发出商品但货款很可能无法收回的商品销售
   C. 已达到预定可使用状态但尚未办理竣工决算的办公楼
   D. 董事会已通过但股东大会尚未批准的拟分配现金股利

9. 下列各项中,应计入一般纳税企业外购存货入账价值的有(　　)。
   A. 购入存货支付的增值税　　　　　　B. 购买存货的价款
   C. 入库前的挑选整理费用　　　　　　D. 运输途中的合理损耗

10. 企业对材料进行清查,对于材料的盘亏及毁损,应先借记"待处理财产损溢"科目,对于报经批准后的处理,涉及的科目有(　　)。
    A. 营业外支出　　　　　　　　　　　B. 其他应收款
    C. 管理费用　　　　　　　　　　　　D. 原材料

11. 下列各项资产减值中,在符合条件时可以转回的是(　　)。
    A. 坏账准备　　　　　　　　　　　　B. 存货跌价准备
    C. 固定资产减值准备　　　　　　　　D. 无形资产减值准备

12. 下列关于发出存货计价方法的表述中,正确的有(　　)。
    A. 企业可以选择按实际成本法或者计划成本法计算发出存货成本
    B. 企业采用实际成本法核算时,可以在个别计价法、先进先出法、月末一次加权平均法、移动加权平均法中进行选择
    C. 月末一次加权平均法计算简单,但不便于存货成本的日常管理与控制
    D. 移动加权平均法计算的平均单位成本及发出和结存的存货成本比较客观,但工作量大

13. 甲公司为增值税一般纳税人,2×20年1月10日购进原材料一批,已验收入库,款项尚未支付,尚未取得增值税扣税凭证。根据销售方提供的购货清单注明的价款为20 000元,预计可以抵扣的增值税为2 600元。下月初,取得相关增值税专用发票上注明的价款为20 000元,增值税税额为2 600元,增值税专用发票已认证。全部款项以银行转账支付。则下列会计处理中正确的有(　　)。

   A. 1月末:
   借:原材料　　　　　　　　　　　　　　　　　　　　　　　20 000
   　　应交税费——待认证进项税额　　　　　　　　　　　　　 2 600
   　　贷:应付账款　　　　　　　　　　　　　　　　　　　　　　　　22 600

   B. 1月末:
   借:原材料　　　　　　　　　　　　　　　　　　　　　　　20 000
   　　贷:应付账款　　　　　　　　　　　　　　　　　　　　　　　　20 000

   C. 2月初:
   借:原材料　　　　　　　　　　　　　　　　　　　　　　　20 000
   　　应交税费——应交增值税(进项税额)　　　　　　　　　　 2 600
   　　贷:银行存款　　　　　　　　　　　　　　　　　　　　　　　　2 2600

   D. 2月初:

52

借：应付账款　　　　　　　　　　　　　　　　　　　　20 000
　　应交税费——应交增值税（进项税额）　　　　　　　 2 600
　　贷：银行存款　　　　　　　　　　　　　　　　　　　　　　22 600

14. 下列各项中,应当作为企业存货核算的有(　　)。
　　A. 委托加工物资　　　　　　　　　B. 委托代销商品
　　C. 发出商品　　　　　　　　　　　D. 工程物资

15. 下列关于存货成本的表述中,正确的有(　　)。
　　A. 存货成本包括采购成本、加工成本和其他成本
　　B. 商品流通企业采购商品的进货费用金额较小的,可以直接计入当期损益
　　C. 企业为特定客户设计的产品直接发生的设计费用应计入销售费用
　　D. 非正常消耗的直接材料、直接人工和制造费用在发生时计入当期损益

16. 下列关于存货会计处理的表述中,正确的有(　　)。
　　A. 多次使用的低值易耗品,应根据使用次数分次进行摊销
　　B. 金额较小的低值易耗品,可在领用时一次计入成本费用
　　C. 随同商品销售出借的包装物的摊销额,应计入管理费用
　　D. 随同商品出售的包装物的成本,应计入其他业务成本

17. 下列各项关于存货计价方法的说法中,正确的有(　　)。
　　A. 个别计价法适用于一般不能替代使用的存货、为特定项目专门购入或制造的存货
　　B. 先进先出法不适用于存货收发业务较多、且单价不稳定的存货
　　C. 月末一次加权平均法比较简单,有利于简化成本计算工作
　　D. 移动加权平均法能够使管理层及时了解存货的结存情况,计算的存货成本比较客观

18. 下列属于商业企业常用存货发出方法有(　　)。
　　A. 先进先出法　　　　　　　　　　B. 毛利率法
　　C. 售价金额核算法　　　　　　　　D. 月末一次加权平均法

19. 下列关于企业存货的表述中,正确的有(　　)。
　　A. 存货应按照成本进行初始计量
　　B. 存货成本包括采购成本、加工成本和其他成本
　　C. 存货期末计价应按照成本与可变现净值孰低计量
　　D. 存货采用计划成本核算的期末应将计划成本调整为实际成本

20. "材料成本差异"账户借方可以用来登记(　　)。
　　A. 购进材料实际成本小于计划成本的差额
　　B. 发出材料应负担超支差异
　　C. 发出材料应负担节约差异
　　D. 购进材料实际成本大于计划成本的差额

21. 下列各项中,属于存货发出成本计价方法的有(　　)。
　　A. 先进先出法　　　　　　　　　　B. 成本与可变现净值孰低法
　　C. 个别计价法　　　　　　　　　　D. 移动加权平均法

22. 下列关于"材料成本差异"科目的表述中,正确的有(　　)。
　　A. 其借方登记的是结转的超支差　　　B. 其贷方登记的是结转的超支差

C. 其借方登记的是购入存货的超支差　　D. 其贷方登记的是购入存货的节约差

23. 下列关于存货的会计处理表述中,正确的有(　　)。
   A. 结转商品销售成本的同时转销其已计提的存货跌价准备
   B. 应收保险公司存货损失赔偿款计入其他应收款
   C. 按管理权限报经批准的盘盈存货价值计入营业外收入
   D. 期末存货应按成本与可变现净值孰低计量

24. 下列关于存货减值的表述中,正确的有(　　)。
   A. 计提的存货跌价准备应计入资产减值损失
   B. 资产负债表日,存货应按成本与可变现净值孰低计量
   C. 存货跌价准备一经计提以后各期不得转回
   D. 企业结转销货成本时要一并结转对应的存货跌价准备

25. 下列各项中,会引起存货账面价值发生变动的有(　　)。
   A. 发出委托加工物资　　B. 已发出商品但尚未确认收入
   C. 存货暂估入账　　D. 计提存货跌价准备

26. 企业在财产清查中发现存货盘亏时,下列会计处理正确的有(　　)。
   A. 发生存货盘亏首先进行调账,将账簿按实物调整
   B. 盘亏存货按管理权限报经批准后有可能计入管理费用
   C. 盘亏存货按管理权限报经批准后有可能计入营业外支出
   D. 盘亏存货会影响企业当期营业利润

27. 下列关于存货跌价准备的说法中,正确的有(　　)。
   A. 可直接出售的存货,可变现净值以估计售价减估计的销售税费为基础确定
   B. 已计提存货跌价准备的库存商品出售,一并结转所计提的存货跌价准备
   C. "存货跌价准备"科目期末无借方余额
   D. "存货跌价准备"属于资产类的备抵账户

28. 如果企业采用先进先出法核算存货的发出计价,则在物价持续下降时,会引起(　　)。
   A. 高估企业当期利润　　B. 低估企业当期利润
   C. 高估库存存货价值　　D. 低估库存存货价值

29. 下列各项中,属于材料采购成本的有(　　)。
   A. 材料采购运输途中发生的合理损耗　　B. 购买材料的价款
   C. 购入材料的运杂费　　D. 材料入库前的挑选整理费

30. 某企业为增值税一般纳税人,开出银行承兑汇票购入原材料一批,并支付银行承兑手续费。下列关于该企业采购原材料的会计处理中,正确的有(　　)。
   A. 支付的运输费计入材料成本
   B. 支付原材料价款计入材料成本
   C. 支付的可抵扣增值税进项税额计入材料成本
   D. 支付的票据承兑手续费计入财务费用

31. 下列关于毛利率法的表述中,正确的有(　　)。
   A. 毛利率法适用于商品流通企业
   B. 毛利率法不能满足对存货管理的需要

C. 毛利率法要求同类商品的毛利率大致相同

D. 毛利率法适用于经营商品品种繁多的企业

32. 企业对随同商品出售的包装物进行会计处理时,该包装物的实际成本可能结转到（   ）。

A. "制造费用"科目   B. "销售费用"科目

C. "管理费用"科目   D. "其他业务成本"科目

33. 下列关于包装物会计处理的表述中,正确的有（   ）。

A. 外购包装物时可以采用实际成本核算,也可以采用计划成本核算

B. 外购包装物如果单位价值较小可以在购入时计入当期损益

C. 随商品出售不单独计价的包装物成本,计入销售费用

D. 出售单独计价的包装物应将其成本计入生产成本

34. 下列关于包装物核算的表述中,正确的有（   ）。

A. 生产过程中用于包装产品的包装物成本应当计入生产成本

B. 随同商品出售而不单独计价的包装物成本应当计入销售费用

C. 随同商品出售单独计价的包装物成本应当计入销售费用

D. 出租给购买单位使用的包装物成本应当计入销售费用

35. 一般纳税企业委托其他单位加工材料收回后直接对外销售的,其发生的下列支出中,应计入委托加工物资成本的有（   ）。

A. 加工费   B. 支付的增值税税额

C. 由委托方承担的往返运杂费   D. 受托方代收代缴的消费税

36. 某企业为增值税一般纳税人,委托其他单位加工应税消费品,该产品收回后继续加工。下列各项中,应计入委托加工物资成本的有（   ）。

A. 发出材料的实际成本   B. 支付给受托人的加工费

C. 支付给委托方的增值税   D. 受托方代收代缴的消费税

37. 下列各项中,增值税一般纳税企业不需要计入收回委托加工物资成本的有（   ）。

A. 支付的加工费

B. 随同加工费支付的增值税

C. 支付的收回后用于继续加工应税消费品的委托加工物资的消费税

D. 支付的收回后直接销售的委托加工物资的消费税

38. 下列关于委托加工物资的说法中,正确的有（   ）。

A. 委托加工物资是指企业委托外单位加工的各种材料、商品等物资

B. 企业委托外单位加工物资的成本包括加工中实际耗用物资的成本、支付的加工费用及应负担的运杂费、支付的税费等

C. 委托加工物资的计算方法和库存商品完全不同

D. 采用计划成本核算委托加工物资,应该同时结转材料成本差异或商品进销差价

39. A企业为一般纳税人,用银行存款支付B企业加工费用4 000元(不含增值税),消费税4 000元,以及相应的增值税640元,该委托加工物资还需进一步加工,其会计处理的借方科目有（   ）。

A. 委托加工物资

B. 银行存款

C. 应交税费——应交增值税（进项税额）

D. 应交税费——应交消费税

40. 增值税小规模纳税人委托其他单位加工材料,收回后继续生产应税消费品的,其发生的下列支出中,应计入委托加工材料成本的有(　　)。

A. 发出材料的实际成本

B. 支付给受托方的加工费

C. 支付给受托方的增值税

D. 受托方代收代缴的消费税

41. 下列有关委托加工物资的说法中,正确的有(　　)。

A. 委托方发出委托加工物资,委托方不再确认该项存货

B. 委托方如果采用计划成本核算存货,在发出物资时还应同时结转相应的材料成本差异

C. 发出委托加工物资时发生的运杂费需要计入委托加工物资的成本核算

D. 如果委托加工物资收回后用于继续加工,那么受托方代收代缴的消费税应计入委托加工物资成本核算

42. 下列关于委托加工物资的表述中,正确的有(　　)。

A. 委托方发出委托加工物资,委托方不再确认该项存货

B. 对于一般纳税人而言,支付给受托方的增值税不计入委托加工物资成本

C. 发出委托加工物资时发生的运杂费计入委托加工物资的成本

D. 如果委托加工物资收回后用于继续加工应税消费品,那么由受托方代收代缴的消费税应计入委托加工物资成本

43. 下列关于商品流通企业外购商品过程中发生相关费用的表述中,不正确的有(　　)。

A. 在采购商品过程中发生的运输费、装卸费、保险费以及其他可归属于存货采购成本的费用等进货费用,一律计入当期损益

B. 采购过程中发生的相关费用一律构成企业存货的采购成本

C. 可以先进行归集,期末根据所购商品的存销情况分别进行分摊,对于已售商品的进货费用,计入当期损益;对于未售商品的进货费用,计入期末存货成本

D. 采购商品的进货费用金额较小的,也可在发生时直接计入当期损益

三、判断题

1. 企业发生存货盘盈时记入"营业外收入"科目。　　　　　　　　　　　　　(　　)

2. 存货发出采用先进先出法计价,在存货物价持续上涨的情况下,将会使企业的期末存货升高,当期利润增加。　　　　　　　　　　　　　　　　　　　　　　(　　)

3. 存货的加工成本包括由于自然灾害发生的直接材料、直接人工和制造费用。(　　)

4. 企业采用月末一次加权平均法计量发出材料的成本,在本月有材料入库的情况下,在物价上涨时,当月月初发出材料的单位成本小于月末发出的材料的单位成本。(　　)

5. 企业为特定客户设计产品所发生的可直接确定的设计费用应记入相关产品成本。(　　)

6. 企业计提存货跌价准备,会影响资产负债表中存货项目的金额。　　　　　　(　　)

7. 存货的可变现净值是指存货的估计售价加上估计销售费用以及相关税费后的金额。
(   )
8. 商品流通企业在采购商品过程中发生的运杂费等进货费用,可以先进行归集,期末根据所购商品的存销情况进行分摊。(   )
9. 企业对于已记入"待处理财产损溢"科目的存货盘亏及毁损事项进行会计处理时,对于自然灾害造成的存货净损失,应计入管理费用。(   )
10. 由于存货发出的计价方法不同,期末在资产负债表中反映的存货项目金额就会不同,当期计算出的利润也可能不同。(   )
11. 采用月末一次加权平均法的只在月末一次计算加权平均单价,比较简单,有利于简化成本计算工作。(   )
12. 不能归属于使存货达到目前场所和状态的其他支出,应在发生时计入当期损益。(   )
13. 企业按计划成本核算存货,需将存货的计划成本和实际成本之间的差异单独核算,最终将计划成本调整为实际成本。(   )
14. 采用先进先出法核算发出存货成本的,在物价持续上涨时,期末存货成本接近市价,而发出成本偏低,利润偏高。(   )
15. 企业采用移动加权平均法计算发出存货成本,能够使企业管理层及时了解存货的结存情况,可以在月度内随时结转发出存货的成本。(   )
16. 工业企业采购商品过程中发生的进货费用应计入存货成本。(   )
17. 增值税一般纳税人发生存货的盘亏或毁损,存货的进项税额需要作转出处理。(   )
18. 存货的可变现净值是指存货的估计售价减去至完工时估计将要发生的成本、估计的销售费用及税费后的金额。(   )
19. 存货期末按成本与可变现净值孰低计量。(   )
20. 企业采用计划成本对材料进行日常核算,应按月分摊发出材料应负担的成本差异,不应在季末或年末一次计算分摊。(   )
21. 原材料采用计划成本法核算的,购入的材料无论是否验收入库,均需先通过"材料采购"科目进行核算。(   )
22. 采购入库后的仓储费应计入管理费用。(   )
23. 商品流通企业在采购商品过程中发生的运杂费等进货费用,应当计入存货采购成本;进货费用数额较小的,也可以在发生时直接计入当期损益。(   )
24. 企业外购原材料采用实际成本核算,月末如果货物已收到但发票账单未到应当在备查簿中进行登记以保证账实相符。(   )
25. 购入材料在运输途中发生的合理损耗应从材料采购成本中扣除。(   )
26. 企业领用低值易耗品应在领用时一次计入成本费用中。(   )
27. 随同商品出售单独计价的包装物成本应计入销售费用。(   )
28. 增值税一般纳税人委托加工物资收回的成本包括材料成本、加工费、运费、消费税。(   )
29. 采用售价金额核算法核算库存商品时,期末结存商品的实际成本为本期商品销售收入乘以商品进销差价率。(   )
30. 已完成销售手续但购买单位尚未提取的商品,不应作为企业的库存商品,企业应当作为代管商品,在代管商品备查簿中进行登记备查。(   )

31. 如果企业的商品进销差价率各期之间是比较均衡的,也可以采用上期商品的进销差价率分摊本期的商品进销差价,但是年度终了应对商品进销差价进行核实调整。( )

四、不定项选择题

(一)甲公司(一般纳税人)的存货采用计划成本核算,2×21年4月份发生如下事项:
(1)期初结存原材料计划成本为25万元,材料成本差异借方余额为3万元,存货跌价准备贷方余额为3万元。
(2)2日,购入原材料一批,实际支付价款为50万元,取得的增值税专用发票注明增值税税额为6.5万元;采购过程中发生运杂费0.3万元,保险费1万元,入库前挑选整理费0.2万元。该批材料的计划成本为58万元。
(3)10日,生产领用该原材料一批,领用材料计划成本30万元。管理部门领用原材料一批,领用材料计划成本5万元。
(4)15日,收回之前委托A公司加工的半成品一批,委托加工时发出半成品的实际成本为15万元,加工过程中支付加工费2万元,装卸费0.8万元,受托方代收代缴消费税4.5万元。甲公司收回该委托加工物资后准备继续加工生产,该批半成品的计划成本为20万元。
(5)月末,甲公司结存原材料的可变现净值为42万元。
要求:根据上述资料,不考虑其他因素,分析回答下列小题。(答案中金额单位用万元表示,有小数点的保留两位小数)

1. 甲公司本月材料成本差异率为( )。
   A. −0.04 B. 0.01
   C. 0.06 D. 0.11

2. 甲公司本月发出原材料的实际成本为( )万元。
   A. 28.73 B. 33.52
   C. 37.11 D. 39.01

3. 下列有关甲公司委托加工业务的说法中,正确的是( )。
   A. 甲公司将发出的委托加工物资仍作为存货进行核算
   B. 收回委托加工物资时,支付的装卸费应计入管理费用核算
   C. 收回委托加工物资的实际成本为17.8万元
   D. 收回委托加工物资的实际成本为22.3万元

4. 期末,甲公司结存存货的实际成本为( )万元。
   A. 42 B. 45.98
   C. 63.78 D. 97.3

5. 根据资料(1)至(5),甲公司本月针对原材料应计提的存货跌价准备为( )万元。
   A. 0.98 B. 3.98
   C. 18.78 D. 37.5

(二)甲公司生产多种产品的制造企业,为增值税一般纳税人,适用的增值税税率为13%,原材料采用实际成本核算,材料发出成本采用月末一次加权平均法计算,2×21年12月1日,M材料库存数量为500千克,每千克实际成本为200元,该公司12月份发生有关

存货业务如下：

(1) 2日，以面值为250 000元的银行汇票购买M材料800千克，每千克不含增值税的购买价格为250元，价款共计200 000元，增值税专用发票上注明增值税税额为26 000元，由销货方代垫运杂费3 000元(不考虑增值税)。材料验收入库，银行汇票多余款项通过银行退回并已收妥。

(2) 10日，收到乙公司作为资本投入的M材料3 000千克，并验收入库，同时收到乙公司开具的增值税发票，投资合同约定该批材料不含增值税价格为600 000元(与公允价值相同)，允许抵扣的增值税税额为78 000元，乙公司在甲公司注册资本中享有份额的金额为580 000元。

(3) 31日，发料凭证汇总表中列明M材料的耗用情况如下，生产产品领用1 600千克，车间管理部门领用300千克，行政管理部门领用200千克，销售部门领用100千克。

(4) 31日，财产清查中盘亏M材料的成本为15 000元，确认应转出增值税进项税额为1 950元，经查属于材料保管人员过失造成的，按规定由其赔偿6 000元，其他损失由公司承担，款项尚未收到。

要求：依据上述材料，不考虑其他因素，分析回答下列小题。（答案中的金额单位用元表示，计算结果出现小数的，保留小数点后两位小数）

1. 根据资料(1)，下列各项中，甲公司会计处理正确的是(　　)。

    A. 退回银行汇票的多余款项时：
       借：银行存款　　　　　　　　　　　　　　　　　　　　　21 000
         贷：其他货币资金　　　　　　　　　　　　　　　　　　　　21 000

    B. 用银行汇票购买材料时：
       借：原材料　　　　　　　　　　　　　　　　　　　　　　203 000
           应交税费——应交增值税(进项税额)　　　　　　　　　　26 000
         贷：银行存款　　　　　　　　　　　　　　　　　　　　　229 000

    C. 申请签发银行汇票时：
       借：其他货币资金　　　　　　　　　　　　　　　　　　　250 000
         贷：银行存款　　　　　　　　　　　　　　　　　　　　　250 000

    D. 用银行汇票购买材料时：
       借：原材料　　　　　　　　　　　　　　　　　　　　　　203 000
           应交税费——应交增值税(进项税额)　　　　　　　　　　26 000
         贷：其他货币资金　　　　　　　　　　　　　　　　　　　229 000

2. 根据资料(2)，下列各项中，甲公司会计处理结果正确的是(　　)。

    A. "资本公积"科目贷方登记98 000元
    B. "原材料"科目借方登记600 000元
    C. "应交税费"科目借方登记78 000元
    D. "实收资本"科目贷方登记678 000元

3. 根据资料(1)至(2)，甲公司当月发出M材料平均单价是(　　)元。

    A. 205.35　　　　　　　　　　　　B. 210
    C. 209.30　　　　　　　　　　　　D. 204.65

4. 根据资料(3),下列各项中,甲公司会计处理表述正确的是(   )。

  A. 车间管理部门领用的材料计入制造费用

  B. 生产产品领用的材料计入生产成本

  C. 销售部门领用的材料计入销售费用

  D. 行政管理部门领用的材料计入管理费用

5. 根据资料(4),下列各项中,甲公司会计处理正确的是(   )。

  A. 应收账款增加 6 000 元   B. 原材料减少 15 000 元

  C. 其他应收款增加 6 000 元   D. 管理费用增加 15 000 元

第四章 非流动资产

知识训练一 长期投资

一、单项选择题

1. 丙公司为甲、乙公司的母公司,2×21年1月1日,甲公司以银行存款7 000万元取得乙公司60%有表决权的股份,另以银行存100万元支付与合并直接相关的中介费用,当日办妥相关股权划转手续后,取得了乙公司的控制权;乙公司在母公司合并报表中净资产账面价值为8 000万元;不考虑其他因素,甲公司该项长期股权投资在合并日的初始投资成本为( )万元。
   A. 4 800   B. 7 000
   C. 5 400   D. 5 500

2. 2×21年1月1日,甲公司溢价购入乙公司当日发行的3年期到期一次还本付息债券,甲公司根据其管理该债券的业务模式和该债券的合同现金流量特征,将其作为债权投资进行核算,并于每年年末计提利息。2×21年末,甲公司按照票面利率确认应计利息590万元,利息调整的摊销额为10万元,甲公司2×21年末对该债券投资应确认投资收益的金额为( )万元。
   A. 580   B. 600
   C. 10   D. 590

3. 2×21年1月1日,A公司以一台设备作为对价取得B公司80%的股权,能够控制B公司的生产经营决策,A公司和B公司在此次合并之前,不存在关联方关系。该设备的原值为1 000万元,已累计计提折旧400万元,未计提减值准备,公允价值为1 200万元。2×21年5月21日,B公司宣告分配的现金股利为4 000万元。2×21年度,B公司实现的净利润为4 000万元。不考虑其他因素,A公司2×21年度取得及持有该项长期股权投资对损益的影响金额为( )万元。
   A. 7 000   B. 600
   C. 3 200   D. 3 800

4. 2×21年1月1日,甲公司以定向增发股票的方式购买同一集团内乙公司持有的A公司60%股权,能够控制A公司。为取得该股权,甲公司增发1 000万股普通股股票,每股面值为1元,每股公允价值为7元;另支付承销商佣金100万元。取得该股权时,A公司在最终控制方合并财务报表中净资产的账面价值为9 000万元,可辨认净资产公允价值为12 000万元,甲公司和A公司采用的会计政策及会计期间相同,不考虑其他因素。甲公司取得该股权投资时应确认的"资本公积——股本溢价"为( )万元。
   A. 7 000   B. 4 300

C. 5 900　　　　　　　　　　　　D. 6 000

5. 非同一控制下的企业合并,合并发生的审计、法律服务、评估咨询等中介费用以及其他相关管理费用,应计入(　　)。
   A. 当期损益　　　　　　　　　　B. 长期股权投资初始确认成本
   C. 其他综合收益　　　　　　　　D. 投资收益

6. 甲股份有限公司于2×21年4月1日购入面值为1 000万元的3年期债券并划分为债权投资,实际支付的价款为1 100万元,其中包含已到付息期但尚未领取的债券利息50万元,另支付相关税费5万元。该项债券投资的初始入账金额为(　　)万元。
   A. 1 005　　　　　　　　　　　　B. 1 100
   C. 1 055　　　　　　　　　　　　D. 1 000

7. 甲公司和乙公司为非关联企业。2×21年5月1日,甲公司按每股4.5元增发每股面值1元的普通股股票2 000万股,并以此为对价取得乙公司70%的股权;甲公司另以银行存款支付审计费、评估费等共计3万元。乙公司2×21年5月1日可辨认净资产公允价值为12 000万元。甲公司取得乙公司70%股权时的初始投资成本为(　　)万元。
   A. 8 400　　　　　　　　　　　　B. 8 430
   C. 9 000　　　　　　　　　　　　D. 9 030

8. 企业采用权益法核算长期股权投资,长期股权投资持有期间被投资单位宣告分配现金股利时,该企业正确的会计处理是(　　)。
   A. 借记"长期股权投资"科目,贷记"投资收益"科目
   B. 借记"应收股利"科目,贷记"长期股权投资"科目
   C. 借记"应收股利"科目,贷记"投资收益"科目
   D. 借记"长期股权投资"科目,贷记"其他综合收益"科目

9. 甲公司于2×21年1月1日购入乙公司30%的股份,购买价款为3 300万元,并自取得投资之日具有重大影响。取得投资当日,乙公司可辨认净资产公允价值为10 000万元。2×21年12月31日,乙公司当年实现净利润900万元,宣告发放现金股利400万元。年末甲公司长期股权投资的账面价值为(　　)万元。
   A. 3 000　　　　　　　　　　　　B. 3 300
   C. 3 570　　　　　　　　　　　　D. 3 450

10. 甲企业将其持有的一项以权益法核算的长期股权投资全部出售,取得价款550万元,当日办妥手续。出售时,该项长期股权投资的账面价值为420万元,其中投资成本为300万元,损益调整为100万元,可重分类进损益的其他综合收益为20万元。不考虑增值税等相关税费及其他因素,则甲企业处置该项投资时影响损益的金额为(　　)万元。
    A. 550　　　　　　　　　　　　　B. 320
    C. 130　　　　　　　　　　　　　D. 150

11. 下列各项关于债权投资核算的表述中,正确的是(　　)。
    A. 企业应通过"应收利息"科目核算一次还本付息债券投资按票面利率计算确定的应收未收的利息
    B. 债权投资的后续计量分为实际利率法和直线法两种,小企业会计准则规定小企业采用实际利率法

C. 企业持有的债权投资,在持有期间产生的应收利息应当确认为投资收益
D. 小企业准备长期(在1年以上)持有的债券投资通过"债权投资"科目核算

12. 甲公司为一家小企业。2×22年1月1日,从二级市场购入乙公司债券,支付价款合计310 000元(含已宣告但尚未领取的利息10 000元),另支付交易费用10 000元。该债券面值300 000元,剩余期限为2年,票面年利率为4%,每半年付息一次。甲企业准备持有至到期,分类为长期债券投资进行核算与管理。不考虑其他因素,2×22年6月30日,甲公司持有的该长期债券投资账面余额为( )元。
    A. 310 000
    B. 300 000
    C. 307 500
    D. 305 000

13. 2×22年1月初,甲公司自非关联方取得乙公司60%的股份作为长期股权投资,采用成本法核算。2×22年乙公司实现净利润100万元,并宣告分配现金股利5万元,不考虑其他因素,2×22年甲公司应确认的投资收益为( )万元。
    A. 60
    B. 3
    C. 100
    D. 5

14. 下列各项中,应确认为投资收益的是( )。
    A. 以公允价值模式计量的投资性房地产公允价值变动
    B. 支付与取得子公司长期股权投资直接相关的费用
    C. 处置交易性金融资产产生的净损益
    D. 计提长期股权投资减值准备

15. 某企业采用权益法核算长期股权投资,下列各项中,会导致该企业投资收益发生增减变动的是( )。
    A. 被投资单位实现净利润
    B. 被投资单位提取盈余公积
    C. 收到被投资单位分派现金股利
    D. 收到被投资单位分派股票股利

16. 甲公司和乙公司为两个互不关联的独立企业,合并之前不存在投资关系。2×20年3月1日,甲公司和乙公司达成合并协议,约定甲公司以固定资产作为合并对价,取得乙公司80%的股权。合并日,甲公司固定资产的账面原价为1 680万元,已计提折旧320万元,已提取减值准备80万元,公允价值为1 100万元;乙公司所有者权益账面价值为1 200万元。合并中,甲公司支付审计费等费用共计15万元。甲公司取得该项长期股权投资时的初始投资成本为( )万元。
    A. 1 100
    B. 1 115
    C. 1 200
    D. 1 215

二、多项选择题

1. 下列各项中,属于长期投资的有( )。
    A. 长期股权投资
    B. 交易性金融资产
    C. 债权投资
    D. 其他权益工具投资

2. 下列关于交易费用的说法中,正确的有( )。

A. 取得交易性金融资产支付的交易费用计入当期损益
B. 取得债权投资支付的交易费用计入当期损益
C. 取得交易性金融资产支付的交易费用计入初始入账金额
D. 取得债权投资支付的交易费用计入初始入账金额

3. 下列关于债权投资的说法中,正确的有(　　)。
   A. 债权投资应按摊余成本进行后续计量
   B. 债权投资的减值应计入资产减值损失
   C. 持有债权投资期间计算的利息收入应计入投资收益
   D. 处置债权投资时应将处置价款与其账面余额及相关税费的差额计入投资收益

4. 2×21年1月1日,甲公司以银行存款3 950万元取得乙公司30%的股份,另以银行存款50万元支付了与该投资直接相关的手续费,相关手续于当日完成,能够对乙公司施加重大影响。当日,乙公司可辨认净资产的公允价值为14 000万元。各项可辨认资产、负债的公允价值均与其账面价值相同。乙公司2×21年实现净利润2 000万元,其他债权投资的公允价值上升100万元(即乙公司其他综合收益增加100万元)。不考虑其他因素,下列各项中甲公司2×21年与该投资相关的会计处理中,正确的有(　　)。
   A. 确认投资收益600万元
   B. 确认财务费用50万元
   C. 确认其他综合收益30万元
   D. 确认营业外收入200万元

5. 某企业采用权益法核算长期股权投资,下列各项中,会引起该投资账面价值发生变动的有(　　)。
   A. 收到被投资单位分配的股票股利
   B. 被投资单位其他综合收益变动
   C. 被投资单位因重大会计差错、会计政策变更而调整前期留存收益
   D. 被投资单位盈余公积转增股本

6. 下列各项中,影响长期股权投资账面价值的有(　　)。
   A. 采用成本法核算长期股权投资时,持有期间被投资单位宣告发放现金股利
   B. 采用权益法核算长期股权投资时,被投资企业宣告发放现金股利
   C. 采用权益法核算长期股权投资时,持有期间被投资单位宣告发放股票股利
   D. 采用权益法核算长期股权投资时,持有期间被投资单位的其他综合收益变动

7. 下列关于债权投资的说法中,正确的有(　　)。
   A. 债权投资应当按照取得时的购买价款和相关税费之和作为初始确认金额
   B. 在取得时,如果实际支付的价款中包含已到付息期但尚未领取的债券利息,应一并计入债权投资成本
   C. 采用实际利率法时,债权投资在持有期间应当按照摊余成本和实际利率计算确认利息收入,计入投资收益
   D. 持有期间预期发生信用减值损失的应计提债权投资减值准备

8. 甲公司为一家小企业。2×21年1月1日,从二级市场购入乙公司债券,支付价款合计510 000元(含已宣告但尚未领取的利息10 000元),另支付交易费用10 000元。该债券面值500 000元,剩余期限为2年,票面年利率为4%,每半年付息一次,合同现金流量特征仅为本金和以未偿付本金金额为基础的利息的支付。甲公司准备持有至到期,分

类为长期债券投资进行核算与管理。甲公司的下列处理中,正确的有( )。
   A. 交易费用 10 000 元应记入"长期债券投资——溢折价"科目
   B. 支付价款中已宣告但尚未领取的利息 10 000 元应记入"应收利息"科目
   C. 每半年应收利息为 10 000 元
   D. 每半年溢折价的摊销额为 2 500 元

9. 下列有关债权投资核算的表述中,正确的有( )。
   A. 取得时应当按照购买价款作为成本进行计量,支付的相关税费计入当期损益
   B. 实际支付价款中包含的已到付息期但尚未领取的债券利息,计入债权投资的成本
   C. 债权投资的后续计量应当采用实际利率法
   D. 在持有期间发生的应收利息(实际利率法下考虑溢、折价摊销等利息调整后)应当确认为投资收益

10. 下列关于同一控制下企业合并,错误的会计处理有( )。
    A. 具有商业实质,应产生经营性损益和非经营性损益
    B. 合并方以支付现金、转让非现金资产作为合并对价的,应在合并日按支付合并对价的公允价值作为初始投资成本
    C. 合并方以发行权益性证券作为合并对价的,初始投资成本与发行股票股份面值总额的贷方差额,计入营业外收入
    D. 合并方以支付现金、转让非现金资产作为合并对价的,初始投资成本与支付的合并对价账面价值的借方差额,全部计入资本公积

11. 2×21 年 6 月 1 日,甲公司以银行存款 150 万元投资乙公司,持有乙公司有表决权股份的 40%,能够对乙公司经营和财务施加重大影响。乙公司 2×21 年 6 月 1 日经确认可辨认净资产的账面价值 360 万元、公允价值 400 万元,则甲公司的下列会计处理中正确的有( )。
    A. 确认长期股权投资初始投资成本为 150 万元
    B. 确认长期股权投资初始投资成本为 160 万元
    C. 确认投资收益为 10 万元
    D. 确认营业外收入为 10 万元

12. 2×22 年 1 月 1 日,甲公司从二级市场购入乙公司债券,并作为债权投资核算。该债券为分期付息,到期还本,面值为 100 000 元。支付价款合计 110 000 元(含已宣告但尚未领取的利息 10 000 元)。该债券票面利率为 5%,与实际利率相等。下列各项关于甲公司持有的该债券会计处理的表述中,正确的有( )。
    A. 甲公司购买的该债权投资初始入账成本为 110 000 元
    B. 甲公司持有的该债权投资持有期间确认的利息收益,计入应收利息
    C. 2×22 年 12 月 31 日,甲公司该笔债权投资账面余额为 105 000 元
    D. 该债权投资持有期间对甲公司损益的影响金额为 5 000 元

三、判断题
1. 债权投资后续计量采用直线法核算时,不考虑市场实际利率的波动影响。   (   )
2. 小企业实际发生的长期债券投资损失,应计入营业外支出。   (   )

3. 小企业债权投资的后续计量应采用实际利率法。（　）

4. 权益法核算的长期股权投资初始投资成本小于投资时应享有被投资方可辨认净资产公允价值份额的，应调整初始投资成本，同时确认营业外收入。（　）

5. 购买方作为合并对价发行权益性证券的发行费用，应当冲减资本公积（资本溢价或股本溢价），资本公积（资本溢价或股本溢价）不足冲减的，依次冲减盈余公积和未分配利润。（　）

6. 同一控制下的企业合并，合并成本为合并方在合并日为取得对被合并方的控制权而付出的资产、发生或承担的负债以及发行权益性证券的公允价值。（　）

四、不定项选择题

甲、乙、丙公司均不在同一集团内，2×21年至2×22年甲公司发生如下与长期股权投资相关的交易或事项：

(1) 2×21年1月，甲公司以11 000万元购入乙公司有表决权股份的80%，能够对乙公司实施控制，取得投资时，乙公司所有者权益的账面价值为15 000万元（与公允价值相等）。

(2) 2×21年1月，甲公司以9 000万元取得丙公司有表决权股份的30%，能够对丙公司施加重大影响，投资时，丙公司可辨认净资产的账面价值为25 000万元（与公允价值相等）。

(3) 2×21年度乙公司实现净利润4 000万元，丙公司实现净利润3 000万元。

(4) 2×22年3月，乙公司和丙公司分别宣告分派现金股利，甲公司按其持股比例可分得乙公司现金股利200万元，丙公司现金股利100万元。

(5) 2×22年10月，丙公司其他资本公积增加1 000万元。

(6) 2×22年12月，甲公司将其持有的丙公司股份全部出售，取得价款11 000万元。

要求：根据上述资料，不考虑其他因素，分析回答下列小题（答案中的金额单位用万元表示）。

1. 根据资料(1)和(2)，甲公司长期股权投资核算正确的是(　　)。
   A. 对乙公司的长期股权投资应采用权益法核算
   B. 对丙公司的长期股权投资应采用权益法核算
   C. 对乙公司的长期股权投资应采用成本法核算
   D. 对丙公司的长期股权投资应采用成本法核算

2. 根据资料(1)和(2)，甲公司取得长期股权投资时会计处理结果正确的是(　　)。
   A. 对丙公司的投资，"长期股权投资"科目增加9 000万元
   B. 对乙公司的投资，"长期股权投资"科目增加12 000万元
   C. 对乙公司的投资，"长期股权投资"科目增加11 000万元
   D. 对丙公司的投资，"长期股权投资"科目增加7 500万元

3. 根据资料(3)和(4)，甲公司的会计处理结果正确的是(　　)。
   A. 乙公司宣告分派现金股利：
      借：应收股利　　　　　　　　　　　　　　　　　　　　200
      　　贷：投资收益　　　　　　　　　　　　　　　　　　　　　200

B. 乙公司实现净利润：
   借：长期股权投资——乙公司——损益调整   32 000
       贷：投资收益   32 000
C. 丙公司宣告分派现金股利：
   借：应收股利   100
       贷：长期股权投资——丙公司——损益调整   100
D. 丙公司实现净利润：
   借：长期股权投资——丙公司——损益调整   900
       贷：投资收益   900

4. 根据资料(5)，甲公司的会计处理结果正确的是(   )。
   A. "长期股权投资——丙公司——其他权益变动"科目增加300万元
   B. "其他综合收益"科目增加300万元
   C. "投资收益"科目增加300万元
   D. "资本公积——其他资本公积"科目增加300万元

5. 根据资料(6)，甲公司应确认的投资收益为(   )万元。
   A. 900   B. 1 200
   C. 800   D. 2 000

知识训练二 投资性房地产

一、单项选择题

1. 2×21年3月1日，甲公司外购一栋写字楼直接租赁给乙公司使用，租赁期为6年，每年租金为180万元。甲公司对投资性房地产采用公允价值模式进行后续计量，该写字楼的买价为3 000万元；2×21年12月31日，该写字楼的公允价值为3 200万元。假设不考虑相关税费，则该项投资性房地产对甲公司2×21年度利润总额的影响金额为(   )万元。
   A. 180   B. 200
   C. 350   D. 380

2. 关于成本模式计量的投资性房地产，下列说法中不正确的是(   )。
   A. 租金收入通过"其他业务收入"等科目核算
   B. 在每期计提折旧或者摊销时，计提的折旧和摊销金额需要记入"管理费用"科目
   C. 发生减值时，需要将减值的金额记入"资产减值损失"科目
   D. 在满足一定条件时，可以转换为公允价值模式进行后续计量

3. 甲公司持有一项投资性房地产，该项投资性房地产于2×21年12月31日取得，原价900万元，预计使用20年，预计净残值为0，采用年限平均法计提折旧。2×22年12月31日其公允价值为1 380万元，该项投资性房地产每月取得租金收入6万元，2×23年12月31日其公允价值为1 385万元，甲公司对投资性房地产采用成本模式进行后续计量。不考虑其他因素影响，则该项投资性房地产对甲公司2×23年利润总额的影响金

额为(　　)万元。
A. 28.4　　　　　　　　　　　　B. 27
C. 23.4　　　　　　　　　　　　D. －23.4

4. 2×21年12月31日,甲公司以银行存款12 000万元外购一栋写字楼并立即出租给乙公司使用,租期5年,每年末收取租金1 000万元。该写字楼的预计使用年限为20年,预计净残值为零,采用年限平均法计提折旧。甲公司对投资性房地产采用成本模式进行后续计量。2×22年12月31日,该写字楼出现减值迹象,可收回金额为11 200万元。不考虑其他因素,与该写字楼相关的交易或事项对甲公司2×22年度营业利润的影响金额为(　　)万元。
A. 400　　　　　　　　　　　　B. 800
C. 200　　　　　　　　　　　　D. 1 000

5. 企业对采用成本模式进行后续计量的投资性房地产,在取得租金收入时,应贷记(　　)科目。
A."资本公积"　　　　　　　　　B."其他综合收益"
C."其他业务收入"　　　　　　　D."投资收益"

6. 房地产开发企业将作为存货的商品房转换为采用公允价值模式进行后续计量的投资性房地产时,转换日商品房公允价值小于账面价值的差额应当计入(　　)。
A. 其他综合收益　　　　　　　　B. 投资收益
C. 营业外收入　　　　　　　　　D. 公允价值变动损益

7. 企业发生的下列关于投资性房地产的经济业务中,不会影响营业利润的是(　　)。
A. 将自用房地产转为采用成本模式进行后续计量的投资性房地产
B. 采用成本模式进行后续计量的投资性房地产发生减值
C. 采用成本模式进行后续计量的投资性房地产按月计提折旧(摊销)
D. 出售投资性房地产取得处置收入

8. 甲公司2×20年2月1日购入一栋办公楼用于对外出租,支付购买价款1 200万元。甲公司预计该办公楼可以使用20年,预计净残值率为5%,采用年限平均法计提折旧。2×20年12月31日该办公楼的可收回金额为1 100万元,假定不考虑增值税等其他因素,甲公司取得办公楼当日直接对外出租,且采用成本模式进行后续计量,下列各项说法中正确的是(　　)。
A. 购入办公楼应作为固定资产核算
B. 办公楼折旧金额计入管理费用
C. 当年应计提的折旧金额为47.5万元
D. 办公楼在2×20年12月31日的账面价值为1 152.5万元

9. 某制造企业采用成本模式计量投资性房地产,下列各项中,其计提的折旧应记入(　　)科目。
A."其他业务成本"　　　　　　　B."营业外支出"
C."投资收益"　　　　　　　　　D."管理费用"

10. 2×22年1月1日,某企业将已划分为投资性房地产的一栋办公楼对外出租,并以公允价值模式进行后续计量,其公允价值为5 000万元。年租金120万元已于当日收取并存入银行。2×22年12月31日该办公楼的公允价值为5 500万元。不考虑其他因素,上述业务影响企业2×22年度营业利润的金额为（　　）万元。

A. 500　　　　　　　　　　　　B. 620

C. 120　　　　　　　　　　　　D. 320

11. 某企业投资性房地产采用公允价值模式进行后续计量。则资产负债表日,该企业持有的投资性房地产公允价值高于其账面余额的差额应贷记（　　）科目。

A. "其他综合收益"　　　　　　B. "投资收益"

C. "其他业务收入"　　　　　　D. "公允价值变动损益"

12. 2×21年12月31日,某企业将自用建筑物转为投资性房地产对外出租,采用成本模式计量,转换日,该建筑物账面价值为2 100万元,尚可使用25年,预计净残值为100万元,按年限平均法计提折旧,按照租赁合同,每年收取租金100万元。不考虑其他因素,出租建筑物对该企业2×22年营业利润的影响金额为（　　）万元。

A. 16　　　　　　　　　　　　B. 80

C. 100　　　　　　　　　　　　D. 20

13. 甲公司将其采用成本模式计量的投资性房地产于租赁期届满后出售,取得价款3 000万元。该房地产的成本为1 500万元,出售时,"投资性房地产累计折旧"科目贷方余额为500万元。不考虑其他因素,甲公司因出售房地产影响当期营业利润的金额为（　　）万元。

A. 1 500　　　　　　　　　　　B. 1 000

C. 3 000　　　　　　　　　　　D. 2 000

14. 甲公司所在地有活跃的房地产交易市场,而且能够从房地产市场上获得同类房地产的市场报价。甲公司采用公允价值模式计量投资性房地产,2×22年1月1日,甲公司持有的一项已对外出租的房产账面价值为2 000万元,2×22年12月31日,该建筑物公允价值为2 100万元,尚可使用25年,预计净残值为100万元。按照租赁合同,每年收取租金150万元。不考虑其他因素,出租建筑物对该企业2×22年营业利润的影响金额为（　　）万元。

A. 100　　　　　　　　　　　　B. 150

C. 80　　　　　　　　　　　　D. 250

15. 下列项目中,属于外购投资性房地产的是（　　）。

A. 企业购入的写字楼直接出租

B. 企业购入的土地准备建造办公楼

C. 企业购入的土地准备建造办公楼,之后改为持有以备增值

D. 企业购入的写字楼自用2年后再出租

16. 2×22年1月1日,甲公司将自用的写字楼转换为以公允价值模式进行后续计量的投资性房地产。转换当日写字楼的账面余额为5 000万元,已计提折旧500万元,已计提固定资产减值准备400万元,公允价值为4 200万元。甲公司将该写字楼转为投资性房地产核算时的初始入账价值为（　　）万元。

A. 5 000　　　　　　　　　　　B. 4 600

C. 4 200　　　　　　　　　　　D. 4 100

17. 甲公司对投资性房地产以成本模式进行后续计量，2×22年1月10日甲公司以银行存款9 600万元购入一栋写字楼并立即以经营租赁方式租出，甲公司预计该写字楼的使用寿命为40年，预计净残值为120万元。采用年限平均法计提折旧，不考虑相关税费及其他因素，2×22年甲公司应对该写字楼计提的折旧金额为(　　)万元。
   A. 240 B. 220
   C. 217.25 D. 237

18. 企业采用公允价值模式对投资性房地产进行后续计量的，资产负债表日应将投资性房地产公允价值与其账面价值的差额计入(　　)。
   A. 其他综合收益 B. 公允价值变动损益
   C. 资本公积 D. 资产减值损失

19. 下列各项中，属于投资性房地产的是(　　)。
   A. 按国家规定确认的闲置土地
   B. 企业以经营租赁方式租出的写字楼
   C. 企业拥有并自行经营的饭店
   D. 企业持有拟增值后转让的建筑物

20. 下列项目中，不属于投资性房地产的是(　　)。
   A. 经营出租给子公司的自用写字楼
   B. 已出租的房屋租赁期届满，收回后继续用于出租但暂时空置
   C. 房地产开发企业持有并准备增值后出售的建筑物
   D. 企业持有并准备增值后转让的土地使用权

二、多项选择题

1. 下列各项资产中，可以划分为投资性房地产核算的有(　　)。
   A. 已出租的生产厂房
   B. 按国家有关规定认定的闲置土地
   C. 出租和自用共存的办公楼，能够单独计量的出租部分
   D. 持有并准备增值后转让的土地使用权

2. 将作为固定资产的房产转换为采用公允价值模式计量的投资性房地产，该项房产在转换日的公允价值与其账面价值的差额应计入的会计科目有(　　)。
   A. "公允价值变动损益" B. "投资收益"
   C. "其他综合收益" D. "资本公积"

3. 下列有关投资性房地产的定义与特征的表述中，正确的有(　　)。
   A. 投资性房地产是为赚取租金或资本增值，或者两者兼有而持有的房地产
   B. 投资性房地产应当能够单独计量和出售
   C. 已出租的土地使用权确认为投资性房地产的时点一般为租赁期开始日
   D. 投资性房地产有两种计量模式：成本模式和公允价值模式

4. 下列各项资产中，属于投资性房地产的有(　　)。
   A. 用于赚取租金的房地产
   B. 持有并准备增值后转让的土地使用权

C. 赚取租金或资本增值或两者兼有而持有的房地产
D. 很可能对外出租的房地产

5. 甲公司与乙公司签订合同，将其一栋办公楼于2×21年6月30日经营出租给乙公司，租期2年，年租金100万元，每半年支付一次。当日，该办公楼的公允价值为3 500万元。该办公楼取得时原价为4 500万元，截至出租时已计提折旧2 000万元，未计提减值准备。甲公司对投资性房地产采用公允价值模式进行后续计量。不考虑相关税费及其他因素的影响，下列关于甲公司会计处理的表述中，正确的有（　　）。
   A. 甲公司2×21年应确认租金收入100万元
   B. 2×21年6月30甲公司应确认其他综合收益1 000万元
   C. 2×21年6月30甲公司应确认投资性房地产3 500万元
   D. 2×21年6月30甲公司应确认公允价值变动损益1 000万元

6. 企业将自用房地产转换为以公允价值模式计量的投资性房地产时，转换日公允价值与原账面价值的差额，可能影响的财务报表项目的有（　　）。
   A. 资本公积   B. 投资收益
   C. 公允价值变动收益   D. 其他综合收益

7. 下列各项中，属于投资性房地产的有（　　）。
   A. 房地产企业持有的待售商品房
   B. 以经营租赁方式出租的商品房
   C. 以经营租赁方式出租的土地使用权
   D. 租入后再转租的建筑物

8. 下列关于投资性房地产会计处理的表述中，正确的有（　　）。
   A. 采用公允价值模式计量的投资性房地产，可转换为成本模式计量
   B. 采用公允价值模式计量的投资性房地产，其公允价值变动应计入资本公积
   C. 采用成本模式计量的投资性房地产，在满足规定条件的情况下，可转换为公允价值模式计量
   D. 采用成本模式计量的投资性房地产，发生减值应计提减值准备

9. 2×22年2月1日，甲公司将一栋自用办公楼出租给乙公司，租赁期为2年，年租金为120万元，当日该办公楼的账面价值为2 600万元，其公允价值为2 800万元，甲公司采用公允价值模式对投资性房地产进行后续计量。2×22年12月31日，该办公楼的公允价值为3 000万元。假设不考虑相关税费及其他因素，则下列会计处理正确的有（　　）。
   A. 转换日投资性房地产的入账价值为2 600万元
   B. 转换日应确认其他综合收益200万元
   C. 该投资性房地产持有期间公允价值变动计入当期损益
   D. 采用公允价值模式进行后续计量的投资性房地产需要定期进行减值测试

10. 下列各项中，应作为投资性房地产核算的有（　　）。
    A. 已出租的土地使用权
    B. 经营租入再转租的建筑物
    C. 持有并准备增值后转让的土地使用权

D. 出租给本企业职工居住的自建宿舍楼
11. 下列各项中,属于投资性房地产的有( )。
   A. 待出租的厂房
   B. 已出租的办公楼
   C. 经营租入后再转租的写字楼
   D. 已出租的土地使用权

三、判断题

1. 企业租入后再转租给其他单位的土地使用权,不能确认为投资性房地产。( )
2. 企业将其拥有的办公大楼由自用转为收取租金收益时,应将其转为投资性房地产。( )
3. 采用成本模式进行后续计量的投资性房地产,其后续计量原则与固定资产或无形资产相同。( )
4. 已采用公允价值模式计量的投资性房地产,不得从公允价值模式再转为成本模式。( )
5. 同一企业只能采用一种模式对所有投资性房地产进行后续计量,不得同时采用两种计量模式。( )
6. 甲公司将其自有写字楼的部分楼层以经营租赁方式对外出租,因自用部分与出租部分不能单独计量,为此甲公司将该写字楼整体确定为固定资产。( )
7. 企业将某项房地产部分用于出租,部分自用,如果用于出租的部分能单独计量和出售,企业应将该部分确认为投资性房地产。( )

知识训练三 固 定 资 产

一、单项选择题

1. 2×21年12月1日,A公司购入一台设备并投入使用,其成本为80万元,预计使用年限5年,预计净残值5万元,采用双倍余额递减法计提折旧。假定不考虑其他因素,2×22年度该设备应计提的折旧为( )万元。
   A. 27   B. 30
   C. 29   D. 32

2. 甲公司为增值税一般纳税企业,2×21年12月20日,甲公司购入一台不需要安装的机器设备,价款为200万元,增值税税额为26万元,另支付运杂费2万元,包装费1万元,款项均以银行存款支付。甲公司购入设备时的入账价值为( )万元。
   A. 200   B. 202
   C. 203   D. 229

3. 一般纳税人购入不需要安装的生产经营用固定资产,其支付的增值税进项税额应计入( )。
   A. 固定资产   B. 营业外支出
   C. 在建工程   D. 应交税费

4. 甲公司为一家制造性企业。2×21年4月1日,为降低采购成本,向乙公司一次购进了三套不同型号且有不同生产能力的设备 X、Y 和 Z。甲公司以银行存款支付货款 880 000 元、增值税税额 114 400 元、包装费 20 000 元。X 设备在安装过程中领用生产用原材料账面成本 20 000 元,支付安装费 30 000 元。假定设备 X,Y 和 Z 分别满足固定资产的定义及其确认条件,公允价值分别为 300 000 元、250 000 元、450 000 元。假设不考虑其他相关税费,则 X 设备的入账价值为( )元。
   A. 320 000   B. 324 590
   C. 350 000   D. 327 990

5. A 公司某生产设备在 2×21 年 12 月 31 日存在减值迹象,该设备可收回金额为 120 万元,原值为 150 万元,已计提 20 万元的折旧。则该固定资产 2×21 年 12 月 31 日的账面价值为( )万元。
   A. 120   B. 130
   C. 150   D. 110

6. 某企业购进设备一台,该设备的入账价值为 100 万元,预计净残值为 5.60 万元,预计使用年限为 5 年。在采用双倍余额递减法计提折旧的情况下,该项设备第三年应提折旧额为( )万元。
   A. 24   B. 14.4
   C. 20   D. 8

7. 某增值税一般纳税人采用自营方式购建一条生产线,购入工程物资总额为 100 万元(不含增值税)。购建生产线过程中,领用企业外购的原材料一批,成本为 50 万元,市场售价为 65 万元;领用企业自产的产品一批,成本为 80 万元,市场售价为 100 万元。假定不考虑其他因素,则该生产线的入账价值为( )万元。
   A. 200   B. 230
   C. 250   D. 265

8. 甲企业对一项原值为 100 万元、已提折旧 50 万元的固定资产进行改建,发生改建支出 65 万元,被替换部分的账面价值为 10 万元,被替换部分取得变价收入 12 万元。则改建后该项固定资产的入账价值为( )万元。
   A. 20   B. 115
   C. 105   D. 93

9. 2×21 年 3 月 31 日,甲公司采用出包方式对某固定资产进行改良,该固定资产账面原值为 3 600 万元,预计使用年限为 5 年,已使用 3 年,预计净残值为零,采用年限平均法计提折旧。甲公司支付出包工程款 96 万元。2×21 年 8 月 31 日,改良工程达到预定可使用状态并投入使用,预计尚可使用 4 年,预计净残值为零,采用年限平均法计提折旧。2×21 年度该固定资产应计提的折旧为( )万元。
   A. 128   B. 180
   C. 308   D. 384

10. 某企业为增值税一般纳税人,适用的增值税税率为 13%。2×21 年 6 月建造厂房领用材料实际成本 20 000 元,计税价格为 24 000 元,该项业务应计入在建工程成本的金额为( )元。
    A. 20 000   B. 22 600

C. 23 840　　　　　　　　　　　　D. 27 120

11. 2×21年2月14日,某公司购入X设备实际支付的购买价款为430万元,预计使用年限5年,预计净残值率为4%,采用年数总和法计提折旧。则2×21年某公司应计提的累计折旧金额为(　　)万元。
    A. 114.67　　　　　　　　　　　　B. 119.44
    C. 126.13　　　　　　　　　　　　D. 131.39

12. 某增值税一般纳税企业自建仓库一幢,购入工程物资200万元,增值税税额为26万元,已全部用于建造仓库;耗用库存材料50万元,应负担的增值税税额为6.5万元;支付建筑工人工资36万元。该仓库建造完成并达到预定可使用状态,其入账价值为(　　)万元。
    A. 250　　　　　　　　　　　　　B. 312
    C. 286　　　　　　　　　　　　　D. 318.5

13. 2×21年1月1日,甲公司采用分期付款的方式购入大型设备一套,当日投入使用。合同约定的价款为6 000万元,分3年等额支付;该分期支付购买价款的现值为5 600万元,另支付保险费10万元。假定不考虑其他因素,甲公司该设备的入账价值为(　　)万元。
    A. 6 010　　　　　　　　　　　　B. 6 000
    C. 5 600　　　　　　　　　　　　D. 5 610

14. 甲公司为增值税一般纳税人,2×21年12月31日购入不需要安装的生产设备一台,当日投入使用。该设备价款为300万元,增值税税额为39万元,预计使用寿命为5年,预计净残值为零,采用年数总和法计提折旧。该设备2×22年应计提的折旧额为(　　)万元。
    A. 113　　　　　　　　　　　　　B. 100
    C. 60　　　　　　　　　　　　　　D. 120

15. 企业的下列固定资产,按规定不应计提折旧的是(　　)。
    A. 短期租入的设备　　　　　　　　B. 长期租入的设备
    C. 短期租出的房屋　　　　　　　　D. 未使用的房屋

16. 2×21年1月15日,甲公司以银行存款30万元购入一台生产A产品的设备,另支付相关运输费1.5万元,员工培训费2万元。该设备预计能够生产1 000件A产品,预计净残值率为1%,采用工作量法计提折旧。2×21年该设备共生产A产品10件,假定不考虑其他因素,则该设备2×21年应计提折旧额为(　　)万元。
    A. 0.29　　　　　　　　　　　　　B. 0.31
    C. 0.32　　　　　　　　　　　　　D. 0.33

17. 2×21年8月1日,甲公司(一般纳税人)购入生产设备一台,支付设备价款20万元,取得的增值税专用发票上注明增值税税额为2.6万元。在采购过程中发生运输费1万元,安装人员调试费0.8万元,采购人员差旅费1.3万元。假定不考虑其他因素,则该生产设备的入账价值为(　　)万元。
    A. 20　　　　　　　　　　　　　　B. 21.8
    C. 23.1　　　　　　　　　　　　　D. 24.4

18. 甲公司进行资产清查时发现短缺一台笔记本电脑,原价为 4 500 元,已计提累计折旧 2 000 元,购入时增值税税额为 585 元。经查明属于管理人员的责任,管理人员需赔偿 1 000 元。假定不考虑其他因素,则该事项影响甲公司当期损益的金额为( )元。
   A. 800 B. 2 500
   C. 1 825 D. 2 825

19. 下列各项中,不会导致企业固定资产账面价值发生增减变动的是( )。
   A. 盘盈固定资产 B. 短期租赁租入设备
   C. 以固定资产对外投资 D. 计提减值准备

20. 2×21 年 12 月 31 日,某企业购入一台设备,入账价值为 200 万元,预计使用寿命为 10 年,预计净残值为 20 万元,采用年限平均法计提折旧。2×22 年 12 月 31 日该设备存在减值迹象,经测试预计可收回金额为 120 万元。2×22 年 12 月 31 日该设备账面价值应为( )万元。
   A. 120 B. 160
   C. 180 D. 182

21. 甲企业为增值税一般纳税人,适用的增值税税率为 13%,2×21 年 4 月建造厂房采购工程物资 10 000 元,全部用于建造厂房,则该批物资当期可抵扣的增值税进项税额为( )元。
   A. 1 300 B. 780
   C. 640 D. 11 300

22. 甲公司有货车 1 辆,采用工作量法计提折旧,原值为 200 000 元,预计使用 10 年,每年行驶里程 60 000 千米,净残值率为 5%,当月行驶里程 4 000 千米,该运输车的当月折旧额为( )元。
   A. 1 266.67 B. 12 666.67
   C. 1 333.33 D. 3 000

23. 某企业对一条生产线进行改扩建,该生产线原价为 1 000 万元,已计提折旧为 300 万元,扩建生产线发生的相关支出为 800 万元,满足固定资产确认条件,则改建之后生产线的入账价值为( )万元。
   A. 800 B. 1 500
   C. 1 800 D. 1 000

24. 自营工程达到预定可使用状态时,企业的会计处理正确的是( )。
   A. 借:工程物资 B. 借:固定资产
      贷:银行存款   贷:在建工程
   C. 借:原材料 D. 借:在建工程
      贷:在建工程   贷:工程物资

25. 甲公司为增值税一般纳税人,2×21 年 8 月 1 日购入不需要安装的生产设备一台,当日投入使用。该设备价款为 360 万元,增值税税额为 46.8 万元,预计使用寿命为 5 年,预计净残值为零,采用双倍余额递减法计提折旧。该设备 2×21 年应计提的折旧为( )万元。

A. 144 B. 96
C. 54.24 D. 48

26. 某项固定资产原值为15 500元,预计使用年限为5年,预计净残值为500元,按双倍余额递减法计提折旧,则第二年年末该固定资产的账面价值为(　　)元。
   A. 5 580 B. 6 320
   C. 5 900 D. 6 500

27. 某公司在财产清查中发现盘盈设备一台,已知同类设备的历史成本为20 000元,重置成本为15 000元,不考虑其他因素。则该公司盘盈设备时,下列会计处理正确的是(　　)。
   A. 借:固定资产　　　　　　　　　　　　　　　　　　　　　15 000
      　贷:以前年度损益调整　　　　　　　　　　　　　　　　　15 000
   B. 借:固定资产　　　　　　　　　　　　　　　　　　　　　20 000
      　贷:以前年度损益调整　　　　　　　　　　　　　　　　　15 000
      　　　累计折旧　　　　　　　　　　　　　　　　　　　　　5 000
   C. 借:固定资产　　　　　　　　　　　　　　　　　　　　　20 000
      　贷:营业外收入　　　　　　　　　　　　　　　　　　　　15 000
      　　　累计折旧　　　　　　　　　　　　　　　　　　　　　5 000
   D. 借:固定资产　　　　　　　　　　　　　　　　　　　　　15 000
      　贷:营业外收入　　　　　　　　　　　　　　　　　　　　15 000

28. 乙企业在建工程领用自产柴油一批,成本为50 000元,市场价格60 000元(不含增值税),应纳消费税6 000元,不考虑其他相关税费,记入"在建工程"科目的金额为(　　)元。
   A. 50 000 B. 56 000
   C. 76 200 D. 66 000

29. 下列关于固定资产的表述中,正确的是(　　)。
   A. 短期出租的生产设备计提的折旧计入其他业务成本
   B. 当月新增的固定资产,当月开始计提折旧
   C. 生产线的日常修理费用计入在建工程
   D. 设备报废清理费计入管理费用

30. 某公司(增值税一般纳税人)对一条生产线进行改建,原价为200万元,已提折旧为60万元。改建过程中购买新部件发生支出30万元(符合固定资产确认条件),增值税专用发票上注明的增值税税额为3.9万元;发生安装费10万元,增值税税额为0.09万元;被替换部分的账面原值为20万元,计提折旧比例与总体相同。该生产线改建后的成本为(　　)万元。
   A. 160 B. 166
   C. 140 D. 180

31. 甲公司为增值税一般纳税人,2×21年1月4日向乙公司一次性购入三台型号不同的机器设备A、B、C,取得增值税专用发票注明的金额为1 800万元,增值税税额为234万元,支付运费取得增值税专用发票注明运费为12万元,增值税税额为1.08万元。已知

设备A、B、C的公允价值分别为1 000万元、200万元、800万元,购买设备C时还发生安装费20.2万元。不考虑其他相关因素,则甲公司购入C设备的入账金额为( )万元。
A. 740.2 B. 724.8
C. 745   D. 832.2

32. 下列各项中,应作为企业固定资产核算的是( )。
A. 商贸企业销售的电脑
B. 房地产开发企业开发待售的商品房
C. 工业企业外购价值极低的生产工具
D. 4S店自用小汽车

33. 甲公司为增值税一般纳税人,2×21年12月1日购入需安装的生产用机器设备一台,支付价款100万元,增值税13万元。安装过程中领用本公司自产产品一批,该批产品成本为5万元,公允价值为8万元。2×21年12月22日安装结束,固定资产达到预定可使用状态,则甲公司该固定资产的入账金额为( )万元。
A. 113 B. 105
C. 108 D. 118

34. 甲公司为增值税一般纳税人,2×21年11月9日外购不需安装的生产用设备一台,取得增值税专用发票上注明的价款为120万元,增值税税额15.6万元;支付保险费取得增值税专用发票注明保险费1万元,增值税税额0.06万元;支付运费取得增值税专用发票注明的运费为6万元,增值税税额为0.54万元。则甲公司购入该固定资产的入账价值为( )万元。
A. 142.66 B. 127
C. 143.2   D. 146.86

35. 某企业在财产清查时发现一台固定资产被盗,该固定资产原值120万元,已提折旧12万元,经过调查,该损失属于企业保管不善造成的,保险公司赔偿金为10万元。不考虑相关税费,则报经批准后应计入( )。
A. 资产减值损失98万元 B. 营业外支出98万元
C. 管理费用98万元   D. 其他应收款98万元

36. 甲公司为增值税一般纳税人,2×21年1月1日购入一台不需安装的生产用机器设备,取得增值税专用发票注明的金额为234万元,增值税税额为30.42万元;支付运费取得增值税专用发票注明的运费为22万元,增值税税额为1.98万元;取得增值税普通发票注明包装费价税合计2万元。甲公司对此设备采用年限平均法计提折旧,预计净残值率为5%,预计使用5年。则甲公司2×21年该机器设备应当计提折旧的金额为( )万元。
A. 44.94 B. 43.23
C. 49.02 D. 48.08

37. 某运输企业为增值税一般纳税人,2月购入一辆运货卡车,购入时取得的增值税专用发票注明价款为40万元,增值税税额5.2万元。预计总行驶里程为50万千米,预计报废时的净残值为4万元。该企业对运货卡车采用工作量法计提折旧。3月卡车行驶3 000千米,则该辆卡车3月应当计提的折旧为( )万元。

A. 0.24　　　　　　　　　　　　B. 0.22
C. 0.21　　　　　　　　　　　　D. 0.23

38. 甲公司出售一栋生产用厂房,取得处置价款2 000万元。该厂房原值2 500万元,已提折旧500万元,已提减值准备400万元。不考虑相关税费,则下列表述中正确的是(　　)。
    A. 此项业务影响利润总额300万元
    B. 应计入营业外收入400万元
    C. 此项业务会影响营业利润300万元
    D. 应计入资产处置损益400万元

39. 2×21年3月31日,甲公司采用出包方式对生产线进行改良,该生产线账面原值为1 800万元,预计使用年限为5年,截止到2×21年3月31日已使用3年,预计净残值为零,采用年限平均法计提折旧。改良过程中,甲公司支付出包工程款48万元。2×21年8月31日,改良工程达到预定可使用状态并投入使用,预计尚可使用4年,预计净残值为零,仍采用年限平均法计提折旧。不考虑相关税费,2×21年度该生产线应计提的折旧为(　　)万元。
    A. 154　　　　　　　　　　　　B. 192
    C. 90　　　　　　　　　　　　 D. 64

40. 2×20年12月31日,甲公司购入一台设备,入账价值为195万元,预计使用寿命为10年,预计净残值为15万元,采用年限平均法计提折旧。2×21年12月31日该设备存在减值迹象,经测试预计可收回金额为180万元。2×21年12月31日该设备账面价值应为(　　)万元。
    A. 177　　　　　　　　　　　　B. 165
    C. 180　　　　　　　　　　　　D. 175

二、多项选择题

1. 下列关于固定资产的说法中,正确的有(　　)。
    A. 当月增加的固定资产,当月不计提折旧;当月减少的固定资产,当月仍计提折旧
    B. 已达到预定可使用状态但尚未办理竣工决算的固定资产,应当按照估计价值确定其成本,并计提折旧;待办理竣工决算后,再按实际成本调整原来的暂估价值,同时调整原已计提的折旧额
    C. 企业应当根据与固定资产有关的经济利益的预期实现方式,合理选择固定资产折旧方法可选用的折旧方法通常包括年限平均法、工作量法、双倍余额递减法和年数总和法等
    D. 企业盘盈的固定资产,应按重置成本确定其入账价值,借记"固定资产"科目,贷记"以前年度损益调整"科目

2. 下列各项中,应通过"固定资产清理"科目核算的有(　　)。
    A. 报废的固定资产　　　　　　B. 毁损的固定资产
    C. 盘亏的固定资产　　　　　　D. 改扩建的固定资产

3. 下列关于企业建造固定资产的表述中,正确的有(　　)。

A. 企业自建固定资产领用本企业外购原材料，按原材料成本计入在建工程
B. 建造固定资产过程中工程领用本企业自产产品，按产品成本计入在建工程
C. 企业建造固定资产采用出包方式的，在工程没有达到预定可使用状态前支付的出包款均应计入在建工程中
D. 企业自行建造固定资产，应按建造固定资产达到预定可使用状态前所发生的合理必要支出作为固定资产的入账成本

4. 企业处置固定资产需通过"固定资产清理"科目核算，下列各项中应记入"固定资产清理"科目贷方核算的有（　　）。
    A. 发生的清理费用
    B. 应收取的保险公司赔款
    C. 结转清理的净收益
    D. 残料收益

5. 下列关于制造企业取得固定资产的会计核算表述中，正确的有（　　）。
    A. 外购需安装的固定资产需通过"在建工程"科目归集相关成本
    B. 企业以一笔款项购入多项没有单独标价的固定资产，应按各项固定资产公允价值的比例对总成本进行分配
    C. 一般纳税人外购生产用机器设备的可抵扣增值税不计入固定资产取得成本
    D. 企业应当按照取得固定资产的实际成本和相关费用作为固定资产的取得成本

6. 下列各项中，需要通过"在建工程"科目核算的有（　　）。
    A. 需安装的固定资产
    B. 更新改造的固定资产
    C. 自建固定资产
    D. 日常维修固定资产

7. 企业预计固定资产使用寿命时应当考虑的因素有（　　）。
    A. 预计的实物产量
    B. 法律或类似规定对资产使用的限制
    C. 预计生产能力
    D. 预计有形和无形的损耗

8. 下列关于企业固定资产会计处理的表述中，正确的有（　　）。
    A. 因管理不善导致固定资产报废净损失计入营业外支出
    B. 专设销售机构的固定资产发生的不应资本化的后续支出计入销售费用
    C. 固定资产日常修理费用计入固定资产成本
    D. 提前报废的固定资产不再补提折旧

9. 下列各项税金中，应计入生产用固定资产入账价值的有（　　）。
    A. 印花税
    B. 关税
    C. 车辆购置税
    D. 企业所得税

10. 下列关于固定资产清查会计处理的表述中，正确的有（　　）。
    A. 财产清查中盘盈的固定资产应按历史成本入账
    B. 盘盈固定资产属于企业的前期会计差错
    C. 盘亏的固定资产经批准后计入营业外支出
    D. 盘盈固定资产会影响企业所有者权益

11. 下列各项中，影响固定资产清理净损益的有（　　）。
    A. 清理固定资产发生的税费
    B. 清理固定资产的变价收入
    C. 清理固定资产的账面价值
    D. 清理固定资产耗用的材料成本

12. 下列项目中,应计入固定资产入账价值的有(　　)。
    A. 固定资产购入时发生的运杂费
    B. 固定资产安装过程中发生的各种材料、工资等费用
    C. 固定资产日常修理期间发生的修理费
    D. 固定资产改良过程中发生的材料费

13. 下列各项中,应计入外购固定资产取得成本的有(　　)。
    A. 实际支付的购买价款
    B. 相关税费
    C. 使固定资产达到预定可使用状态前所发生的可归属于该项资产的运输费和装卸费
    D. 固定资产达到预定可使用状态后发生的人员培训费

14. 下列各项中,影响固定资产折旧的因素有(　　)。
    A. 预计净残值　　　　　　　　B. 原价
    C. 已计提的减值准备　　　　　D. 使用寿命

15. 下列关于计提固定资产折旧的说法中,正确的有(　　)。
    A. 当月增加的固定资产当月开始计提折旧
    B. 当月减少的固定资产当月照提折旧
    C. 提前报废但未提足折旧的固定资产不再补提折旧
    D. 固定资产提足折旧后继续使用的仍需计提折旧

16. 下列关于固定资产更新改造的说法中,正确的有(　　)。
    A. 固定资产更新改造期间需要对该固定资产计提折旧
    B. 固定资产更新改造时,要将固定资产的账面价值转入在建工程进行核算
    C. 固定资产更新改造期间发生的可计入固定资产成本的费用要计入资产成本
    D. 固定资产更新改造期间发生的不可计入固定资产成本的费用要计入在建工程

17. 下列有关固定资产后续支出的说法中,正确的有(　　)。
    A. 在固定资产更新改造期间,不需要计提折旧
    B. 固定资产更新改造期间发生的相关人员的工资,应该计入在建工程的成本
    C. 固定资产在日常使用中发生的修理费用应计入固定资产成本
    D. 更新改造过程中,被替换部件的账面价值要从原固定资产账面价值中进行扣除

18. 下列关于固定资产清查的说法中,正确的有(　　)。
    A. 盘亏的固定资产应计入营业外支出
    B. 盘亏的固定资产应计入资产减值损失
    C. 盘盈的固定资产应计入营业外收入
    D. 盘盈的固定资产应计入以前年度损益调整

19. 下列各项中,会引起固定资产账面价值发生变化的有(　　)。
    A. 计提固定资产减值准备　　　B. 计提固定资产折旧
    C. 固定资产日常修理　　　　　D. 出售固定资产

20. 2×21年5月1日,甲公司将其持有的一幢建筑物进行出售,该建筑物原价为1 000万元,已计提折旧700万元、减值准备120万元;取得出售价款为155万元,增值税税率为9%。在出售时,发生固定资产清理费用3万元,残料变价收入0.8万元。假定不考虑相

关税费,则下列有关说法中,正确的有( )。
A. 发生的清理费用计入固定资产清理
B. 出售时固定资产的账面价值为 300 万元
C. 清理固定资产发生的净损失通过"资产处置损益"科目进行核算
D. 此业务影响企业当期损益的金额为 28 万元

21. A 公司持有一条生产线,该生产线原价为 300 万元,至 2×20 年 12 月 31 日累计计提折旧 180 万元,计提减值准备 20 万元;由于设备老化,A 公司准备将其进行更新改造。在更新改造期间,共发生人工费用 4 万元,领用原材料 10 万元,换入新设备的价值为 45 万元,替换的旧设备的账面价值为 30 万元。该生产线于 2×21 年 5 月 30 日达到预定可使用状态,预计净残值为零,生产线的尚可使用年限为 10 年,采用年限平均法计提折旧。假定不考虑相关税费及其他因素,下列有关该事项的说法中,不正确的有( )。
A. 该生产线在更新改造期间仍需计提折旧
B. 被替换的旧设备的账面价值不需从固定资产成本中扣除
C. 生产线更新改造后的入账价值为 129 万元
D. 2×21 年度该生产线应计提的折旧额为 9.28 万元

22. 下列各项中,应计提固定资产折旧的有( )。
A. 短期租入的办公楼
B. 上月购进的设备
C. 已投入使用但未办理竣工决算的厂房
D. 季节性停用的固定资产

23. 下列各项中,属于加速折旧法的有( )。
A. 年限平均法
B. 工作量法
C. 双倍余额递减法
D. 年数总和法

24. 下列关于企业自行建造固定资产的说法中,正确的有( )。
A. 为购建固定资产而采购的物资应通过"工程物资"科目先进行归集
B. 自营工程达到预定可使用状态的次月,应开始计提折旧
C. 建造时领用的原材料按照材料的成本计入固定资产的成本中核算
D. 建造时领用的原材料按照材料的市场售价计入固定资产的成本中核算

25. 下列各项中,不属于企业固定资产的有( )。
A. 不需要使用的生产设备
B. 短期租入的办公楼
C. 生产产品周转使用的劳动保护用品
D. 为生产产品使用的生产线

26. 下列各项关于资产处置的表述中,正确的有( )。
A. 企业在发生由于自然灾害造成的存货盘亏时,应将盘亏存货的净损失计入管理费用
B. 企业出售库存商品时,其取得的收入会影响当期损益
C. 企业处置报废的固定资产时,取得的净收益计入其他业务收入
D. 企业对外转让交易性金融资产时,取得的净收益计入投资收益

27. 下列有关固定资产会计处理的表述中,正确的有( )。
A. 固定资产盘亏产生的损失计入管理费用
B. 计提减值准备后的固定资产以扣除减值准备后的账面价值为基础计提折旧
C. 增值税一般纳税人购入的生产设备支付的增值税不计入固定资产成本
D. 对于固定资产均应按照确定的方法计提折旧

28. 下列关于固定资产后续支出的说法中,正确的有(　　)。
    A. 固定资产的后续支出是指固定资产在使用过程中发生的更新改造支出、修理费用等
    B. 固定资产的更新改造中,如有被替换的部分,应同时将被替换部分的账面余额从该固定资产原账面价值中扣除
    C. 企业生产车间发生的固定资产日常修理费用,记入"制造费用"科目
    D. 企业专设销售机构发生的不可资本化的后续支出,记入"销售费用"科目

29. 企业结转固定资产清理净损益时,可能涉及的会计科目有(　　)。
    A. 管理费用   B. 营业外收入
    C. 营业外支出   D. 长期待摊费用

30. 购入的固定资产,其入账价值包括的内容有(　　)。
    A. 买价   B. 安装成本
    C. 包装费   D. 进口关税

31. 2×20年12月20日,某企业购入一台设备,其原价为2 000万元,预计净残值5万元,预计使用年限5年,采用双倍余额递减法计提折旧的结果表述正确的有(　　)。
    A. 应计折旧总额为1 995万元   B. 年折旧率为33%
    C. 2×21年折旧额为665万元   D. 2×21年折旧额为800万元

三、判断题

1. 企业除短期租赁和低价值资产租赁租入的固定资产,在租赁期内,应作为使用权资产进行核算与管理。　　　　　　　　　　　　　　　　　　　　　　　　　　　　(　　)
2. 固定资产盘盈应先按重置成本记入"待处理财产损溢"科目,经批准后再转入营业外收入。　　　　　　　　　　　　　　　　　　　　　　　　　　　　　　　(　　)
3. 按年数总和法计提的折旧额,一直都大于按照直线法计提的折旧额。　　(　　)
4. 因进行更新改造而停用的固定资产,应当照提折旧,计提的折旧应计入相关成本费用。　　　　　　　　　　　　　　　　　　　　　　　　　　　　　　　　(　　)
5. 企业确认一项固定资产,该资产有关的经济利益很可能流入企业,并且其成本能够可靠计量。　　　　　　　　　　　　　　　　　　　　　　　　　　　　　　(　　)
6. 企业发生固定资产改扩建支出且符合资本化条件的,应计入相应在建工程成本。　　　　　　　　　　　　　　　　　　　　　　　　　　　　　　　　　(　　)
7. 企业对于已达到预定可使用状态的固定资产,在尚未办理竣工决算前,需要根据工程预算、工程造价或者工程实际发生的成本等资料,按估计价值确定固定资产的成本,并计提折旧,待办理竣工决算后,再按实际成本调整原来的暂估价值,同时调整已经计提的折旧额。　　　　　　　　　　　　　　　　　　　　　　　　　　　　(　　)
8. 固定资产计提减值准备后,如果以后期间减值因素消失,那么可以转回之前计提的固定资产减值准备。　　　　　　　　　　　　　　　　　　　　　　　　　(　　)
9. 企业因经营业务调整出售固定资产而发生的处置净损失,应转入营业外支出。(　　)
10. 企业出售自用房屋应交的相关清理费用记入"固定资产清理"的借方。　(　　)
11. 企业购入固定资产发生的运输费、装卸费、安装费等在发生时计入固定资产的成本核算。　　　　　　　　　　　　　　　　　　　　　　　　　　　　　　(　　)

12. 盘盈的固定资产,通过"待处理财产损溢"科目核算。（　）
13. 固定资产在计提折旧时,应该考虑已计提的固定资产减值准备累计金额。（　）
14. 甲公司为增值税一般纳税人,2×21年4月为扩大生产,购买一栋厂房,增值税专用发票注明的价款为100 000元,增值税税额为9 000元。则当月可抵扣的增值税进项税额为5 400元。（　）
15. 企业管理部门以短期租赁方式将一台固定资产出租给某单位使用,企业对该固定资产仍应计提折旧,计提的折旧应记入"管理费用"科目。（　）
16. 固定资产的使用寿命、预计净残值一经确定,不得随意变更。（　）
17. 对固定资产的不同组成部分,如果各部分给企业带来经济利益的预期实现方式不同,就应分别作为单项固定资产处理。（　）
18. 专门用于生产某产品的固定资产,其所包含的经济利益通过所生产的产品实现的,该固定资产的折旧额应计入产品成本。（　）
19. 年限平均法又称直线法,在采用年限平均法计算固定资产的折旧额时,应该用固定资产的原值除以预计使用年限。（　）
20. 管理不善导致的固定资产毁损损失计入管理费用。（　）
21. 固定资产折旧方法的选择只影响资产负债表中资产总额,并不会影响利润表中的净利润。（　）
22. 企业至少应当于每年年度终了对固定资产的使用寿命、预计净残值和折旧方法进行复核,使用寿命预计数与原先估计数有差异的应当调整固定资产使用寿命。（　）
23. 固定资产是企业持有的为生产产品、提供劳务、出租或经营管理而持有的资产,这是区别于存货的重要标志。（　）
24. 企业购入不需安装的固定资产,应按实际支付的价款、相关税费以及使固定资产达到预定可使用状态前的合理必要支出作为固定资产的入账成本。（　）
25. 企业以一笔款项购入多项没有单独标价的固定资产,应将各项资产单独确认为固定资产,并按照各项资产公允价值的比例对总成本进行分配,分别确定各项固定资产的成本。（　）
26. 已达到预定可使用状态但尚未办理竣工决算的固定资产,应按暂估价值入账,但不能计提折旧。（　）
27. 固定资产提足折旧后,不论是否继续使用,均不再计提折旧,但是提前报废的固定资产需将尚未提足的折旧一次性提足。（　）
28. 企业发生固定资产改扩建支出且符合资本化条件的,应将相关支出资本化。（　）
29. 固定资产后续支出满足资本化条件的,如果有被替换部分的资产,该资产无论是否有残料收入等经济利益的流入,都不会影响最终固定资产的入账价值。（　）
30. 企业固定资产计提减值准备后,应重新估计固定资产使用寿命、预计净残值和折旧方法。（　）
31. 企业应当对已提足折旧外的所有的固定资产计提折旧。（　）
32. 固定资产折旧方法、使用寿命和预计净残值的改变应当作为会计政策变更进行会计处理。（　）
33. 企业因大修理期间而停用的固定资产照常提取折旧,除非满足资本化条件。（　）

34. 企业取得固定资产发生与之有关的专业人员培训费需要计入固定资产成本,但专业人员的服务费在发生时计入当期损益。（　）

35. 企业盘盈的固定资产应当通过"待处理财产损溢"科目核算,将其净收益记入"营业外收入"科目。（　）

36. 企业将固定资产对外出售,支付的清理费用计入固定资产清理,从而影响企业营业利润。（　）

37. 固定资产减值准备,一经计提在以后持有期间不得转回。（　）

四、不定项选择题

甲公司为增值税一般纳税人,与固定资产相关的资料如下:

(1) 2×21年4月5日,甲公司开始建造一条生产线,为建造该生产线领用自产产品100万元,这部分自产产品的市场售价为200万元,同时领用以前外购的原材料一批,该批原材料的实际购入成本为50万元,购入时的增值税为6.5万元,领用时该批原材料市价为100万元。

(2) 2×21年4月至6月,应付建造该条生产线的工程人员的工资40万元,用银行存款支付其他费用10万元。

(3) 2×21年6月30日,该条生产线达到预定使用状态。该条生产线的预计使用年限为5年,预计净残值为0,采用双倍余额递减法计提折旧。

(4) 2×23年6月30日,甲公司对该生产线的某一重要部件进行更换,合计发生支出100万元,(改造支出符合准则规定的固定资产确认条件),已知该部件的账面原值为80万元,被替换部件的变价收入为10万元,2×23年10月31日,达到预定可使用状态,更新改造后的生产线预计使用年限和计提折旧的方法并未发生改变,预计净残值为零。

要求:根据上述资料,不考虑其他因素,分析回答下列小题(答案中的金额单位用万元表示)。

1. 下列固定资产中,需要计提折旧的是（　）。
   A. 短期租出的机器设备　　　　B. 单独估价入账的土地
   C. 长期租入的生产设备　　　　D. 闲置不用的厂房

2. 根据资料(1),关于领用自产产品用于在建工程的相关说法中,正确的是（　）。
   A. 应计入在建工程的金额为200万元
   B. 应计入在建工程的金额为100万元
   C. 应计入在建工程的金额为226万元
   D. 应计入在建工程的金额为113万元

3. 根据资料(1),关于领用外购的材料用于在建工程的相关说法中,正确的是（　）。
   A. 应计入在建工程的金额为50万元
   B. 应计入在建工程的金额为56.5万元
   C. 应计入在建工程的金额为41.5万元
   D. 应计入在建工程的金额为100万元

4. 根据资料(1)~(2),该条生产线的入账价值为（　）万元。
   A. 217　　　　　　　　　　　　B. 200
   C. 225.5　　　　　　　　　　　D. 334

5. 该条生产线在更换重要部件后,重新达到预定使用状态时的入账价值为(　　)万元。
   A. 153.2
   B. 123.2
   C. 138.2
   D. 143.2

知识训练四　生产性生物资产

一、单项选择题

下列关于生产性生物资产计量的说法中,错误的是(　　)。
   A. 外购生产性生物资产的成本,包括购买价款、相关税费、运输费、保险费以及可直接归属于购买该资产的其他支出
   B. 自行营造的林木类生产性生物资产的成本,包括达到预定生产经营目的前发生的造林费、抚育费、营林设施费、良种试验费、调查设计费和应分摊的间接费用等必要支出
   C. 因择伐、间伐或抚育更新性质采伐而补植林木类生物资产发生的后续支出,应当计入林木类生物资产的成本
   D. 生物资产在郁闭或达到预定生产经营目的后发生的管护、饲养费用等后续支出,应当计入相关资产成本

二、多项选择题

1. 下列各项中,达到预定生产经营目的前发生的(　　)计入自行营造的林木类生产性生物资产的成本。
   A. 造林费
   B. 抚育费
   C. 营林设施费
   D. 调查设计费

2. 下列选项中,属于生产性生物资产的是(　　)。
   A. 经济林
   B. 薪炭林
   C. 产畜和役畜
   D. 育肥畜

3. 下列关于生产性生物资产计提折旧会计处理的表述中,正确的有(　　)。
   A. 生产性生物资产可选用的折旧方法包括年限平均法、工作量法、产量法等
   B. 企业确定生产性生物资产的使用寿命时,无须考虑其实物产量
   C. 企业至少应当于每年年度终了对生产性生物资产的使用寿命、预计净残值和折旧方法进行复核
   D. 生产性生物资产的使用寿命、预计净残值和折旧方法一经确定,不得变更

4. 甲公司自2×21年年初开始自行营造100公顷橡胶树(以便生产制造橡胶),当年发生种苗费84 500元,平整土地和定植所需机器设备折旧费27 750元;自营造开始正常生产周期为6年,假定各年均匀发生抚育肥料及农药费20 000元、人工费35 000元、每年应分摊管护费用200 000元,不考虑相关税费等其他因素,下列关于甲公司对该橡胶树会计处理表述中,正确的有(　　)。
   A. 甲公司应将该批橡胶树作为生产性生物资产核算
   B. 甲公司2×21年年初发生的种苗费、平整土地和定植所需机器设备折旧费应计入橡

胶树初始入账成本

C. 在正常生长周期内发生的相关费用应计入当期损益

D. 该橡胶树在达到预定生产经营目的时,确认的成本金额为 1 642 250 元

三、判断题

1. 生产性生物资产减值准备一经计提,不得转回。   (   )
2. 根据规定,生物资产通常按照成本计量,但有确凿证据表明其公允价值能够持续可靠取得的除外。   (   )

知识训练五　无形资产和长期待摊费用

一、单项选择题

1. 2×21 年年初远通公司自行研发一项非专利技术,截至 2×21 年 7 月 31 日,发生的各项研究支出合计为 350 万元,经测试,该项研发活动完成了研究阶段,从 2×21 年 8 月 1 日起进入开发阶段。2×21 年 11 月 5 日开发完成,远通公司形成一项非专利技术,共计发生开发支出 180 万元(符合资本化条件),远通公司无法可靠预计该项非专利技术的使用寿命。则下列说法中不正确的是(   )。

    A. 发生的研究阶段支出 350 万元应计入管理费用中

    B. 发生的开发阶段支出 180 万元应计入无形资产中

    C. 该非专利技术当年需按 2 个月进行摊销

    D. 远通公司在 12 月 31 日应当对该非专利技术进行减值测试

2. 某企业于 2×20 年 1 月 1 日购入一项专利权,实际支付款项 200 万元,按 10 年的预计使用寿命采用直线法摊销。2×21 年年末,该无形资产的可收回金额为 100 万元,2×22 年 1 月 1 日,对无形资产的使用寿命和摊销方法进行复核,该无形资产的尚可使用寿命为 4 年,摊销方法仍采用直线法。该专利权 2×22 年应摊销的金额为(   )万元。

    A. 20   B. 35

    C. 25   D. 30

3. 2×21 年 8 月 1 日,某企业开始研究开发一项新技术,当月共发生研发支出 800 万元,其中,费用化的金额 650 万元,符合资本化条件的金额 150 万元。8 月末,研发活动尚未完成。该企业 2×21 年 8 月应计入当期利润总额的研发支出为(   )万元。

    A. 0   B. 150

    C. 650   D. 800

4. 甲公司为增值税一般纳税人,2×21 年 1 月 5 日以 2 700 万元购入一项专利权,另支付相关税费 120 万元。为推由该专利权生产的产品,甲公司发生广告宣传费 60 万元。该专利权预计使用 5 年,预计净残值为零,采用直线法摊销。假设不考虑其他因素,2×21 年 12 月 31 日该专利权的账面价值为(   )万元。

    A. 2 160   B. 2 256

C. 2 304　　　　　　　　　　　　D. 2 700

5. A公司为增值税一般纳税人，2×21年8月5日购入一项专利权，取得的增值税专用发票上注明价款为2 700万元，增值税税率为6%。为推广由该专利权生产的产品，A公司发生广告宣传费60万元。该专利权预计使用5年，预计净残值为零，采用直线法摊销。假设不考虑其他因素，该专利权的入账价值为（　　）万元。
   A. 2 820　　　　　　　　　　　　B. 2 256
   C. 2 860　　　　　　　　　　　　D. 2 700

6. 下列各项中，不会引起无形资产账面价值发生增减变动的是（　　）。
   A. 对无形资产计提减值准备　　　B. 无形资产研究阶段发生的支出
   C. 摊销无形资产　　　　　　　　D. 转让无形资产所有权

7. A公司2×20年1月1日，购入一项专利权，购买价款为230万元，预计使用5年，预计净残值为零。2×22年12月31日计提了20万元的减值准备，其他年限没有计提减值准备。2×23年12月31日，该无形资产的可收回金额为40万元，则应计提的无形资产减值准备为（　　）万元。
   A. 0　　　　　　　　　　　　　　B. 6
   C. -4　　　　　　　　　　　　　 D. 20

8. 甲公司2×21年1月10日开始自行研究开发无形资产，12月31日达到预定用途。其中，研究阶段发生职工薪酬30万元、计提专用设备折旧40万元；进入开发阶段后，相关支出符合资本化条件前发生的职工薪酬30万元、计提专用设备折旧30万元，符合资本化条件后发生职工薪酬100万元、计提专用设备折旧200万元。假定不考虑其他因素，甲公司2×21年对上述研发支出进行的下列会计处理中，正确的是（　　）。
   A. 确认管理费用70万元，确认无形资产360万元
   B. 确认管理费用30万元，确认无形资产400万元
   C. 确认管理费用130万元，确认无形资产300万元
   D. 确认管理费用100万元，确认无形资产330万元

9. 2×21年3月某企业开始自行研发一项非专利技术，至2×21年12月31日研发成功并达到预定可使用状态，累计研究支出为160万元，累计开发支出为500万元（其中符合资本化条件的支出为400万元）。该非专利技术使用寿命不能合理确定，假定不考虑其他因素，该业务导致企业2×21年度利润总额减少（　　）万元。
   A. 100　　　　　　　　　　　　　B. 160
   C. 260　　　　　　　　　　　　　D. 660

10. 下列关于企业无形资产的表述中，不正确的是（　　）。
    A. 使用寿命不确定的无形资产不应摊销
    B. 研究阶段和开发阶段的支出应全部计入无形资产成本
    C. 无形资产应当按照成本进行初始计量
    D. 出租无形资产的摊销额应计入其他业务成本

11. 2×21年1月5日，某公司自行研发的一项非专利技术已达到预定可使用状态，累计研究支出240万元，累计开发支出360万元（其中不符合资本化条件的支出为80万元）。该项非专利技术使用寿命不能合理确定。2×21年12月31日，该项非专利技术的可收回

金额为260万元。假定不考虑相关税费,该公司应就该项非专利技术计提的减值准备金额为( )万元。
A. 20   B. 0
C. 100   D. 340

12. 下列关于无形资产的表述中,不正确的是( )。
A. 使用寿命不确定的无形资产不应进行摊销
B. 无形资产的摊销方法应反映其经济利益的预期实现方式
C. 各种无形资产的摊销额应全部计入当期损益
D. 使用寿命有限的无形资产自可供使用当月起开始摊销

13. 无形资产计提减值准备时,应借记( )科目。
A. "资产减值损失"   B. "管理费用"
C. "其他业务成本"   D. "营业外支出"

14. 甲公司一项无形资产的账面原值为1 600万元,摊销年限为10年,预计净残值为0,采用直线法摊销,已摊销年限为5年。2×21年12月31日经减值测试,该专利技术的可收回金额为750万元。假设不考虑其他因素,2×21年12月31日该项无形资产应计提的减值准备为( )万元。
A. 800   B. 50
C. 750   D. 1 550

15. 下列各项中,不计入无形资产入账成本的是( )。
A. 购买价款   B. 支付的相关税费
C. 推广费   D. 注册费

16. 某企业自行研发一项非专利技术,截至2×21年6月共计发生研发支出2 500万元。经测试,该非专利技术完成了研究阶段。从2×21年7月1日开始进入开发阶段,截至2×21年11月9日研发活动结束,非专利技术达到预定用途,共计发生研发支出1 500万元(假定全部符合资本化条件)。企业预计该非专利技术可以使用8年,采用直线法计提摊销,预计净残值为零。则2×21年对该非专利技术应计提的摊销为( )万元。
A. 72.92   B. 31.25
C. 15.63   D. 36.46

17. 下列关于无形资产摊销的会计处理表述中,正确的是( )。
A. 无形资产摊销额一律计入管理费用
B. 使用寿命有限的无形资产自可供使用下月开始摊销
C. 使用寿命不确定的无形资产不应摊销
D. 用于生产产品的无形资产的摊销额应计入其他业务成本

18. 甲公司购入一项商标权,支付购买价款2 500万元,支付相关过户手续费100万元,为推广该商标权所生产的产品发生的宣传费500万元,支付注册登记费15万元,不考虑其他因素,则甲公司该项无形资产的入账成本为( )万元。
A. 2 500   B. 3 000
C. 2 600   D. 2 615

19. 某企业自行研发一项非专利技术累计支出880万元,其中280万元属于开发阶段符合资本化条件的支出,400万元属于研究阶段的支出,200万元属于无法可靠区分研究阶段和开发阶段的支出。该技术研发完成并形成一项非专利技术。不考虑其他因素,该非专利技术的入账价值为( )万元。
   A. 680 B. 480
   C. 280 D. 880

20. 甲公司将一项自行研发的非专利技术对外转让,取得转让价款600万元。已知该非专利技术的成本为600万元,已摊销50万元。不考虑相关税费,下列说法中正确的是( )。
   A. 计入资产处置损益50万元 B. 计入营业外收入50万元
   B. 计入其他业务收入50万元 D. 计入投资收益50万元

21. 甲公司购入一项财务软件用于企业财务部门,将此软件作为无形资产核算。则甲公司计提摊销时应记入( )科目。
   A. "管理费用" B. "财务费用"
   C. "销售费用" D. "其他业务成本"

22. 下列各项中,不属于企业无形资产的是( )。
   A. 土地使用权 B. 商标权
   C. 商誉 D. 非专利技术

23. 2×21年3月1日,某企业对短期租赁方式租入的办公楼进行装修,发生职工薪酬15万元,其他费用45万元。2×21年10月31日,该办公楼装修完工,达到预定可使用状态并交付使用,至租赁到期还有5年。假定不考虑其他因素,该企业发生的该装修费用对2×21年度损益的影响金额为( )万元。
   A. 45 B. 12
   C. 2 D. 60

24. 企业以租赁方式租入办公大楼发生的改良支出应该通过( )科目来核算。
   A. 长期待摊费用 B. 无形资产
   C. 固定资产 D. 在建工程

二、多项选择题

1. 下列各项中,属于无形资产特征的有( )。
   A. 不具有实物形态 B. 具有可辨认性
   C. 能够单独计量 D. 预期能为企业带来经济利益流入

2. 下列各项中,不考虑其他因素,应作为企业无形资产核算的有( )。
   A. 外购的专利权 B. 自行研发的非专利技术
   C. 企业合并形成的商誉 D. 接受投资人投入的著作权

3. 下列关于企业内部研究开发无形资产相关支出的会计处理表述中,正确的有( )。
   A. 无法区分研究阶段和开发阶段支出的,应予以费用化
   B. 研究阶段发生的相关支出,结转计入无形资产成本
   C. 开发阶段发生的符合资本化的支出,在资产达到预定用途时结转计入无形资产成本
   D. 无形资产确认前资本化的研发支出,期末在资产负债表"开发支出"项目列报

4. 下列关于无形资产摊销的表述中,不正确的有( )。

A. 企业取得的无形资产均应在取得当月开始摊销

B. 无形资产的合同有效期大于法律规定使用期限的按照合同期限进行摊销

C. 无形资产摊销方法应反映其预期经济利益的消耗方式

D. 无形资产摊销时不必考虑净残值

5. 下列各项中,会引起无形资产账面价值发生增减变动的有(　　)。

A. 内部研发无形资产研究阶段的支出　　B. 摊销无形资产

C. 计提减值准备　　D. 出售无形资产

6. 下列关于无形资产会计处理的表述中,正确的有(　　)。

A. 无形资产均应确定预计使用年限按月摊销

B. 有偿取得的自用土地使用权应确认为无形资产

C. 内部研发项目开发阶段支出应全部确认为无形资产

D. 无形资产减值损失一经确认在以后会计期间不得转回

7. 下列关于使用寿命有限的无形资产会计处理的表述中,正确的有(　　)。

A. 无形资产的应摊销金额为其成本扣除预计净残值后的金额,已计提减值准备的无形资产,还应扣除已计提的无形资产减值准备累计金额

B. 其摊销期限应当自无形资产可供使用时起至不再作为无形资产确认时止

C. 其应摊销金额应当在使用寿命内系统合理摊销

D. 其摊销期限应当自无形资产可供使用的下个月起至不再作为无形资产确认时止

8. 下列关于企业自行研究开发无形资产的说法中,正确的有(　　)。

A. 企业研发无形资产的研究阶段发生的支出应该区分资本化支出与费用化支出

B. 企业研发无形资产的费用化支出在期末要结转计入管理费用核算

C. 企业研发无形资产的资本化支出在期末要结转计入无形资产成本

D. 如果无法可靠区分研究阶段的支出和开发阶段的支出,应将其所发生的研发支出全部费用化,计入当期损益

9. 下列关于无形资产后续计量的说法中,正确的有(　　)。

A. 无形资产均应确定预计使用年限并分期摊销

B. 无形资产的摊销方法,应当反映与该项无形资产有关的经济利益的预期实现方式

C. 使用寿命不确定的无形资产,无需摊销

D. 使用寿命不确定的无形资产,摊销时间为10年

10. 下列关于无形资产处置的说法中,正确的有(　　)。

A. 企业出售无形资产,应当将取得的价款与该无形资产账面价值的差额计入当期损益

B. 企业出售无形资产,应当将取得的价款与该无形资产账面净值的差额计入当期损益

C. 无形资产预期不能为企业带来经济利益的,应当将该无形资产的账面价值予以转销

D. 无形资产预期不能为企业带来经济利益的,也应按原预定方法和使用寿命摊销

11. 下列关于无形资产会计处理的表述中,正确的有(　　)。

A. 出租的无形资产,其摊销金额计入其他业务成本

B. 有偿取得的自用土地使用权应确认为无形资产

C. 内部研发项目开发阶段支出应全部确认为无形资产

D. 无形资产成本在取得的当月开始摊销,处置无形资产的当月不再摊销

12. 下列选项中,属于无形资产特征的有( )。
  A. 不具有实物形态　　　　　　　　B. 具有不可辨认性
  C. 具有可辨认性　　　　　　　　　D. 属于非货币性长期资产

13. 下列各项资产中,本月应当计提折旧或摊销的有( )。
  A. 本月减少的机器设备　　　　　　B. 上月增加的机器设备
  C. 本月增加的无形资产　　　　　　D. 本月减少的无形资产

14. 下列关于无形资产会计处理的表述中,正确的有( )。
  A. 无法可靠区分研究阶段支出和开发阶段支出的,应将所发生的研发支出全部费用化
  B. 使用寿命有限无形资产应自可供使用的当月开始摊销
  C. 无法可靠确定预期实现方式的,应当采用年限平均法摊销
  D. 出租的无形资产摊销额计入营业外支出

15. 下列无形资产研发支出中,可能计入无形资产入账价值的有( )。
  A. 研究过程中的调查支出　　　　　B. 开发过程中的研发支出
  C. 开发过程中领用的材料　　　　　D. 开发过程中发生的人工费

16. 下列各项中,不通过"长期待摊费用"核算的有( )。
  A. 行政管理部门发生的固定资产日常修理费用支出
  B. 生产车间发生的固定资产日常修理费用支出
  C. 租赁方式租入的使用权资产发生的改良支出
  D. 固定资产发生的改建支出

17. 企业对租入的生产设备进行改良,下列有关说法中,不正确的有( )。
  A. 改良过程中发生的材料费、人工费先通过长期待摊费用进行归集
  B. 改良过程中发生的费用直接计入生产设备成本
  C. 长期待摊费用属于负债类会计科目
  D. 企业对短期租入的生产设备应作为自有资产进行核算

18. 下列关于资产减值的表述中,正确的有( )。
  A. 无形资产的减值损失一经确认,以后会计期间不得转回
  B. 已计提存货跌价准备的存货价值以后又得以恢复的,应当在原已计提的减值准备金额内予以转回
  C. 已计提减值准备的交易性金融资产价值以后又得以恢复的,应当在原已计提的减值准备金额内予以转回
  D. 固定资产的减值损失一经确认,以后会计期间不得转回

19. 下列各项资产计提减值准备后,在持有期间减值损失不得转回的有( )。
  A. 固定资产　　　　　　　　　　　B. 无形资产
  C. 应收账款　　　　　　　　　　　D. 库存商品

三、判断题

1. 无形资产包含商誉。　　　　　　　　　　　　　　　　　　　　　　　( )
2. 无形资产研究阶段发生的支出月末时转入并通过管理费用科目核算。　　( )
3. 使用寿命有限的无形资产应自取得的次月起摊销。　　　　　　　　　　( )

4. 企业选择无形资产摊销方法,应当反映与该无形资产有关的经济利益的预期实现方式,无法可靠确定预期实现方式的,应当采用直线法摊销。( )

5. 企业使用寿命确定的无形资产应自可供使用(即其达到预定用途)下月起开始摊销,处置当月照常摊销。( )

6. 处置无形资产取得的收入计入其他业务收入,相关成本计入其他业务成本。( )

7. 企业出售的无形资产,应将取得的价款确认为收入;同时将无形资产的账面价值确认为费用。( )

8. 如果无法可靠区分研究阶段的支出和开发阶段的支出,应将其所发生的研发支出全部费用化,计入当期损益。( )

9. 企业外购无形资产发生的相关税费不应计入其成本当中。( )

10. 无形资产的摊销一定会影响当期损益。( )

11. 企业应当在资产负债表日对使用寿命不确定的无形资产进行减值测试。( )

12. 无形资产必须是能够从企业分离或划分出来的,并能够单独计量和出售的。( )

13. 商誉不具有实物形态,应当将其作为无形资产核算。( )

14. 企业无形资产的取得方式主要有外购和自行研发等。( )

15. 资产负债表日应当对所有的无形资产进行减值测试。( )

16. 无形资产减值损失一经确认,在以后持有期间不得转回。( )

17. 企业处置无形资产的净收益计入资产处置损益。( )

18. 企业对无形资产计提的摊销额一定会对当期损益造成影响。( )

19. 企业选择的摊销方法应当反映与该资产有关的经济利益预期消耗的方式。( )

20. 企业以租赁方式租入的使用权资产发生的改良支出,应记入"长期待摊费用"科目。( )

四、不定项选择题

(一)甲企业为增值税一般纳税人,2×20年度至2×22年度发生的与无形资产有关业务如下:

(1) 2×20年1月10日,甲企业开始自行研发一项行政管理用非专利技术,截至2×20年5月31日,用银行存款支付外单位协作费74万元,领用本单位原材料成本26万元(不考虑增值税因素),经测试,该项研发活动已完成研究阶段。

(2) 2×20年6月1日研发活动进入开发阶段。该阶段发生研究开发人员的薪酬支出35万元,领用材料成本85万元(不考虑增值税因素),全部符合资本化条件。2×20年12月1日,该项研发活动结束,最终开发形成一项非专利技术并投入使用。该非专利技术预计可使用年限为5年,预计净残值为零,采用直线法摊销。

(3) 2×21年1月1日,甲企业将该非专利技术出租给乙企业,双方约定租赁期限为2年,每月末以银行转账结算方式收取租金1.5万元。

(4) 2×22年12月31日,租赁期限届满。经减值测试,该非专利技术的可收回金额为52万元。

要求:根据上述资料,不考虑其他因素,分析回答下列小题。(答案中的金额单位用万元表示)

1. 根据资料(1)和(2),甲企业自行研究开发无形资产的入账价值为( )万元。

A. 100 B. 120
C. 146 D. 220

2. 根据资料(1)至(3)，甲企业对该非专利技术摊销的会计处理表述正确的是（　　）。
A. 应当自可供使用的下月起开始摊销
B. 应当自可供使用的当月起开始摊销
C. 该非专利技术出租前的摊销额应计入管理费用
D. 摊销方法应当反映与该非专利技术有关的经济利益的预期实现方式

3. 根据资料(3)，甲企业 2×21 年 1 月出租无形资产和收取租金的会计处理正确的是（　　）。
A. 借：其他业务成本　　　　　　　　　　　　　　　　　2
　　贷：累计摊销　　　　　　　　　　　　　　　　　　　2
B. 借：管理费用　　　　　　　　　　　　　　　　　　　2
　　贷：累计摊销　　　　　　　　　　　　　　　　　　　2
C. 借：银行存款　　　　　　　　　　　　　　　　　　1.5
　　贷：其他业务收入　　　　　　　　　　　　　　　　1.5
D. 借：银行存款　　　　　　　　　　　　　　　　　　1.5
　　贷：营业外收入　　　　　　　　　　　　　　　　　1.5

4. 根据资料(4)，甲企业非专利技术的减值金额为（　　）万元。
A. 0 B. 18
C. 20 D. 35.6

5. 根据资料(1)至(4)，甲企业 2×22 年 12 月 31 日应列入资产负债表"无形资产"项目的金额为（　　）万元。
A. 52 B. 70
C. 72 D. 88

（二）2×20 年度甲公司（增值税一般纳税人）发生如下交易或事项：

(1) 1 月 3 日，甲公司出售某办公楼，实际收取款项 2 092.8 万元（含增值税，增值税税率 9%）存入银行，该办公楼原价为 3 000 万元，采用年限平均法按 20 年计提折旧，预计净残值率为 4%，出售时已计提折旧 9 年，未计提减值准备。

(2) 6 月 1 日，为了盘活企业的非流动资产，甲公司将某项非专利技术对外转让，该非专利技术原值为 1 500 万元，已计提摊销为 960 万元。取得转让价款 636 万元（含增值税，增值税税率 6%），款项已存入银行。

(3) 7 月 2 日，对厂房进行更新改造。该厂房原值为 500 万元，累计折旧为 200 万元，改造过程中发生可资本化的支出 120 万元。工程项目于 10 月 20 日完工，达到预定可使用状态。

(4) 12 月 31 日，经减值测试，应计提固定资产减值准备 920 万元。

要求：根据上述资料，不考虑其他因素，分析回答下列小题。（答案中的金额单位用万元表示）

1. 根据资料(1)，下列与办公楼折旧相关的表述中，正确的是（　　）。
A. 该办公楼的预计净残值为 96 万元　　B. 该办公楼的年折旧率为 4.8%

C. 该办公楼的预计净残值为 120 万元　　　　D. 该办公楼的年折旧率为 5%

2. 根据资料(1)，甲公司出售该办公楼的会计处理，正确的是(　　)。
   A. 将出售办公楼转入清理时：
         借：固定资产清理   1 704
             累计折旧   1 296
             贷：固定资产   3 000
   B. 收到出售办公楼价款时：
         借：银行存款   2 092.8
             贷：固定资产清理   1 920
                 应交税费——应交增值税(销项税额)   172.8
   C. 结转清理净损益时：
         借：固定资产清理   270
             贷：资产处置损益   270
   D. 结转清理净损益时：
         借：固定资产清理   216
             贷：资产处置损益   216

3. 根据资料(2)，甲公司出售非专利技术应确认资产处置损益为(　　)万元。
   A. 96   B. 60
   C. 76   D. 36

4. 根据资料(3)，甲公司更新改造厂房达到预定可使用状态的入账价值为(　　)万元。
   A. 420   B. 300
   C. 120   D. 620

5. 根据资料(4)，甲公司计提固定资产减值准备的会计处理，正确的是(　　)。
   A. 借：制造费用   920
         贷：固定资产减值准备   920
   B. 借：管理费用   920
         贷：固定资产减值准备   920
   C. 借：营业外支出   920
         贷：固定资产减值准备   920
   D. 借：资产减值损失——固定资产减值损失   920
         贷：固定资产减值准备   920

第五章 负 债

知识训练一 短 期 借 款

一、单项选择题

1. 下列关于短期借款的说法中,不正确的是( )。
   A. 企业向银行或其他金融机构等借入的期限在1年以下(含1年)的各种款项
   B. 短期借款利息按季度支付且数额较大的,采用月末预提方式核算利息
   C. 短期借款利息按月支付且数额不大的,在实际支付时计入当期损益
   D. 短期借款利息属于筹资费用的,计入管理费用

2. 某公司2×21年7月1日向银行借入资金60万元,期限6个月,年利率为6%,到期还本,按月计提利息,按季付息。该企业7月31日应计提的利息为( )万元。
   A. 0.3   B. 0.6
   C. 0.9   D. 3.6

3. 下列各项中,会导致负债总额变化的是( )。
   A. 从银行取得短期借款偿还应付账款
   B. 赊购商品
   C. 将款项汇往异地银行开立采购专户
   D. 用资本公积转增资本

二、多项选择题

1. 下列关于短期借款的表述中,正确的有( )。
   A. 短期借款利息如果是按月支付的,并且数额不大,可以不采用预提方式
   B. 预提短期借款利息时,借记"财务费用",贷记"短期借款"
   C. 预提短期借款利息时,借记"财务费用",贷记"应付利息"
   D. 短期借款是向银行或其他金融机构等借入的期限在1年以下(含1年)的各种款项

2. 企业核算短期借款利息时,可能涉及的会计科目有( )。
   A. 财务费用
   B. 应付利息
   C. 银行存款
   D. 短期借款

三、判断题

短期借款利息在预提或实际支付时均应通过"短期借款"科目核算。 ( )

知识训练二 应付及预付账款

一、单项选择题

1. 某公司(增值税一般纳税人)2×21年11月1日开出银行承兑的商业汇票一张,该银行承兑汇票的面值为1 000万元,期限为6个月,交纳银行承兑手续费50元,增值税税额为2.83元。2×21年12月31日该公司"应付票据"的账面价值为(　　)万元。
   A. 1 000　　　　　　　　　　　　　　B. 1 050
   C. 1 047.17　　　　　　　　　　　　　D. 1 052.83

2. 甲公司于2×21年6月2日从乙公司购入一批产品并已验收入库,增值税专用发票上注明该批产品的价款为300万元,增值税税额为39万元,乙公司代垫运杂费5万元。合同中规定的现金折扣条件为2/10,1/20,N/30,假定计算现金折扣时不考虑增值税。甲公司在2×21年6月11日付清货款。甲公司购买产品时该应付账款的入账价值为(　　)万元。
   A. 339　　　　　　　　　　　　　　　B. 344
   C. 337.12　　　　　　　　　　　　　　D. 332.22

3. 某企业2×21年2月1日购入原材料一批,开出一张面值为113 000元,期限为3个月的不带息的商业承兑汇票。2×21年5月1日该企业无力支付票款时,下列会计处理正确的是(　　)。
   A. 借:应付票据　　　　　　　　　　　　　　113 000
        贷:短期借款　　　　　　　　　　　　　　　113 000
   B. 借:应付票据　　　　　　　　　　　　　　113 000
        贷:其他应付款　　　　　　　　　　　　　　113 000
   C. 借:应付票据　　　　　　　　　　　　　　113 000
        贷:应付账款　　　　　　　　　　　　　　　113 000
   D. 借:应付票据　　　　　　　　　　　　　　113 000
        贷:预付账款　　　　　　　　　　　　　　　113 000

4. 因甲公司的债权人撤销,甲公司应该将欠债权人的应付账款转入(　　)会计科目。
   A. 其他业务收入　　　　　　　　　　　B. 其他应付款
   C. 资本公积　　　　　　　　　　　　　D. 营业外收入

5. W公司2×21年5月1日从甲公司购入一批原材料,材料已验收入库。增值税专用发票上注明产品购买价款为500万元,增值税税率为13%。甲公司为了使W公司尽快支付购买价款,与W公司合同约定现金折扣条件为:2/10,1/20,N/30,假定计算现金折扣时考虑增值税。W公司5月8日付款,则W公司购买材料时应付账款的入账价值为(　　)万元。
   A. 500　　　　　　　　　　　　　　　B. 553.7
   C. 565　　　　　　　　　　　　　　　D. 490

6. 某企业(小规模)于2×21年12月2日从甲公司购入一批产品并已验收入库。增值税专用发票上注明该批产品的价款为1 500万元,增值税税额为195万元。合同中规定的现金折扣条件为:2/10,1/20,N/30。假定计算现金折扣时不考虑增值税。该企业在2×21年12月11日付清货款。企业购买该产品时应付账款的入账价值为（　　）万元。

A. 1 470　　　　　　　　　　　B. 1 661.1
C. 1 695　　　　　　　　　　　D. 1 500

二、多项选择题

1. 下列各项中,应计入其他应付款的有（　　）。
   A. 租入包装物应支付的租金　　　B. 根据购销合同预收的货款
   C. 根据法院判决应支付的合同违约金　　D. 租入包装物支付的押金

2. 根据股东大会批准通过的利润分配方案,企业进行利润分配确认与发放的账务处理,涉及的科目有（　　）。
   A. 利润分配　　　　　　　　　　B. 应付股利
   C. 其他应付款　　　　　　　　　D. 银行存款

3. 下列关于"应付股利"的表述中,不正确的有（　　）。
   A. 应付股利是指企业根据股东大会或类似机构审议批准的利润分配方案确定分配给投资者的现金股利或利润
   B. 企业通过"应付股利"科目,核算企业确定或宣告支付但尚未实际支付的现金股利或利润
   C. "应付股利"科目借方登记应支付的现金股利或利润,贷方登记应付给投资者股利或利润的增加额
   D. "应付股利"科目期末借方余额反映企业应付未付的现金股利或利润

4. 下列各项中,引起"应付票据"科目金额发生增减变动的有（　　）。
   A. 开出商业承兑汇票购买原材料
   B. 转销已到期无力支付票款的商业承兑汇票
   C. 转销已到期无力支付票款的银行承兑汇票
   D. 支付银行承兑汇票手续费

5. 下列各项中,不计入其他应付款的有（　　）。
   A. 应付销货方代垫的运杂费
   B. 到期无力支付的商业承兑汇票
   C. 应付的社会保险费（企业负担部分）
   D. 应付的短期租入固定资产租金

6. 下列有关预收账款的表述中,正确的有（　　）。
   A. 预收账款是指企业按照合同规定预收的款项
   B. 预收账款形成的负债是以货币偿付
   C. 预收账款是企业债务
   D. "预收账款"科目贷方登记发生的预收账款金额

7. 某公司属于增值税一般纳税人,赊购一批原材料,其中影响应付账款入账价值的有（　　）。
   A. 现金折扣

B. 原材料的价款

C. 原材料的进项税额

D. 销售方代垫的运杂费

8. 下列有关应付票据的表述中，正确的有（　　）。

   A. 应付票据是指企业购买材料、商品和接受劳务供应等而开出、承兑的商业汇票

   B. 应付票据包括商业承兑汇票和银行承兑汇票

   C. "应付票据"科目借方登记开出、承兑汇票的面值

   D. 由于应付票据的偿付时间较短，在会计实务中，一般均按照开出、承兑的应付票据的面值入账

9. 下列项目中，会在会计处理时将形成一项流动负债的有（　　）。

   A. 企业为筹集长期资金而发行的债券

   B. 材料已收到但尚未收到结算凭证的暂估料款

   C. 董事会决议分派的股票股利

   D. 股东会决议分派的现金股利

10. 下列关于应付账款说法中，正确的有（　　）。

    A. 企业预付账款业务不多时，可以不设置"预付账款"科目，直接通过"应付账款"科目核算企业的预付账款

    B. 在所购货物已经验收入库，但发票账单尚未到达，待月末暂估入账时应该贷记"应付账款"科目

    C. 企业在购入资产时形成的应付账款账面价值是已经扣除了商业折扣和现金折扣后的金额

    D. 确实无法支付的应付账款，直接转入"营业外收入"科目

三、判断题

1. 企业对外宣告分配现金股利时，应确认一项负债。（　　）

2. 如果企业所购的物资已经验收入库，但是没有收到发票账单（包括未收到货物清单及无法按照合同协议确定价格），在会计期末，企业也不应该做任何会计处理。（　　）

3. 应付账款附有现金折扣条款的，应按照扣除现金折扣前的应付账款总额入账。（　　）

4. 采购材料或接受劳务通过银行汇票结算的，应通过"应付票据"科目核算。（　　）

5. "应付利息"科目借方登记按照合同约定计算的应付利息，贷方登记实际支付的利息。（　　）

6. 预收账款所形成的负债应以货币偿付。（　　）

知识训练三　应付职工薪酬

一、单项选择题

1. 某公司向职工发放自产的加湿器作为福利，该产品的成本为每台 150 元，共有职工 500 人，计税价格为 200 元，增值税税率为 13%，计入该公司应付职工薪酬的金额为

（　　）元。
A. 113 000　　　　　　　　　　　　B. 75 000
C. 100 000　　　　　　　　　　　　D. 92 000

2. 丁公司累积带薪缺勤制度规定：每个职工每年可享受5个工作日带薪病假，未使用的病假只能向后结转一个日历年度，超过1年未使用的权利作废，不能在职工离开公司时获得现金支付；职工休病假以后进先出为基础，即首先从当年可享受的权利中扣除，再从上年结转的带薪病假余额中扣除。2×21年12月31日，每个职工当年平均未使用带薪病假为2天。丁公司1 000名职工预计2×22年有950名职工将享受不超过5天的带薪病假，不需要考虑带薪缺勤。剩余50名职工每人将平均享受6天半病假，假定这50名职工全部为总部各部门经理，平均每名职工每个工作日工资为300元。2×21年12月31的账务处理是（　　）。

A. 借：管理费用　　　　　　　　　　　　　　　　　　22 500
　　　贷：应付职工薪酬——带薪缺勤　　　　　　　　　　　22 500
B. 借：管理费用　　　　　　　　　　　　　　　　　　15 000
　　　贷：应付职工薪酬——带薪缺勤　　　　　　　　　　　15 000
C. 借：制造费用　　　　　　　　　　　　　　　　　　22 500
　　　贷：应付职工薪酬——带薪缺勤　　　　　　　　　　　22 500
D. 借：制造费用　　　　　　　　　　　　　　　　　　15 000
　　　贷：应付职工薪酬——带薪缺勤　　　　　　　　　　　15 000

3. 下列各项中，不属于其他长期职工福利的是（　　）。
A. 长期带薪缺勤　　　　　　　　　　B. 长期残疾福利
C. 长期利润分享计划　　　　　　　　D. 离职后福利

4. 下列各项中，不属于职工福利费用的是（　　）。
A. 职工异地安家费　　　　　　　　　B. 防暑降温费
C. 丧葬补助费　　　　　　　　　　　D. 医疗保险费

5. 企业将自有的汽车无偿提供给高级管理人员使用，在计提折旧时，相关的会计处理是（　　）。
A. 借记"管理费用"科目，贷记"累计折旧"科目
B. 借记"管理费用"科目，贷记"固定资产"科目
C. 借记"管理费用"科目，贷记"应付职工薪酬"科目；同时借记"应付职工薪酬"科目，贷记"累计折旧"科目
D. 借记"管理费用"科目，贷记"其他应付款"科目；同时借记"其他应付款"科目，贷记"累计折旧"科目

6. 甲公司为一家家电生产企业，共有职工200名，其中有180名为生产车间工人，20名为管理人员。2×21年12月，甲公司以其生产的洗衣机给每位职工发放春节福利，洗衣机的市场售价为每台1 500元，实际成本是每台1 000元。甲公司适用的增值税税率为13%。则甲公司应确认的"应付职工薪酬"为（　　）元。
A. 270 000　　　　　　　　　　　　B. 300 000
C. 339 000　　　　　　　　　　　　D. 200 000

7. 甲公司为一般纳税人企业,适用增值税税率为13%。2×21年12月末甲公司将自己生产的产品作为福利发放给本公司的员工,产品的市场价格为100万元(不含税),成本为80万元,此时甲公司应计入销项税的金额为(　　)万元。
A. 0　　　　　　　　　　　　　　　B. 13
C. 10.4　　　　　　　　　　　　　　D. 3

8. 某饮料生产企业为增值税一般纳税人,年末将本企业生产的一批饮料发放给职工作为福利。该饮料市场售价为12万元(不含增值税),增值税适用税率为13%,实际成本为10万元。假定不考虑其他因素,该企业应确认的"应付职工薪酬"为(　　)万元。
A. 10　　　　　　　　　　　　　　　B. 11.3
C. 12　　　　　　　　　　　　　　　D. 13.56

9. 下列关于职工薪酬处理的表述中,不正确的是(　　)。
A. 职工福利费为非货币性福利的,应当按照公允价值计量
B. 企业应将离职后福利计划分类为设定提存计划和设定受益计划
C. 短期薪酬是指企业在职工提供相关服务的年度开始12个月内需要全部支付的职工薪酬
D. 在职工提供服务从而增加了其未来享有的带薪缺勤权利时,企业应确认与累积带薪缺勤相关的职工薪酬

10. 甲公司为增值税一般纳税人,适用的增值税税率为13%。年末将20台本企业自产的冰箱作为福利发给本企业职工,该冰箱的成本为每台1 000元,市场售价为2 000元/台(不含增值税)。则下列说法中正确的是(　　)。
A. 实际发放时,计入应付职工薪酬的金额为40 000元
B. 实际发放时,计入应交税费——应交增值税(销项税额)的金额为2 600元
C. 将自产产品作为福利发放给员工不视同销售,但需要确认收入结转成本
D. 将自产产品作为福利发放给员工视同销售,并且要确认收入结转成本

二、多项选择题

1. 企业在核算应由在建工程、研发支出支付的职工薪酬时,一般涉及的会计科目有(　　)。
A. 在建工程　　　　　　　　　　　　B. 固定资产
C. 研发支出　　　　　　　　　　　　D. 应付职工薪酬

2. 下列各项中,属于应付职工薪酬明细科目的有(　　)。
A. 带薪缺勤　　　　　　　　　　　　B. 利润分享计划
C. 住房公积金　　　　　　　　　　　D. 职工福利费

3. "应付职工薪酬"科目贷方核算的内容有(　　)。
A. 因职工不能胜任岗位工作解除劳动关系而给予的经济补偿
B. 提供给职工子女的抚恤金
C. 因改善职工文化生活、提高职工业务素质开展的工会活动和职业技能培训而从成本费用中提取的金额
D. 以成本价向职工出售外购的住房,企业未盈利

4. 下列各项中,可以享受短期带薪缺勤的有(　　)。

A. 年休假 B. 病假
   C. 婚假 D. 探亲假

5. "应付职工薪酬"的对方科目可能有( )。
   A. 研发支出 B. 在建工程
   C. 制造费用 D. 销售费用

6. 下列关于应付职工薪酬的表述中,正确的有( )。
   A. 从薪酬的涵盖时间和支付形式来看,职工薪酬包括企业职工在职期间和离职后给予的所有货币性薪酬和非货币性福利
   B. 从薪酬的支付对象来看,职工薪酬包括提供给职工本人和其配偶、子女或其被赡养人的福利
   C. 企业提供给职工以权益形式结算的认股权不在应付职工薪酬中核算
   D. 企业以自产产品作为非货币性福利发放给职工的,应当根据受益对象,按照该产品的公允价值和相关的增值税税额,计入相关资产成本或当期损益

7. 企业为直接参与生产人员租赁住房,供其免费使用,租赁费按月以银行存款支付。应编制的会计分录有( )。
   A. 借记"生产成本"科目,贷记"银行存款"科目
   B. 借记"生产成本"科目,贷记"应付职工薪酬"科目
   C. 借记"应付职工薪酬"科目,贷记"银行存款"科目
   D. 借记"制造费用"科目,贷记"应付职工薪酬"科目

8. 企业将拥有的房屋无偿提供给本单位管理人员使用,下列账务处理正确的有( )。
   A. 借:管理费用
         贷:累计折旧
   B. 借:管理费用
         贷:应付职工薪酬
   C. 借:应付职工薪酬
         贷:累计折旧
   D. 借:管理费用
         贷:应收账款

9. 下列有关离职后福利的说法中,正确的有( )。
   A. 离职后福利是指企业在职工提供相关服务的年度报告期间结束后十二个月内需要全部予以支付的职工薪酬
   B. 离职后福利计划包括设定提存计划、设定受益计划和长期利润分享计划
   C. 设定提存计划是指向独立的基金缴存固定费用后,企业不再承担进一步支付义务的离职后福利计划
   D. 设定受益计划是指除设定提存计划以外的离职后福利计划

10. 企业在作出因解除与职工的劳动关系给予的补偿的会计处理时,通常涉及的会计科目有( )。
    A. 管理费用 B. 营业外支出
    C. 应付职工薪酬 D. 其他应付款

11. 企业在无形资产开发阶段发生的职工薪酬,可能计入的会计科目有( )。
   A. 管理费用   B. 无形资产
   C. 在建工程   D. 合同履约成本

12. 甲公司为增值税一般纳税人,适用的增值税税率为13%。年末将10台外购的空调作为福利发给本企业职工,该空调的进价成本为每台2 000元,市场售价为3 000元/台(不含增值税)。则下列说法中正确的有( )。
   A. 实际发放时,计入应付职工薪酬的金额为22 600元
   B. 实际发放时,计入应交税费——应交增值税(销项税额)的金额为2 600元
   C. 将外购产品作为福利发放给员工不视同销售,进项税需要做转出处理
   D. 将外购产品作为福利发放给员工视同销售,并且要确认收入结转成本

三、判断题

1. 企业应当在职工发生实际缺勤的会计期间确认与非累积带薪缺勤相关的应付职工薪酬。( )

2. 应付职工薪酬包括企业职工在职期间的所有货币性福利和非货币性福利,但职工在离职后的支出,不应该在应付职工薪酬中核算。( )

3. 企业生产工人的社会保险费应计入当期管理费用。( )

4. 企业按规定计算的代扣代缴的职工个人所得税,借记"管理费用"等科目,贷记"其他应付款"科目。( )

5. 离职后福利中设定受益计划,是指向独立的基金缴存固定费用后,企业不再承担进一步支付义务的离职后福利计划。( )

6. 企业在资产负债表日为换取职工在会计期间提供的服务而应向单独主体缴存的提存金,确认为其他应付款。( )

7. 企业将租赁的房屋无偿提供给职工使用的,每期应付的租金应作为应付职工薪酬计入相关资产成本或者当期损益。( )

8. 资产负债表日企业按工资总额的一定比例计提的基本养老保险属于设定提存计划,应确认为应付职工薪酬。( )

知识训练四 应交税费

一、单项选择题

1. A企业为增值税一般纳税人,2×21年4月4日购入一批原材料,购买价款为5 200万元(含增值税),适用增值税税率为13%。A企业应交增值税的进项税额为( )万元。
   A. 676   B. 4 601.77
   C. 598.23   D. 757.01

2. 甲公司2×21年度实际应交增值税200万元,消费税130万元,企业所得税100万元,该公司使用的城市维护建设税税率为7%。2×21年甲公司应交纳的城市维护建设税为( )万元。

A. 30.1 B. 26.6
C. 23.1 D. 19.6

3. A企业为增值税一般纳税人,本月发生进项税额1 700万元,销项税额5 100万元,进项税额转出51万元,同时月末以银行存款缴纳增值税1 000万元,那么本月尚未缴纳的增值税为(   )万元。

A. 4 349 B. 3 451
C. 2 451 D. 2 349

4. 某企业为增值税一般纳税人,2×21年实际已交纳税金情况如下:房产税850万元,消费税150万元,城市维护建设税70万元,车船税0.5万元,耕地占用税1.5万元,所得税120万元。上述各项税金应记入"应交税费"科目的金额为(   )万元。

A. 1 190 B. 1 190.5
C. 1 191.5 D. 1 192

5. 2×21年6月4日,甲公司购进一栋办公楼并于当月投入使用,6月25日,纳税人取得该大楼的增值税专用发票并认证相符,专用发票注明的价款为800 000元,增值税进项税额为72 000元,款项已用银行存款支付,不考虑其他相关因素。下列说法中正确的是(   )。

A. 固定资产入账成本为872 000元
B. 2×21年度可抵扣的增值税为72 000元
C. 以后期间可抵扣的增值税为72 000元
D. 固定资产入账成本为843 200元

6. 某企业适用的城市维护建设税税率为7%,2×21年8月份该企业应缴纳增值税200 000元、土地增值税30 000元、印花税100 000元、消费税150 000元、资源税20 000元,8月份该企业应记入"应交税费——应交城市维护建设税"科目的金额为(   )元。

A. 16 100 B. 24 500
C. 26 600 D. 28 000

7. 甲企业销售所生产的高档化妆品,价款为113 000元(含增值税),甲企业为增值税一般纳税人,适用增值税税率为13%,适用消费税税率为15%,不考虑其他相关税费。甲企业应确认"应交税费——应交消费税"为(   )元。

A. 33 900 B. 15 000
C. 16 950 D. 36 000

8. 企业转让金融商品,年末若"应交税费——转让金融商品应交增值税"科目有借方余额,则下列会计处理正确的是(   )。

A. 借记"库存现金",贷记"应交税费——转让金融商品应交增值税"
B. 借记"投资收益",贷记"应交税费——转让金融商品应交增值税"
C. 借记"管理费用",贷记"应交税费——转让金融商品应交增值税"
D. 留待下年抵扣

9. 甲企业为增值税一般纳税人,本月销项税额合计为150万元,进项税额为80万元,进项税额转出10万元,企业因转让不动产按现行增值税制度规定已预缴的增值税额为20万元,则本月末的应缴纳的增值税为(   )万元。

A. 80 B. 70
C. 60 D. 50

10. 下列各项中,不属于增值税进项税额从销项税额中抵扣凭证的是( )。
    A. 从销售方取得的增值税专用发票
    B. 从海关处取得的进口增值税专用缴款书
    C. 一般纳税人取得的道路、桥、闸通行费发票
    D. 增值税普通发票

11. 下列各项中,不需做增值税进项税额转出处理的是( )。
    A. 货物因暴雨导致的非常损失   B. 货物因管理不善而被盗
    C. 货物因违法而被没收   D. 货物因管理不善造成的霉烂变质

12. 应交消费税的委托加工物资收回后用于连续生产应税消费品的,按规定准予抵扣的由受托方代收代缴的消费税,应当计入( )。
    A. 制造费用   B. 应交税费
    C. 生产成本   D. 委托加工物资

13. 甲公司为增值税一般纳税人,2×21年甲公司生产的产品对外捐赠,该批商品的实际成本为100万元,售价为200万元,开具的增值税专用发票上注明的增值税税额为26万元,下列各项关于甲公司对该项业务的会计处理中正确的是( )。
    A. 借:营业外收入   226
         贷:主营业务收入   200
             应交税费——应交增值税(销项税额)   26
    B. 借:营业外支出   126
         贷:库存商品   100
             应交税费——应交增值税(销项税额)   26
    C. 借:营业外支出   226
         贷:主营业务收入   200
             应交税费——应交增值税(销项税额)   26
    D. 借:营业外支出   100
         贷:库存商品   100

14. 某企业为增值税小规模纳税人,本月购入一批原材料,取得的增值税专用发票上注明价款为100万元、增值税税额13万元,另支付保险费1万元。不考虑其他因素,该批材料的入账成本为( )万元。
    A. 113   B. 114
    C. 101   D. 100

15. 某企业为增值税小规模纳税人,本月销售一批货物,开具的增值税普通发票上注明价款为103万元,则该笔业务确认的增值税税额为( )万元。
    A. 19.21   B. 11.85
    C. 3   D. 13

16. 某企业为增值税一般纳税人,2×21年应交各种税金为:增值税350万元,消费税150万元,城市维护建设税35万元,车辆购置税10万元,耕地占用税5万元,所得税150万元。

该企业当期"应交税费"科目余额为（　　）万元。
A. 535　　　　　　　　　　　　B. 545
C. 550　　　　　　　　　　　　D. 685

二、多项选择题

1. 2×21年8月份，甲公司（一般纳税人，适用的增值税税率为13%）发生如下事项：①10日，库存材料因管理不善发生意外火灾损失，有关增值税专用发票注明的材料成本为20 000元，增值税税额为2 600元。②18日，领用一批外购原材料用于集体福利消费，该批原材料的成本为60 000元，购入时支付的增值税进项税额为7 800元。则下列说法中，正确的有（　　）。
   A. 管理不善造成的材料毁损，进项税额应留待继续抵扣
   B. 转入"待处理财产损溢"科目的金额为22 600元
   C. 借记"应付职工薪酬"科目的金额为67 800元
   D. 应记入"应交税费——应交增值税（进项税额转出）"科目的金额为10 400元

2. 2×21年6月，甲公司（一般纳税人，适用的增值税税率为13%）将外购的一批商品捐赠给希望中学，该批产品的成本为20 000元，计税价格为25 000元。则下列说法中正确的有（　　）。
   A. 计入主营业务收入20 000元
   B. 计入营业外支出23 250元
   C. 按计税价格转入营业外支出
   D. 按计税价格计算的销项税额需转入营业外支出

3. 2×21年6月5日，甲公司外购200部手机作为福利发放给直接从事生产的职工，取得的增值税专用发票上注明价款为600 000元，增值税税额为78 000元，款项以银行存款支付，增值税专用发票后经税务机关认证为不可抵扣。下列甲公司的会计处理中，正确的有（　　）。
   A. 6月5日：
      借：库存商品　　　　　　　　　　　　　　　　　　　　600 000
      　　应交税费——待认证进项税额　　　　　　　　　　　 78 000
      　　　贷：银行存款　　　　　　　　　　　　　　　　　　　　678 000
   B. 经税务机关认证不可抵扣时：
      借：应交税费——应交增值税（进项税额）　　　　　　　 78 000
      　　　贷：应交税费——待认证进项税额　　　　　　　　　　　 78 000
      同时：
      借：库存商品　　　　　　　　　　　　　　　　　　　　 78 000
      　　　贷：应交税费——应交增值税（进项税额转出）　　　　　 78 000
   C. 实际发放时：
      借：应付职工薪酬——非货币性福利　　　　　　　　　　678 000
      　　　贷：库存商品　　　　　　　　　　　　　　　　　　　　678 000
   D. 实际发放时：

```
借：应付职工薪酬——非货币性福利          600 000
    贷：库存商品                                    600 000
```

4. 下列各项中，允许在增值税应纳税额中全额抵减的有（　　）。
   A. 企业初次购买增值税防伪税控系统设备支付的费用
   B. 企业初次购买增值税税控系统专用设备缴纳的技术维护费
   C. 企业初次购买税控盘的费用
   D. 企业发生增值税税控系统专用设备技术维护费

5. 甲公司2×21年9月15日由于暴雨毁损一批原材料，该批材料系9月1日购入的，增值税发票上注明价款200万元，增值税税额26万元。报经批准后，由保险公司赔款155万元。下列甲公司的会计处理中，正确的有（　　）。
   A. 计入营业外支出45万元
   B. 计入管理费用71万元
   C. 该批材料的增值税税额需转出
   D. 该批材料的增值税税额不需转出

6. 下列各项中，属于视同销售行为的有（　　）。
   A. 将自产的产品用于建造办公楼　　　B. 将外购的材料用于建造厂房
   C. 将自产的产品分配给股东　　　　　D. 将自产的产品用于集体福利

7. 下列各项中，增值税一般纳税人需要转出进项税额的有（　　）。
   A. 自产产品用于集体福利
   B. 自产产品用于对外投资
   C. 因管理不善造成外购原材料损失
   D. 外购的原材料改变用途用于集体福利

8. 下列有关小规模纳税人的说法中，正确的有（　　）。
   A. 小规模纳税人在购进货物、应税服务或应税行为时，取得的增值税专用发票上注明的增值税，一律不予抵扣
   B. 小规模纳税人都可以开具增值税专用发票
   C. 在进行账务处理时，只需在"应交税费"科目下设置"应交增值税"明细科目，该科目不再设置增值税专栏
   D. 一般来说，小规模纳税人采用销售额和应纳税额合并定价的方案并向客户结算款项

9. 下列有关土地增值税处理的说法中，正确的有（　　）。
   A. 土地增值税按照转让房地产所取得的增值额和规定的税率计算征收
   B. 企业转让的土地使用权连同地上建筑物及其附着物一并在"固定资产"科目核算的，转让时应交的土地增值税通过"固定资产清理"科目核算
   C. 房地产开发经营企业销售房地产应交纳的土地增值税通过"税金及附加"科目核算
   D. 土地增值税是对转让国有土地使用权、地上建筑物及其附着物并取得增值性收入的单位和个人征收的一种税

10. 下列关于企业发生增值税税控系统专用设备技术维护费的账务处理中，正确的有（　　）。
    A. 借：固定资产
        贷：银行存款

B. 借：在建工程
    贷：银行存款
C. 借：管理费用
    贷：银行存款
D. 借：应交税费——应交增值税(减免税款)
    贷：管理费用

11. 下列关于"应交税费"科目的表述中，正确的有（　　）。
A. "应交税费"科目借方登记实际交纳的税费
B. "应交税费"科目贷方登记应交纳的各种税费
C. "应交税费"科目期末余额一般是在贷方，反映企业尚未交纳的税费
D. "应交税费"科目不可能出现借方余额

三、判断题

1. 增值税、消费税、城市维护建设税、城镇土地使用税都应该在"税金及附加"科目中核算。　　　　　　　　　　　　　　　　　　　　　　　　　（　　）

2. 企业转让的土地使用权连同地上建筑物及其附着物一并在"固定资产"科目核算的，转让时应交的土地增值税，应借记"税金及附加"科目，贷记"应交税费——应交土地增值税"科目。　　　　　　　　　　　　　　　　　　　　　　　　　（　　）

3. 车船税是以车辆、船舶为课征对象，向车船的使用人或管理人征收的一种税。（　　）

4. 企业进口应税物资在进口环节应交的消费税，记入"应交税费——应交消费税"科目。　　　　　　　　　　　　　　　　　　　　　　　　　　　　（　　）

5. 企业实际转让金融商品，月末如产生转让收益，则按应纳税额，借记"投资收益"等科目，贷记"应交税费——转让金融商品应交增值税"科目。（　　）

6. 企业将自产的应税消费品发放给本单位职工作为福利，应缴纳的消费税计入当期损益。　　　　　　　　　　　　　　　　　　　　　　　　　　　（　　）

7. 增值税小规模纳税人购进货物支付的增值税计入有关货物的成本。（　　）

8. 月末对于当月多交的增值税，应借记"应交税费——未交增值税"科目，贷记"应交税费——应交增值税(转出多交增值税)"科目。　　　　　　　　（　　）

9. 一般纳税人购进货物、接受应税服务或应税行为，用于简易计税方法计税项目、免征增值税项目、集体福利或个人消费等，其进项税额不得从销项税额中抵扣的，应将进项税额计入相关资产成本或当期损益。　　　　　　　　　　　　（　　）

10. 企业计提的印花税、土地增值税均通过"应交税费"科目核算。（　　）

知识训练五　非流动负债

一、单项选择题

1. 甲企业2×21年1月1日向银行借入资金500万元，期限3年，年利率6%，年末计息，下年初支付利息，到期还本并支付最后一年利息。2×21年12月31日，该长期借款账面

价值为( )万元。
A. 500　　　　　　　　　　　　　B. 590
C. 560　　　　　　　　　　　　　D. 530

2. 企业每期期末计提一次还本付息的长期借款利息，对其中应当予以资本化的部分，下列会计处理正确的是( )。
A. 借记"财务费用"科目，贷记"长期借款"科目
B. 借记"财务费用"科目，贷记"应付利息"科目
C. 借记"在建工程"科目，贷记"长期借款"科目
D. 借记"在建工程"科目，贷记"应付利息"科目

3. 企业筹建期间发生的长期借款利息支出不能资本化的部分应该计入( )。
A. 财务费用　　　　　　　　　　B. 营业外收入
C. 管理费用　　　　　　　　　　D. 在建工程

4. 下列各项中，应计入长期应付款的是( )。
A. 应付融资租入固定资产的租赁款　　B. 购买低值易耗品应支付的款项
C. 购买原材料应支付的款项　　　　　D. 应付租入包装物租金

5. 乙公司融资租赁租入一台生产用大型机器设备，租赁开始日机器设备的公允价值为5 000万元，最低租赁付款额现值为4 800万元，承租人发生的初始直接费用为50万元。承租人租赁开始日的融资租入机器设备的入账价值为( )万元。
A. 4 850　　　　　　　　　　　　B. 5 000
C. 5 050　　　　　　　　　　　　D. 4 800

二、多项选择题

1. 下列关于长期借款利息的说法中，正确的有( )。
A. 购建固定资产符合条件的利息应记入"在建工程"科目
B. 生产经营用借款利息记入"制造费用"科目
C. 自行开发无形资产符合资本化条件的记入"研发支出"科目
D. 筹建期不符合资本化条件的记入"管理费用"科目

2. 下列关于长期借款的表述中，正确的有( )。
A. 在生产经营期间，达到预定可使用状态后，不符合资本化条件的长期借款利息支出应计入财务费用
B. 一次还本付息的，计提的长期借款利息应记入"长期借款——应计利息"科目
C. 筹建期间，不符合资本化条件的长期借款利息计入财务费用
D. 分期付息的，计提的长期借款利息计入应付利息

3. 下列对长期借款利息费用的会计处理中，正确的有( )。
A. 筹建期间的长期借款利息计入管理费用
B. 筹建期间的长期借款利息计入长期待摊费用
C. 生产经营期间不符合资本化的长期借款利息计入财务费用
D. 符合资本化条件的长期借款利息计入相关资产成本

4. 下列关于长期借款账务处理的说法中，正确的有( )。

A. 长期借款属于筹建期间的,不符合资本化条件的利息费用应该计入财务费用
B. 长期借款如用于购建固定资产,在资产达到预定可使用状态后的利息支出,应该计入管理费用
C. 在取得长期借款时,如果借方的"银行存款"和贷方的"长期借款"存在差额,应借记"长期借款——利息调整"科目
D. 长期借款利息费用应当在资产负债表日按照实际利率法计算确定

5. 下列各项中,应通过"长期应付款"科目核算的有(　　)。
   A. 超过正常信用条件实际上具有融资性质的超期支付的应付款
   B. 应付融资租入固定资产的租赁费
   C. 计提到期一次还本付息的长期借款利息
   D. 应付职工长期带薪缺勤

6. 下列项目中,属于长期应付款核算内容的有(　　)。
   A. 应付融资租入固定资产租赁费
   B. 应付经营租入固定资产租赁费
   C. 应付出租包装物的押金
   D. 具有融资性质分期付款购入无形资产的应付款项

7. 下列项目中,属于"长期应付款"科目核算内容的有(　　)。
   A. 政府作为企业所有者投入的具有特定用途的款项
   B. 应付包装物的租金
   C. 采用补偿贸易方式引进国外设备发生的应付款项
   D. 应付融资租入固定资产的租赁费

三、判断题

1. 企业于一年内将到偿还期的长期借款,应列入资产负债表中"长期借款"项目。(　　)
2. 企业购入设备发生的具有融资性质的超期支付的价款,应确认为长期应付款。(　　)

第六章 所有者权益

知识训练一 实收资本或股本

一、单项选择题

1. A有限责任公司属于增值税一般纳税人，2×21年10月1日接受投资方投入的一项非专利技术，合同约定价值是800万元，同时收到投资方作为资本投入的商标权一项，合同约定价值为500万元，假设合同约定的价值与公允价值相符，同时不考虑其他因素，下列说法中正确的是（　　）。
   A. 投资方不能用非专利技术投资
   B. 应该计入实收资本的数额为800万元
   C. 应该计入实收资本的数额为500万元
   D. 应该计入实收资本的数额为1 300万元

2. 甲、乙公司均为增值税一般纳税人，适用的增值税税率为13%。甲公司接受乙公司投资转入的原材料一批，账面价值100 000元，投资协议约定的价值120 000元，假定投资协议约定的价值与公允价值相符，增值税进项税额由投资方支付，并开具了增值税专用发票，该项投资没有产生资本溢价。甲公司"实收资本"账户应增加（　　）元。
   A. 100 000　　　　　　　　　　B. 113 000
   C. 120 000　　　　　　　　　　D. 135 600

3. A股份有限公司委托券商代理发行股票20 000万股，每股面值1元，每股发行价格1.1元。按发行价格的1%向券商支付发行费用。该公司资本公积（股本溢价）账户的贷方余额为120万元，盈余公积账户的贷方余额为160万元。该公司在收到股款后，应记入"资本公积"账户的金额为（　　）万元。
   A. 2 000　　　　　　　　　　B. 120
   C. 2 100　　　　　　　　　　D. 1 780

4. A有限责任公司由两位投资者投资400万元设立，每人出资200万元。一年后，为扩大经营规模，经批准引入第三位投资者加入，A有限责任公司注册资本增加到600万元。按照投资协议，新投资者需投入现金220万元，同时享有该公司三分之一的表决权。A有限责任公司已收到该现金投资。假定不考虑其他因素，应记入"资本公积——资本溢价"账户的金额为（　　）万元。
   A. 20　　　　　　　　　　　　B. 40
   C. 200　　　　　　　　　　　D. 220

5. 甲上市公司发行普通股2 000万股，每股面值1元，每股发行的价格是8元，在发行过程中支付手续费50万元，则甲上市公司发行普通股应记入"股本"账户的金额为（　　）万元。

A. 2 050　　　　　　　　　　　　　B. 2 000
C. 16 000　　　　　　　　　　　　 D. 16 050

6. 下列关于实收资本的表述中,不正确的是(　　)。
A. 实收资本是企业按章程或合同、协议的规定,接受投资者投入企业的资本
B. 股东以货币出资的,应当将货币出资足额存入有限责任公司在银行开设的账户
C. 实收资本是指公司向公司登记机关登记的出资额
D. 实收资本的构成比例是企业进行利润或股利分配的主要依据

7. 1月30日,甲公司股本5 000万元(面值每股1元),资本公积(股本溢价)400万元,盈余公积1 500万元,甲公司回购1 000万股股票注销,以每股1.5元回购股票。不考虑其他因素,注销股本的会计处理正确的是(　　)。

A. 借:股本　　　　　　　　　　　　　　　　　　　　　　1 000
　　　资本公积　　　　　　　　　　　　　　　　　　　　　400
　　　盈余公积　　　　　　　　　　　　　　　　　　　　　100
　　　　贷:库存股　　　　　　　　　　　　　　　　　　　　　1 500

B. 借:股本　　　　　　　　　　　　　　　　　　　　　　1 500
　　　　贷:库存股　　　　　　　　　　　　　　　　　　　　　1 500

C. 借:股本　　　　　　　　　　　　　　　　　　　　　　1 000
　　　资本公积　　　　　　　　　　　　　　　　　　　　　500
　　　　贷:库存股　　　　　　　　　　　　　　　　　　　　　1 500

D. 借:股本　　　　　　　　　　　　　　　　　　　　　　1 000
　　　盈余公积　　　　　　　　　　　　　　　　　　　　　400
　　　资本公积　　　　　　　　　　　　　　　　　　　　　100
　　　　贷:库存股　　　　　　　　　　　　　　　　　　　　　1 500

8. 下列项目中,能同时引起负债和所有者权益发生变动的是(　　)。
A. 出售无形资产取得的净收益
B. 接受投资者的投资
C. 实际发放现金股利
D. 股东大会向投资者宣告分配现金股利

9. 2×21年1月1日,甲股份有限公司(以下简称甲公司)发行普通股500万股,每股面值1元,每股发行价格4元,股票的发行收入已存入银行。假定不考虑其他因素,甲公司应确认的"股本"科目的金额为(　　)万元。
A. 0　　　　　　　　　　　　　　　B. 500
C. 2 000　　　　　　　　　　　　　D. 1 500

10. 2×21年12月31日,A公司的股本为5 000万股,每股面值为1元,资本公积(股本溢价)为1 500万元,盈余公积为1 500万元。经股东大会批准,A公司以银行存款回购本公司股票500万股并注销,假定A公司按每股0.9元的价格回购股票。不考虑其他因素,注销A公司股票的会计处理正确的是(　　)。
A. 借:库存股　　　　　　　　　　　　　　　　　　　　　　450
　　　　贷:银行存款　　　　　　　　　　　　　　　　　　　　　450

B. 借：股本　　　　　　　　　　　　　　　　　　　　500
　　　资本公积——股本溢价　　　　　　　　　　　1 500
　　　盈余公积　　　　　　　　　　　　　　　　　1 500
　　贷：银行存款　　　　　　　　　　　　　　　　　3 500
C. 借：股本　　　　　　　　　　　　　　　　　　　　500
　　贷：库存股　　　　　　　　　　　　　　　　　　450
　　　　资本公积——股本溢价　　　　　　　　　　　 50
D. 借：股本　　　　　　　　　　　　　　　　　　　　450
　　贷：库存股　　　　　　　　　　　　　　　　　　450

11. 下列关于实收资本的表述中,正确的是(　　)。
　　A. 实收资本是投资者按照企业章程或合同、协议约定,实际投入企业并依法进行注册的资本,体现了企业所有者对企业的基本产权关系
　　B. 实收资本是直接计入所有者权益的利得和损失
　　C. 实收资本的来源是企业实现的利润
　　D. 实收资本是企业利润的一部分

二、多项选择题

1. A公司2×19年12月31日的股本为20 000万股,每股面值为1元,资本公积——股本溢价8 000万元,盈余公积3 000万元。经股东大会批准,甲公司以银行存款回购本公司股票3 000万股并注销,每股回购价为4元。下列各项中,会计处理正确的有(　　)。
　　A. 回购库存股时所有者权益减少12 000万元
　　B. 注销库存股时资本公积减少9 000万元
　　C. 注销库存股时不影响所有者权益总额
　　D. 注销库存股时股本减少3 000万元

2. 股份有限公司采用回购本公司股票方式减资,在注销的时候,下列做法不正确的有(　　)。
　　A. 应按股票面值和注销股数计算的股票面值总额减少股本
　　B. 应按股票面值和注销股数计算的股票面值总额减少库存股
　　C. 应按股票面值和注销股数计算的股票面值总额增加股本
　　D. 应按股票面值和注销股数计算的股票面值总额增加库存股

3. A公司"盈余公积"年初余额是500万元,本年提取法定盈余公积100万元,提取任意盈余公积50万元,用盈余公积转增资本150万元,用盈余公积发放现金股利60万元,假定不考虑其他因素,下列说法中正确的有(　　)。
　　A. 所有者权益减少60万元
　　B. 所有者权益总额维持不变
　　C. 实收资本增加150万元
　　D. 留存收益减少60万元

4. 下列关于库存股科目的表述中,正确的有(　　)。
　　A. 库存股属于所有者权益类的科目

B. 库存股科目核算企业收购、转让或注销的本公司的股份金额

C. 库存股科目期末借方余额,反映企业持有尚未转让或者注销的本公司股份金额

D. 库存股科目属于所有者权益变动表的抵减项

5. 下列各项中,属于资本公积来源的有(　　)。

    A. 盈余公积转入

    B. 除净损益、其他综合收益和利润分配以外所有者权益的其他变动

    C. 资本溢价或股本溢价

    D. 从企业实现的净利润中提取

6. 我国《公司法》规定,股东可以用(　　)出资,但是法律、行政法规规定不得作为出资的财产除外。

    A. 货币资金　　　　　　　　　　B. 实物
    C. 知识产权　　　　　　　　　　D. 土地使用权

7. 甲股份有限公司计划2×21年底收购本公司股票,以下关于回购公司股票的说法中,不正确的是(　　)。

    A. 应按股票面值和注销股数计算的股票面值总额冲减股本

    B. 只能按注销库存股的账面余额与所冲减股本的差额冲减股本溢价

    C. 股本溢价不足冲减的,应该冲减营业外支出

    D. 如果购回股票支付的价款低于面值总额,所注销库存股的账面余额与所冲减股本的差额作为增加股本溢价处理

8. 下列各项中,会导致所有者权益总额增加的有(　　)。

    A. 企业用税后利润弥补以前年度亏损　　B. 接受投资者追加投资
    C. 当年实现的净利润　　　　　　　　　D. 盈余公积转增资本

9. 某公司接受非现金资产投资,下列表述正确的有(　　)。

    A. 企业接受投资者作价投入的固定资产,应按双方约定确定固定资产价值(不公允的除外)

    B. 企业接受材料物资投资,应按双方协议确定材料物资价值

    C. 企业接受无形资产投资,应按合同或协议价确定无形资产价值(不公允的除外)

    D. 企业接受投资者作价投入的固定资产进项税额不应计入实收资本

10. 企业接受投资者作价投入的材料物资,可能涉及的会计科目有(　　)。

    A. 原材料

    B. 应交税费——应交增值税(进项税额)

    C. 实收资本

    D. 固定资产

11. 下列关于股东出资中说法中,正确的有(　　)。

    A. 股东的股份比例是企业进行股利分配的主要依据

    B. 股东可以用货币出资

    C. 股东不可以用实物、知识产权、土地使用权等,可以用货币估价并可以依法转让的非货币财产作价出资

    D. 投资者投入的非现金资产,如果投资合同或协议约定的价值不公允,则按照公允价值入账

12. 下列关于所有者权益与债权人权益区别的说法中,正确的有( )。
   A. 企业的所有者对企业的债务和亏损负有无限的责任或有限的责任,而债权人对企业的其他债务不发生关系,一般不承担企业的亏损
   B. 企业所有者有权行使企业的经营管理权,或者授权管理人员行使经营管理权,而债权人并没有经营管理权
   C. 所有者权益是企业分配税后净利润的主要依据,而债权人除按规定取得利息外,无权分配企业的盈利
   D. 所有者权益在企业经营期内可供企业长期、持续地使用,企业不必向投资人返还资本金,而负债则须按期返还给债权人,成为企业的负担

13. 下列关于所有者权益的说法中,正确的有( )。
   A. 发生减资、清算或分派现金股利时,需要偿还所有者权益
   B. 清算时,要先偿还所有的负债
   C. 清算时,可以先偿还所有者权益
   D. 所有者权益是所有者参与企业利润分配的依据

14. 下列关于实收资本构成比例的说法中,正确的有( )。
   A. 实收资本的构成比例即投资者的出资比例或股东的股份比例
   B. 实收资本的构成比例是确定所有者在企业所有者权益中所占的份额和参与企业生产经营决策的基础
   C. 实收资本的构成比例是企业进行利润分配或股利分配的依据
   D. 实收资本的构成比例是确定所有者对净资产的要求权的依据

15. 下列各项中,属于资产负债表所有者权益项目的有( )。
   A. 其他综合收益   B. 股本
   C. 盈余公积   D. 未分配利润

16. 下列项目中,最终能引起资产和所有者权益同时减少的有( )。
   A. 计提短期借款的利息   B. 计提行政管理部门固定资产折旧
   C. 计提坏账准备   D. 管理用无形资产摊销

17. 下列各项中,能引起负债和所有者权益项目同时发生变动的有( )。
   A. 用盈余公积向投资者分配现金股利   B. 董事会宣告发放股票股利
   C. 用银行存款购买固定资产   D. 用净利润向投资者分配现金股利

18. 企业减少实收资本应按法定程序报经批准,一般发生在企业( )而需要减资的情况下。
   A. 资本过剩   B. 发生重大亏损
   C. 投资者要求   D. 盈利

三、判断题

1. 除股份有限公司以外的其他类型的企业,在企业创立时,投资者认缴的出资额与注册资本一致,一般不会产生资本溢价。( )

2. 实收资本的构成比例或股东的股份比例,是确定所有者在企业所有者权益中份额的基础,但不是企业进行利润或股利分配的依据。( )

3. 所有者权益是指企业资产扣除负债后由所有者享有的剩余权益，公司所有者权益又称股东权益。（　　）
4. 被投资单位在董事会批准后发放股票股利时，应借记"利润分配"科目，贷方"股本"科目。（　　）

知识训练二　资本公积和其他综合收益

一、单项选择题

1. A公司委托证券公司发行股票2 000万股，每股面值1元，每股发行价格是6元，支付手续费40万元，支付佣金60万元，该公司应该记入"资本公积——股本溢价"科目的金额为（　　）万元。
   A. 10 000　　　　　　　　　　B. 9 900
   C. 12 000　　　　　　　　　　D. 11 900

2. 某公司2×21年年初所有者权益总额为1 360万元，当年实现净利润450万元，提取盈余公积45万元，向投资者分配现金股利200万元，本年内以资本公积转增资本50万元，投资者追加现金投资30万元。该公司年末所有者权益总额为（　　）万元。
   A. 1 565　　　　　　　　　　B. 1 595
   C. 1 640　　　　　　　　　　D. 1 795

3. 某有限责任公司由甲、乙两个股东各出资140万元设立，设立时注册资本总额为280万元，经过两年营运，该公司盈余公积和未分配利润合计为80万元，所有者权益总额为360万元，投资者丙有意加入，经各方协商同意丙以240万元出资，该公司接受丙投资并办理增资手续后，注册资本变更为420万元，丙在注册资本中享有1/3，该有限责任公司在接受丙投资者投资时，应借记"银行存款"科目240万元，贷记（　　）。
   A. "实收资本"科目160万元，"资本公积"科目80万元
   B. "实收资本"科目140万元，"资本公积"科目100万元
   C. "实收资本"科目200万元，"资本公积"科目40万元
   D. "实收资本"科目200万元

4. A公司是由甲、乙、丙三方各出资200万元共同设立的，2×21年年末该公司所有者权益项目的余额为：实收资本600万元，资本公积150万元，盈余公积60万元，未分配利润60万元。为扩大经营规模，甲、乙、丙决定重组公司，吸收丁投资者加入。丁投资者投入不需要安装的设备一台，合同约定的价值为300万元（与公允价值相等），增值税税额为39万元。接受丁投资者后的注册资本为800万元，且四方投资比例均为25%。则A公司接受丁投资者投资时应记入"资本公积——资本溢价"科目的金额为（　　）万元。
   A. 313.5　　　　　　　　　　B. 339
   C. 139　　　　　　　　　　　D. 133.5

5. 企业根据国家有关规定实行股权激励的，如在等待期内取消了授予的权益工具，企业应在进行权益工具加速行权处理时，将剩余等待期内应确认的金额计入当期损益，同时确认（　　）。

A. 盈余公积 B. 资本公积
C. 实收资本 D. 未分配利润

6. 企业对被投资企业采用权益法核算的,在持股比例不变的情况下,对因被投资单位除净利润、其他综合收益和利润分配以外的所有者权益的其他变动,应按持股比例确认( )。
   A. 资本公积——股本溢价 B. 资本公积——资本溢价
   C. 资本公积——其他资本公积 D. 盈余公积

二、多项选择题

1. 下列各项中,不通过资本公积科目核算的有( )。
   A. 接受固定资产捐赠 B. 划转无法支付的应付账款
   C. 固定资产的盘盈 D. 股本溢价

2. 甲公司在筹建期间委托 A 证券公司代理发行普通股 3 000 万股,每股面值 1 元,按每股 1.02 元的价格发行。甲公司与 A 证券公司约定,A 证券公司按发行收入的 3% 收取手续费,从发行收入中扣除,甲公司的资本公积科目余额为 100 万元,均是发行股票产生的溢价收入,收到的股款已存入银行。在上述情况下,甲公司收到股款的会计分录可能涉及的科目有( )。
   A. 银行存款 B. 财务费用
   C. 股本 D. 盈余公积

3. 下列关于资本公积和留存收益的说法中,正确的有( )。
   A. 资本公积主要来自资本溢价(股本溢价)等
   B. 留存收益主要来源于企业生产经营活动实现的利润
   C. 资本公积和盈余公积都可以用于转增资本
   D. 资本公积和盈余公积都可以用于发放现金股利或利润

4. 下列选项中,会导致股份有限公司股本发生变化的有( )。
   A. 接受货币资金投资 B. 盈余公积转增资本
   C. 盈余公积补亏 D. 资本公积转增资本

5. 下列各项中,不会引起"资本公积"发生变化的有( )。
   A. 交易性金融资产公允价值的变动 B. 以资本公积转增股本
   C. 以税后利润补亏 D. 以盈余公积弥补亏损

三、判断题

1. 上市公司发行股票,应该按照发行价格计入股本。( )
2. 企业接受投资者作价投入的房屋、建筑物、机器设备等固定资产,应按投资合同或协议约定的价值确定固定资产价值。( )
3. 有限责任公司在设立时投入的非货币性资产的价值与实收资本一致,不存在资本公积——资本溢价的问题。( )
4. 在溢价发行股票的情况下,公司发行股票的溢价收入,直接冲减当期的财务费用。( )
5. 股份有限公司是以发行股票的方式筹集股本的,在我国股票可以平价发行,也可以溢价发行,还可以折价发行。( )

6. 形成资本溢价(股本溢价)的原因有溢价发行股票、投资者超额缴入资本等。（ ）
7. 资本公积包括投资者的出资额超出其在注册资本(或股本)中所占份额的部分,以及其他资本公积等。（ ）
8. 自用房地产或存货转换为采用公允价值模式计量的投资性房地产,转换日的公允价值大于原账面价值的,其差额作为其他综合收益核算。处置该项投资性房地产时,原计入其他综合收益的部分应当转入当期损益。（ ）

知识训练三 留存收益

一、单项选择题

1. 甲上市公司2×21年1月1日所有者权益构成情况如下:股本1 500万元,资本公积100万元,盈余公积300万元,未分配利润400万元。2×21年度实现利润总额为200万元,按10%和5%分别提取法定盈余公积和任意盈余公积,企业所得税税率为25%。假定不存在纳税调整事项及其他因素,甲上市公司2×21年12月31日可供投资者分配的利润为(   )万元。
   A. 550   B. 527.5
   C. 535   D. 542.5

2. 某企业年初未分配利润贷方余额为400万元,本年实现净利润1 600万元,按净利润的10%提取法定盈余公积,提取任意盈余公积100万元,向投资者分配利润80万元。该企业年末可供分配利润为(   )万元。
   A. 1 840   B. 2 000
   C. 1 740   D. 1 680

3. 下列各项中,不影响净利润的是(   )。
   A. 权益法下被投资方发生其他综合收益变动   B. 计提坏账准备
   C. 出租包装物的摊销额   D. 期末交易性金融资产公允价值变动

4. 某企业年初未分配利润贷方余额为200万元,本年利润总额为1 000万元,该企业适用的所得税税率为25%,不考虑纳税调整事项,按净利润的10%提取法定盈余公积,提取任意盈余公积50万元,向投资者分配利润100万元,用盈余公积转增资本500万元。该企业年末未分配利润贷方余额为(   )万元。
   A. 825   B. 875
   C. 725   D. 1 225

5. 法定盈余公积累计已达注册资本的(   )时可以不再提取。
   A. 0.2   B. 0.25
   C. 0.5   D. 0.6

6. 企业可供分配的利润,正确的分配次序是(   )。
   A. 提取法定盈余公积——提取任意盈余公积——向投资者分配利润
   B. 向投资者分配利润——提取法定盈余公积——提取任意盈余公积

C. 提取任意盈余公积——提取法定盈余公积——向投资者分配利润
D. 以上选项均正确

7. 企业用当年实现的利润弥补亏损时,应作的会计处理是(　　)。
A. 借记"本年利润"科目,贷记"利润分配——未分配利润"科目
B. 借记"利润分配——未分配利润"科目,贷记"本年利润"科目
C. 借记"利润分配——未分配利润"科目,贷记"利润分配——未分配利润"科目
D. 无需专门作账务处理

8. 乙公司2×21年年初所有者权益总额是800万元,2×21年实现的利润总额是1 200万元,本年所得税费用是300万元,提取法定盈余公积90万元,提取任意盈余公积45万元,向投资者分配利润100万元,以盈余公积转增资本150万元,则2×21年年末,乙公司的所有者权益总额为(　　)万元。
A. 1 600　　　　　　　　　　　　B. 1 450
C. 1 315　　　　　　　　　　　　D. 1 615

9. 某企业盈余公积年初余额为50万元,本年利润总额为600万元,所得税费用为150万元,按净利润的10%提取法定盈余公积,并将盈余公积10万元转增资本。该企业盈余公积年末余额为(　　)万元。
A. 40　　　　　　　　　　　　　B. 85
C. 95　　　　　　　　　　　　　D. 110

10. 某企业2×21年1月1日所有者权益构成情况如下:实收资本1 500万元,资本公积100万元,盈余公积300万元,未分配利润200万元。2×21年度实现利润总额为600万元,企业所得税税率为25%。假定不存在纳税调整事项及其他因素,该企业2×21年12月31日可供分配利润为(　　)万元。
A. 600　　　　　　　　　　　　B. 650
C. 800　　　　　　　　　　　　D. 1 100

11. 下列关于资本公积与留存收益的说法中,不正确的是(　　)。
A. 留存收益是企业从历年实现的利润中提取或形成的留存于企业的内部积累
B. 留存收益来源于企业生产经营活动实现的利润
C. 资本公积的用途主要用来弥补亏损
D. 资本公积主要来自资本溢价(或股本溢价)

12. 企业用盈余公积补亏时,应该在贷方记录的会计科目是(　　)。
A. 盈余公积　　　　　　　　　　B. 资本公积
C. 利润分配——未分配利润　　　D. 利润分配——盈余公积补亏

13. 下列各项中,能够引起所有者权益减少的是(　　)。
A. 提取法定盈余公积　　　　　　B. 减少注册资本
C. 增发股票　　　　　　　　　　D. 派发股票股利

14. 下列各项中,会引起企业留存收益总额发生变动的是(　　)。
A. 股本溢价　　　　　　　　　　B. 提取任意盈余公积
C. 接受现金资产投资　　　　　　D. 盈余公积转增资本

15. 下列各项中,不影响可供分配利润项目的因素是(　　)。

A. 年初未分配利润　　　　　　　　　　B. 当年实现的净利润
C. 提取的盈余公积　　　　　　　　　　D. 盈余公积补亏

16. 某公司年初未分配利润为 1 000 万元,盈余公积为 500 万元;本年实现净利润 5 000 万元,分别提取法定盈余公积 500 万元、任意盈余公积 250 万元,宣告发放现金股利 500 万元。不考虑其他因素,该公司年末留存收益为(　　)万元。
    A. 5 250　　　　　　　　　　　　　B. 6 000
    C. 6 500　　　　　　　　　　　　　D. 5 750

17. 甲公司年初未分配利润借方余额为 50 万元,本年实现净利润 200 万元,按净利润 10% 提取法定盈余公积,按 5% 提取任意盈余公积,向投资者分配利润 80 万元。不考虑其他因素,甲公司年末未分配利润为(　　)万元。
    A. 120　　　　　　　　　　　　　　B. 47.5
    C. 30　　　　　　　　　　　　　　D. 140

18. 某企业年初未分配利润为 3 000 万元,当年实现利润总额 5 000 万元,所得税费用 1 250 万元,该企业按 10% 提取法定盈余公积,按 6% 提取任意盈余公积。假定不考虑其他因素,则年末该企业未分配利润为(　　)万元。
    A. 3 000　　　　　　　　　　　　　B. 5 000
    C. 6 150　　　　　　　　　　　　　D. 4 450

二、多项选择题

1. 甲公司 2×21 年年初未分配利润是 300 万元,本年实现净利润 500 万元,按照 10% 提取法定盈余公积,按照 5% 提取任意盈余公积,宣告发放现金股利 100 万元,则以下说法中,正确的有(　　)。
    A. 甲公司年末未分配利润是 625 万元
    B. 甲公司年末可供分配利润是 800 万元
    C. 甲公司年末未分配利润是 725 万元
    D. 甲公司年末可供分配利润是 700 万元

2. 下列各项中,会减少企业留存收益的有(　　)。
    A. 计提法定盈余公积　　　　　　　　B. 发放股票股利
    C. 盈余公积转增资本　　　　　　　　D. 税后利润弥补亏损

3. 下列各项中,不会引起留存收益变动的有(　　)。
    A. 盈余公积补亏　　　　　　　　　　B. 计提法定盈余公积
    C. 盈余公积转增资本　　　　　　　　D. 计提任意盈余公积

4. 股份有限公司发行股票发生的手续费、佣金等交易费用,如果无溢价发行股票或者溢价金额不足以抵扣的,应将不足以抵扣的部分冲减(　　)。
    A. 实收资本　　　　　　　　　　　　B. 资本公积
    C. 盈余公积　　　　　　　　　　　　D. 未分配利润

5. 下列关于留存收益的表述中,正确的有(　　)。
    A. 法定盈余公积经批准可用于转增资本
    B. "未分配利润"明细科目年末借方余额表示累积的亏损额

C. 留存收益包括盈余公积和未分配利润

D. 任意盈余公积可用于发放现金股利

6. 下列各项中,不影响所有者权益总额发生增减变动的有( )。

A. 提取盈余公积　　　　　　　　　B. 盈余公积转增资本

C. 盈余公积弥补亏损　　　　　　　D. 注销本公司股票

7. 下列关于盈余公积用途的表述中,正确的有( )。

A. 以盈余公积转增实收资本　　　　B. 以盈余公积转增资本公积

C. 以盈余公积弥补亏损　　　　　　D. 盈余公积发放现金股利

8. 下列各项中,影响当年可供分配利润的有( )。

A. 当年资本公积转增资本　　　　　B. 年初未弥补亏损

C. 年初未分配利润　　　　　　　　D. 当年实现净利润

9. 下列说法中,正确的有( )。

A. 公司制企业应按照净利润(减弥补以前年度亏损)的10%提取法定盈余公积

B. 公司制企业应按照净利润(减弥补以前年度亏损)的5%提取法定盈余公积

C. 以前年度亏损(5年内)可用税前利润弥补

D. 以前年度亏损(10年内)可用税前利润弥补

10. 下列关于有限责任公司宣告分配现金股利及盈余公积转增资本的会计处理正确的有( )。

A. 借:利润分配——应付现金股利或利润
　　　贷:应付股利

B. 借:盈余公积
　　　贷:实收资本

C. 借:利润分配——未分配利润
　　　贷:利润分配——应付现金股利或利润

D. 借:实收资本
　　　贷:盈余公积

11. 甲公司"盈余公积"年初余额是400万元,本年提取法定盈余公积200万元,提取任意盈余公积100万元,用盈余公积转增资本50万元,用盈余公积宣告发放现金股利100万元,假定不考虑其他因素,下列表述中正确的有( )。

A. 所有者权益减少100万元　　　　B. 所有者权益总额不变

C. 实收资本增加50万元　　　　　　D. 留存收益减少100万元

12. 下列选项中,会导致所有者权益总额减少的有( )。

A. 向投资者宣告分派现金股利　　　B. 盈余公积发放现金股利

C. 出售固定资产发生净损失　　　　D. 宣告分配股票股利

13. 下列关于盈余公积的说法中,正确的有( )。

A. 盈余公积是指企业按照有关规定从净利润中提取的积累资金

B. 公司制企业的盈余公积包括法定盈余公积和任意盈余公积

C. 法定盈余公积是指企业按照股东会或股东大会决议提取的盈余公积

D. 任意盈余公积是指企业按照规定的比例从净利润中提取的盈余公积

14. 下列事项中,最终不会导致所有者权益变动的有(　　)。
   A. 转销无需偿还的应付账款　　　　　　B. 用盈余公积弥补亏损
   C. 股东大会宣告分配现金股利　　　　　D. 资本公积转增股本

三、判断题

1. 实收资本是所有者投入资本形成的,而资本公积、留存收益属于经营过程中形成的。(　　)
2. 未分配利润的数额等于企业当年实现的净利润加上年初未分配利润减去已提取的盈余公积。(　　)
3. 企业提取的盈余公积经批准可用于弥补亏损、转增资本,但不能用于发放现金股利或利润。(　　)
4. 某公司年初未分配利润为500万元,本年实现净利润1 000万元,按照10%计提法定盈余公积,则本年应该计提的法定盈余公积为150万元。(　　)
5. 年度终了,利润分配下各明细科目,除未分配利润外,应无余额。(　　)
6. 未分配利润是企业实现的各年净利润的累计结出数额。(　　)
7. 留存收益是企业按照有关规定从净利润中提取的积累资金。(　　)
8. 发行股票相关的手续费、佣金等交易费用,如果是溢价发行的,应从溢价中扣除,冲减资本公积,无溢价发行或溢价金额不足抵扣的,冲减留存收益。(　　)
9. 资本公积和盈余公积转增资本时,直接结转即可。(　　)
10. 盈余公积与资本公积转增资本,企业所有者权益总额不会发生变化。(　　)
11. 如果以前年度未分配利润有盈余(即年初未分配利润余额为正数),在计算提取法定盈余公积的基数时,不应包括企业年初未分配利润;如果以前年度有亏损(即年初未分配利润余额为负数),应先弥补以前年度亏损再提取盈余公积。(　　)
12. 企业用当年实现的净利润弥补以前年度亏损时,会影响所有者权益总额。(　　)
13. 企业计提法定盈余公积是以国家法律法规为依据,计提任意盈余公积是由企业权力机构自行决定的。(　　)
14. 非年末资产负债表中的未分配利润的金额是由"本年利润"及"利润分配"科目的余额合计填入;年末,由于"本年利润"已转入"利润分配",所以年末资产负债表的未分配利润的金额等于"利润分配"科目的余额。(　　)

第七章 收入、费用和利润

知识训练一 收 入

一、单项选择题

1. 2×21年10月31日,甲公司与客户签订合同,为该客户拥有的一条铁路更换100根铁轨,合同价格为10万元(不含税价)。截至2×21年12月31日,甲公司共更换铁轨60根,剩余部分预计在2×22年2月29日之前完成。该合同仅包含一项履约义务,且该履约义务满足在某一时段内履行的条件。甲公司按照已完成的工作量确定履约进度。至2×21年12月31日,甲公司履约进度为( )。
   A. 0 B. 60%
   C. 100% D. 50%

2. 甲公司为增值税一般纳税人,适用13%的增值税税率,9月3日,甲公司向乙公司销售商品600件,每件标价3 000元(不含增值税),实际成本为2 500元。约定甲公司给予乙公司10%的商业折扣,当日商品发出,符合收入确认条件,9月18日,甲公司收到货款,不考虑其他因素,甲公司应确认的商品销售收入( )元。
   A. 1 830 600 B. 1 350 000
   C. 1 800 000 D. 1 620 000

3. 2×21年11月1日,甲公司接受乙公司委托为其安装一项大型设备,安装期限为3个月,合同约定乙公司应支付安装费总额为60 000元。当日收到乙公司20 000元预付款,其余款项安装结束验收合格后一次付清。截至2×21年12月31日,甲公司实际发生安装费15 000元,预计至安装完成还将发生安装费用25 000元;该公司按已发生的成本占估计总成本的比例确定完工进度。不考虑其他因素,甲公司2×21年应确认的收入为( )元。
   A. 20 000 B. 22 500
   C. 15 000 D. 60 000

4. 企业与客户签订合同,向其销售A、B、C三件产品,不含增值税的合同总价款为90万元。A、B、C产品的不含增值税单独售价分别为30万元、50万元和20万元,合计100万元。B商品应分摊的交易价格为( )万元。
   A. 27 B. 50
   C. 45 D. 18

5. 下列项目中,属于合同取得成本的是( )。
   A. 差旅费 B. 投标费
   C. 销售佣金 D. 为准备投标资料发生的相关费用

6. 甲公司为增值税一般纳税人,提供服务适用的增值税税率为6%。2×21年12月1日,甲公司为乙公司开发产品提供技术援助服务,服务期限为2个月,约定服务费为100万元(不含税),在服务结束时乙公司一次性支付。甲公司根据历史数据表明,乙公司会按约定支付服务费。假定截至12月31日甲公司的履约进度为50%,乙公司同时受益。不考虑其他因素,则甲公司在2×21年12月31日应确认的收入为( )万元。
   A. 100   B. 50
   C. 106   D. 53

7. 企业销售商品已经发出,但不满足收入确认条件,则应借记的会计科目是( )。
   A. 库存商品   B. 在途物资
   C. 主营业务成本   D. 发出商品

8. 甲公司经营一家健身俱乐部。2×21年12月1日,某客户与甲公司签订合同,成为甲公司的会员,并向甲公司支付会员费7 632元(含税价),可在未来的12个月内在该俱乐部健身,且没有次数的限制,该业务适用的增值税税率为6%。甲公司2×21年应确认的收入为( )元。
   A. 6 000   B. 7 632
   C. 600   D. 636

9. 甲公司于2×21年9月与乙公司签订一项期限为8个月的培训服务合同,合同约定的培训费用为120万元。2×21年12月31日根据合同规定乙公司向甲公司支付培训费50万元,甲公司实际发生的培训成本为20万元(均为职工薪酬),预计还将发生60万元。甲公司按实际发生的成本占估计总成本的比例确认履约进度,则甲公司2×21年12月31日应确认的营业收入为( )万元。
   A. 60   B. 50
   C. 30   D. 20

10. 甲公司于2×21年10月5日接受一项安装服务,合同期为8个月,合同总收入为180万元,已经预收70万元,余款在安装完成时收回。至2×21年12月31日已发生的成本为67.5万元,预计完成劳务还将发生成本45万元。公司按照实际发生的成本占估计总成本的比例确定履约进度,则该公司2×21年应确认的营业收入为( )万元。
    A. 108   B. 180
    C. 70   D. 72

11. 甲公司向乙公司销售商品一批,开具的增值税专用发票上注明售价为400万元,增值税税额为52万元;甲公司收到乙公司开出的一张不带息银行承兑汇票,票面金额为452万元,期限为2个月;甲公司以银行存款支付代垫运费,增值税专用发票上注明运输费0.2万元,增值税税额为0.018万元,所垫运费尚未收到;该批商品成本320万元;乙公司收到商品并验收入库。甲公司销售商品时应确认的应收账款为( )万元。
    A. 452.2   B. 452.218
    C. 0.218   D. 0.2

12. 甲工业企业产品售价每件460元,若客户购买达到200件及以上,可得到40元/件的商业折扣。某客户2×19年12月10日购买甲企业产品200件,规定的现金折扣条件为:2/10,1/20,N/30,适用的增值税税率为13%。甲企业于12月26日收到该笔款项时,

应确认的财务费用金额为( )元。(假定计算现金折扣时考虑增值税)
A. 840   B. 0
C. 1789.2   D. 949.2

13. 企业售出商品如果发生销售退回,下列说法中不正确的是( )。
    A. 发出商品时不满足收入确认条件的,发生销售退回时应当增加库存商品,减少发出商品
    B. 发出商品时满足收入确认条件的,发生销售退回时应当冲减收入实现月份的收入及成本等(非资产负债表日后事项)
    C. 发出商品时增值税纳税义务如果已经发生,应当确认"应交税费——应交增值税(销项税额)"
    D. 发出商品时满足收入确认条件的,发生销售退回时应当冲减退回当月的收入及成本等(非资产负债表日后事项)

14. 下列各项中,属于主营业务收入的是( )。
    A. 烟草公司销售香烟收入   B. 工业企业销售原材料收入
    C. 水泥厂出租办公楼的租金收入   D. 工业企业出租包装物的租金收入

15. 2×21年8月6日,甲公司向乙公司赊销一批商品,价款60万元(不含税),该批商品成本为40万元。同年9月15日乙公司发现该批商品存在严重质量问题,遂与甲公司交涉要求退货。经双方协商,甲公司同意了乙公司的退货请求,商品退回甲公司,甲公司做了销售退回的会计处理。假定不考虑其他因素,在销售退回的会计处理中,甲公司要冲减的科目不包括( )。
    A. 主营业务收入   B. 应交税费
    C. 主营业务成本   D. 库存商品

16. 2×21年8月1日,甲公司向乙公司销售商品一批,开出的增值税专用发票上注明售价为100万元,增值税税额为13万元,商品成本为80万元。该批商品已经发出,甲公司以银行存款代垫运杂费10万元。假定不考虑其他因素,则甲公司应确认的销售商品收入的金额为( )万元。
    A. 20   B. 100
    C. 110   D. 113

17. 下列项目中,应按收入准则进行会计处理的是( )。
    A. 对外出租无形资产收取的租金   B. 授予知识产品许可
    C. 进行债权投资收取的利息   D. 保费收入

18. 甲公司是一家咨询公司,其通过竞标取得一个新客户,为取得该客户的合同,甲公司发生下列支出:①聘请外部律师进行尽职调查的支出为15 000元;②因投标发生的差旅费为10 000元;③销售人员佣金为5 000元,甲公司预期这些支出未来能够收回。此外,甲公司根据其年度销售目标、整体盈利情况及个人业绩等,向销售部门经理支付年度奖金10 000元。甲公司应当将其作为合同取得成本确认为一项资产的金额为( )元。
    A. 30 000   B. 40 000
    C. 15 000   D. 5 000

19. 2×21年4月12日,某企业与客户签订一项工程服务合同,合同期为一年,属于某一时段内履行的履约义务,合同收入总额为3 000万元(不含增值税),预计合同总成本为2 100万元,至2×21年12月31日该企业实际发生总成本为1 400万元,但履约进度不能合理确定,企业已经发生的成本预计能够得到补偿。则2×21年度该企业应确认的服务收入为( )万元。

    A. 3 000　　　　　　　　　　　　B. 2 100
    C. 1 400　　　　　　　　　　　　D. 0

20. 2×21年11月20日,甲公司与乙公司签订一项为期3个月的服务合同,合同总价款为70万元(不含增值税);当日收到乙公司预付合同款项30万元。该服务符合按履约进度确认收入的条件。2×21年末经过专业测量师测量,服务的履约进度为40%。甲公司2×21年末应确认的该服务收入为( )万元。

    A. 12　　　　　　　　　　　　　B. 28
    C. 30　　　　　　　　　　　　　D. 70

21. 甲公司2×21年6月8日为乙公司提供了航空运输业务并开具了增值税专用发票,应收取的运费为200万元,增值税税额为18万元。为了提早收回劳务款而在合同中规定现金折扣条件为:2/10,1/20,N/30(计算现金折扣时不考虑增值税)。乙公司在2×21年6月20日支付了上述款项,甲公司实际收到的金额为( )万元。

    A. 218　　　　　　　　　　　　B. 214
    C. 200　　　　　　　　　　　　D. 216

22. 甲公司为增值税一般纳税人。2×21年12月1日,与乙公司签订了一项为期6个月的咨询合同,合同不含税总价款为60 000元,当日收到总价款的50%,增值税税额为1 800元。截至年末,甲公司累计发生服务成本6 000元,估计还将发生服务成本34 000元,履约进度按照已发生的成本占估计总成本的比例确定。2×21年12月31日,甲公司应确认该项服务的收入为( )元。

    A. 9 000　　　　　　　　　　　B. 30 000
    C. 6 000　　　　　　　　　　　D. 40 000

23. 2×21年4月初某装修公司履行一份与客户签订的装修合同,发生的人工费用共计30 000元,于完工时一次性支付,装修工程于月底结束并通过客户验收,假定属于在某一时点履行的履约义务。下列各项中,该公司月底结转装修人工成本的会计处理正确的是( )。

    A. 借:主营业务成本　　　　　　　　　　　　　　　　30 000
　　　　贷:银行存款　　　　　　　　　　　　　　　　　　　30 000
    B. 借:主营业务成本　　　　　　　　　　　　　　　　30 000
　　　　贷:合同履约成本　　　　　　　　　　　　　　　　　30 000
    C. 借:合同履约成本　　　　　　　　　　　　　　　　30 000
　　　　贷:主营业务成本　　　　　　　　　　　　　　　　　30 000
    D. 借:合同履约成本　　　　　　　　　　　　　　　　30 000
　　　　贷:银行存款　　　　　　　　　　　　　　　　　　　30 000

24. 甲公司与客户签订合同,向其销售A、B两件产品,合同价款为9 000元。A、B产品的单独售价分别为6 000元和4 000元,合计10 000元,上述价格均不包含增值税。不考虑其他因素,A产品应当分摊的交易价格为( )元。

A. 6 000　　　　　　　　　　　　B. 4 000
C. 5 400　　　　　　　　　　　　D. 3 600

25. 甲公司与客户签订合同为其建造一栋厂房,约定的价款为1 000万元,6个月完工,合同中约定若提前1个月完工,客户将额外奖励甲公司50万元,甲公司估计工程提前1个月完工的概率为90%,不考虑其他因素,则甲公司应确定的交易价格为( )万元。

A. 1 000　　　　　　　　　　　　B. 1 050
C. 1 045　　　　　　　　　　　　D. 950

26. 甲公司(发包方)与乙公司(承包方)签订一项建造办公楼的合同。根据双方约定,乙公司负责项目的总体管理并负责各类已承诺的商品和服务,包括工程技术、场地整理、办公楼基建及装修等。则下列说法正确的是( )。

A. 乙公司应将办公楼整个项目确认一项收入
B. 乙公司应分别按商品和服务确认收入
C. 乙公司如果在合同中明确区分各项目,则可以按各项目确认收入
D. 乙公司可以选择按一个项目或多个项目确认收入

27. 甲公司为增值税一般纳税人,适用增值税税率为13%。2×21年5月22日与乙公司签订一项商品购销合同,该批商品注明的价格为1 200万元,但由于甲公司与乙公司属于长期合作关系,甲公司给予乙公司商业折扣200万元,则甲公司应确认的交易价格为( )万元。

A. 1 000　　　　　　　　　　　　B. 1 200
C. 1 130　　　　　　　　　　　　D. 1 356

28. 甲公司为增值税一般纳税人,适用增值税税率为13%。2×21年4月15日,甲公司与乙公司签订商品购销合同,根据合同约定,甲公司向乙公司销售一批商品,其标价为1 000万元,甲公司给予乙公司10%的商业折扣。当日商品已发出,乙公司已验收合格。不考虑其他因素,则甲公司应确认收入为( )万元。

A. 1 000　　　　　　　　　　　　B. 900
C. 950　　　　　　　　　　　　　D. 855

29. 甲公司为增值税一般纳税人,适用销售服务增值税税率为6%。2×21年12月1日,甲公司为乙公司开发产品提供技术援助服务,服务期限为2个月,约定服务费为100万元(不含税),在服务结束时乙公司一次性支付。甲公司根据历史数据表明,乙公司会按约定支付服务费。假定截止12月31日甲公司的履约进度为50%。不考虑其他因素,则甲公司在2×21年12月31日应确认的收入为( )万元。

A. 100　　　　　　　　　　　　　B. 50
C. 106　　　　　　　　　　　　　D. 0

30. 甲、乙公司均为增值税一般纳税人,适用增值税税率为13%,2×21年2月5日甲公司向乙公司销售商品一批,价款120万元,由于成批购买,甲公司给予乙公司5%的商业折扣。当日乙公司已收到货物并验收入库。乙公司于2月13日支付了上述款项,则甲公司下列处理中正确的是( )。

A. 确认主营业务收入金额为 120 万元　　B. 确认增值税销项税额为 15.6 万元
C. 确认应收账款金额为 128.82 万元　　D. 甲公司实际收回价款为 135.6 万元

31. 甲公司本年度委托乙商店代销零配件一批,代销价款 200 万元。本年度收到乙商店交来的代销清单,代销清单列明已销售代销零配件的 60%,甲公司收到代销清单时向乙商店开具增值税专用发票。乙商店按代销价款的 5% 收取手续费。该批零配件的实际成本为 120 万元。则甲公司本年度应确认的销售收入为(　　)万元。
    A. 120　　　　　　　　　　　　　　B. 114
    C. 200　　　　　　　　　　　　　　D. 68.4

32. 甲公司出售 W 产品给客户,每件售价为 100 元,若客户全年度累计购买超过 1 000 件时,则每件价格追溯调降为 90 元;在 2×21 年第一季度末,甲公司出售 90 件 W 产品给某一客户,估计该客户全年订购量不会超过 1 000 件;该客户于 2×21 年 6 月中旬收购另一家公司,因而扩大业务量,至 6 月底又增购了 600 件 W 产品,累计达 690 件,甲公司估计该客户全年订购量会超过 1 000 件。假设不考虑增值税及其他因素,则甲公司 2×21 年第二季度应确认收入的金额为(　　)元。
    A. 45 000　　　　　　　　　　　　　B. 60 000
    C. 53 100　　　　　　　　　　　　　D. 54 000

二、多项选择题

1. 下列各项中,适用《企业会计准则第 14 号——收入》规定的有(　　)。
    A. 出售原材料收取的价款　　　　　B. 交易性金融资产的确认和计量
    C. 以无形资产换入固定资产　　　　D. 提供安装服务收取的服务费

2. 下列关于折扣的说法中,错误的有(　　)。
    A. 现金折扣发生时计入财务费用
    B. 商业折扣是指债权人为鼓励债务人在规定的期限内付款而向债务人提供的债务扣除
    C. 涉及现金折扣的收入,应按照折扣前金额确认收入
    D. 商业折扣发生时计入销售费用

3. 取得商品控制权,应满足的条件有(　　)。
    A. 客户必须拥有现时权利,能够主导该商品的使用并从中获得几乎全部经济利益
    B. 客户有能力主导该商品的使用,即客户在其活动中有权使用该商品,或者能够允许或阻止其他方使用该商品
    C. 客户能够获得商品几乎全部的经济利益
    D. 客户只能在未来的某一期间主导该商品的使用并从中获益

4. 对于在某一时点履行的履约义务,企业应当在客户取得相关商品控制权时点确认收入。在判断控制权是否转移时,企业应当综合考虑的迹象有(　　)。
    A. 企业就该商品享有现时收款权利,即客户就该商品负有现时付款义务
    B. 企业已将该商品的法定所有权转移给客户,即客户已拥有该商品的法定所有权
    C. 企业已将该商品实物转移给客户,即客户已占有该商品实物
    D. 客户已接受该商品

5. 下列各项中,制造业企业应通过"其他业务收入"科目核算的有(　　)。
   A. 出租包装物实现的收入
   B. 对外提供运输服务取得的收入
   C. 对外出租闲置设备取得的租金收入
   D. 出售自产产品取得的销售收入

6. 下列项目中,属于在某一时段内履行的履约义务的有(　　)。
   A. 客户在企业履约的同时即取得并消耗企业履约所带来的经济利益
   B. 客户能够控制企业履约过程中在建的商品
   C. 企业履约过程中所产出的商品具有不可替代用途,且该企业在整个合同期间内有权就累计至今已完成的履约部分收取款项
   D. 销售商品收到现金

7. 下列各项中,不应作为合同履约成本确认为合同资产的有(　　)。
   A. 销售佣金
   B. 投标费
   C. 为履行合同耗用的原材料
   D. 非正常消耗的直接材料、直接人工和制造费用

8. 2×21年12月30日,甲公司销售给丁公司的商品被退回,退回商品部分的价款为20万元,增值税税额为2.6万元,成本12万元,该批商品是2×21年11月赊销给丁公司的,售价200万元,增值税税额为26万元,已确认收入,款项尚未收到,甲公司向丁公司开具增值税红字专用发票,并收到丁公司商业承兑汇票,期限为5个月,用于抵偿其他款项。下列说法中正确的有(　　)。
   A. 库存商品增加12万元   B. 应收票据增加203.4万元
   C. 冲减销售商品收入20万元   D. 应收账款减少22.6万元

9. A企业2×20年11月销售一批产品,并确认了收入,2×20年12月由于质量问题被退回时,在做相关处理时会涉及的科目有(　　)。
   A. 库存商品   B. 营业外支出
   C. 利润分配   D. 主营业务收入

10. 某企业为增值税一般纳税人,适用的增值税税率为13%。本月销售一批材料,价税合计为5 650元。该批材料计划成本为4 200元,材料成本差异率为2%。不考虑其他因素,则该企业下列处理中正确的有(　　)。
    A. 销售材料确认的其他业务收入为5 000元
    B. 销售材料确认的其他业务收入为5 650元
    C. 销售材料确认的其他业务成本为4 284元
    D. 销售材料应确认的损益为716元

11. 企业已确认销售收入发生销售退回时,下列分录编制正确的有(　　)。
    A. 借:主营业务收入
         应交税费——应交增值税(销项税额)
         贷:银行存款

B. 借：主营业务收入
　　　　　贷：应交税费——应交增值税（销项税额）
　　　　　　　银行存款
　　C. 借：库存商品
　　　　　贷：主营业务成本
　　D. 借：主营业务成本
　　　　　贷：库存商品

12. 下列项目中,可用于计算履约进度指标的有(　　)。
　　A. 实际测量的完工进度　　　　　　B. 已完工或交付的产品
　　C. 机器工时　　　　　　　　　　　D. 发生的成本和时间进度

13. 下列各项中,不会使企业已确认收入的金额发生增减变动的有(　　)。
　　A. 商业折扣　　　　　　　　　　　B. 现金折扣
　　C. 已确认商品收入发生销售退回　　D. 增值税

14. 下列各项中,不应作为合同履约成本确认为合同资产的有(　　)。
　　A. 为取得合同发生但预期能够收回的增量成本
　　B. 为组织和管理企业生产经营发生的但非由客户承担的管理费用
　　C. 无法在尚未履行的与已履行(或已部分履行)的履约义务之间区分的支出
　　D. 为履行合同发生的非正常消耗的直接材料、直接人工和制造费用

15. 某企业销售一批商品,该商品已发出且纳税义务已发生,由于货款收回存在较大不确定性,不符合收入确认条件。下列各项中,关于该笔销售业务会计处理表述正确的有(　　)。
　　A. 发出商品的同时结转其销售成本
　　B. 根据增值税专用发票上注明的税额确认应收账款
　　C. 根据增值税专用发票上注明的税额确认应交税费
　　D. 将发出商品的成本记入"发出商品"科目

16. 下列各项中,表明控制权发生转移的有(　　)。
　　A. 企业与客户签订交款提货合同,在企业销售商品并送货到客户指定地点,客户验收合格并付款
　　B. 房地产企业向客户销售商品房,在客户付款后取得房屋产权证时,表明企业已将该商品房的法定所有权转移给客户
　　C. 企业向客户销售为其定制的生产设备,客户收到并验收合格后办理入库手续
　　D. 企业与客户签订销售商品合同,客户收到商品,确认无误后5日内付款,客户收到企业开具的发票并将商品验收入库

17. A企业于2×21年4月1日销售一批商品给B企业,售价是500万元(不含税),增值税税率是13%。A企业鉴于B企业购买的数量比较多,所以给予10%的商业折扣,同时给予现金折扣条件(现金折扣的计算不考虑增值税)为:2/10,1/20,N/30。4月15日,A企业收到B企业支付的货款时,下列会计处理中正确的有(　　)。
　　A. A企业在2×19年4月1日确认的应收账款的金额是508.5万元
　　B. A企业在2×19年4月15日确认的主营业务收入的金额是450万元
　　C. B企业享受的现金折扣是4.5万元

D. A 企业 4 月 15 日收到的货款是 504 万元

18. 现金折扣方式销售产品，购货方在折扣期内付款，则下列处理中正确的有（ ）。
    A. 按照扣除折扣后的净价确认销售收入
    B. 按照商品总价确认销售收入
    C. 给予购货方的折扣确认为财务费用
    D. 给予购货方的折扣确认为销售费用

19. 2×21 年 3 月 1 日，甲公司与客户签订合同，向其销售 A、B 两项商品，A 商品的单独售价为 6 000 元，B 商品的单独售价为 24 000 元，合同价款为 25 000 元。合同约定，A 商品于合同开始日交付，B 商品在一个月之后交付，只有当两项商品全部交付之后，甲公司才有权收取 25 000 元的合同对价。假定 A 商品和 B 商品分别构成单项履约义务，其控制权在交付时转移给客户。上述价格均不包含增值税，且假定不考虑相关税费影响。甲公司下列会计处理中正确的有（ ）。
    A. 分摊至 A 商品的合同价款为 5 000 元
    B. 分摊至 B 商品的合同价款为 20 000 元
    C. 2×21 年 3 月 1 日，销售 A 商品应确认合同资产 5 000 元
    D. 2×21 年 3 月 1 日，销售 A 商品应确认应收账款 5 000 元

20. 下列关于商业折扣的表述中，不正确的有（ ）。
    A. 销售企业应当将实际发生的商业折扣计入销售费用
    B. 销售企业应当按照扣除商业折扣后的金额确定销售商品收入金额
    C. 购买企业应按扣除商业折扣后的含税价款计入应付账款
    D. 购买企业应当将享受的商业折扣冲减财务费用

21. 下列项目中，应作为单项履约义务的有（ ）。
    A. 企业与客户签订合同，向其销售商品并提供安装服务，该安装服务简单，除该企业外其他供应商也可以提供此类安装服务
    B. 企业与客户签订合同，向其销售商品并提供安装服务，该安装服务复杂且商品需要按客户定制要求修改
    C. 酒店管理服务
    D. 保洁服务

22. 下列各项中，应按收入准则进行会计处理的有（ ）。
    A. 销售商品 B. 提供服务
    C. 出租无形资产收取的租金 D. 进行股权投资取得的现金股利

23. 下列各项中，属于工业企业营业收入的有（ ）。
    A. 债权投资的利息收入 B. 出租无形资产的租金收入
    C. 销售产品取得的收入 D. 出售无形资产的净收益

24. 确认收入包括识别与客户订立的合同，下列关于合同的说法正确的有（ ）。
    A. 合同可以是书面形式
    B. 合同不能以口头形式订立
    C. 合同可以基于商业惯例订立
    D. 合同的订立需有法律约束力的权利义务

25. 下列关于企业应当在客户取得相关商品控制权时确认收入的说法中,正确的有( )。
   A. 合同各方已批准该合同并承诺将履行各自义务
   B. 该合同有明确的与所转让商品相关的支付条款,且具有商业实质
   C. 企业因向客户转让商品而有权取得的对价极可能收回
   D. 该合同具有商业实质,并且合同明确了合同各方与所转让商品相关的权利和义务

26. 下列各项交易中,属于具有商业实质的有( )。
   A. 甲公司以存货与乙公司固定资产进行交换
   B. 甲公司以长期股权投资与乙公司无形资产进行交换
   C. 甲公司以固定资产与乙公司在建工程进行交换
   D. 甲公司以无形资产与乙公司存货进行交换

27. 下列关于履约义务的说法中,正确的有( )。
   A. 履约义务是指合同中企业向客户转让可明确区分商品的承诺
   B. 履约义务只包括合同中明确的承诺,而未在合同中明确的不属于履约义务
   C. 企业为履行合同而应开展的初始活动通常不构成履约义务
   D. 企业向客户转让一系列实质相同且转让模式相同的、可明确区分商品的承诺也应当作为单项履约义务

28. 下列各项中,属于企业应在某一时段履行履约义务的情形有( )。
   A. 客户在企业履约的同时即取得并消耗企业履约所带来的经济利益
   B. 客户能够控制企业履约过程中在建的商品
   C. 企业履约过程中所产出的商品不具有不可替代用途
   D. 企业在整个合同期间内无权就累计至今已完成的履约部分收取款项

29. 下列各项中,属于企业在判断客户是否已取得商品控制权时应当考虑的迹象有( )。
   A. 客户已接受该商品
   B. 客户已拥有该商品的法定所有权
   C. 客户就该商品负有现时付款义务
   D. 客户已实物占有该商品

30. 下列各项中,属于合同履约成本的有( )。
   A. 销售人员佣金   B. 直接人工成本
   C. 直接材料成本   D. 由客户承担的场地整理费

31. 下列各项中,表明企业履约过程中所产出的商品具有不可替代用途的有( )。
   A. 企业与客户签订的商品房买卖合同约定购买的某套住宅
   B. 企业与客户签订的计算机买卖合同约定购买的某型号计算机
   C. 企业与客户签订的专用设备买卖合同约定购买为客户定制的专用设备
   D. 企业与客户签订的保洁服务合同约定在一段期间内为客户提供保洁服务

三、判断题

1. 企业所有者权益增加一定会导致收入的增加。 ( )
2. 企业应当在履行了合同中的履约义务,即在客户取得相关商品所有权时确认收入。 ( )
3. 企业向客户转让一系列实质相同且转让模式相同的、可明确区分商品的承诺,也应当作

为单项履约义务。   （ ）
4. 客户在企业履约的同时即取得并消耗企业履约所带来的经济利益,应确认为在某一时点履行履约义务。   （ ）
5. 企业代第三方收取的款项以及企业预期将退还给客户的款项,应当作为负债进行会计处理,不计入交易价格。   （ ）
6. 对于在某一段时间内履行的履约义务,企业一律在该段时间内按照履约进度确认收入。   （ ）
7. 企业向客户预收销售商品款项的,只有在客户要求其履行剩余履约义务的可能性极低时,才能将上述负债的相关余额转为收入。   （ ）

四、不定项选择题

甲公司为工业企业,系增值税一般纳税人,适用的增值税税率为13%。2×21年12月发生如下经济业务:

(1) 将外购的一批原材料对外销售,取得销售价款35万元,增值税税额为4.55万元,该批原材料的成本为22万元。以上款项已存入银行。

(2) 将自产产品一批用于建设某生产线工程,该批产品成本为160万元,市场售价为200万元。

(3) 将闲置设备与乙公司签订2×22至2×24年短期租赁协议,根据协议规定年租金500万元(含税,税率为13%),当日已收取下年度租金。

(4) 销售一批产品给丙公司,该批产品标价200万元,由于已经陈旧过时,甲公司给予丙公司30%的商业折扣。同时,在合同中约定现金折扣条件为2/10,1/20,N/30(计算现金折扣时不考虑增值税)。

(5) 将自行研发的一项专利权出租给丁公司使用,月租金为10万元(不含税,税率6%),当日已收到本月租金,已知该专利权年摊销额为12万元。

要求:根据上述资料,不考虑其他因素,分析回答下列小题。(答案中金额单位以万元表示)

1. 根据上述资料,下列说法中正确的是(   )。
   A. 销售材料应通过"营业外收入"科目核算
   B. 将自产产品用于工程建设应确认收入
   C. 将设备出租当年无需确认收入
   D. 出租专利权应在当年确认收入

2. 根据资料(2),下列会计处理正确的是(   )。
   A. 借:在建工程   160
         贷:库存商品   160
   B. 借:在建工程   186
         贷:库存商品   160
           应交税费——应交增值税(销项税额)   26
   C. 借:在建工程   226
         贷:主营业务收入   200
           应交税费——应交增值税(销项税额)   26

D. 借：主营业务成本　　　　　　　　　　　　　　　　　　　　160
　　　　　贷：库存商品　　　　　　　　　　　　　　　　　　　　　　160
3. 根据资料(4)，下列说法中正确的是(　　)。
　　A. 甲公司应按200万元确认收入，按60万元确认销售费用
　　B. 甲公司应按扣除商业折扣后的金额确认收入
　　C. 甲公司应按扣除现金折扣后的金额确认收入
　　D. 甲公司实际发生现金折扣时计入财务费用
4. 根据资料(5)，下列会计处理正确的是(　　)。
　　A. 借：银行存款　　　　　　　　　　　　　　　　　　　　　　10.6
　　　　　贷：主营业务收入　　　　　　　　　　　　　　　　　　　　10.6
　　B. 借：银行存款　　　　　　　　　　　　　　　　　　　　　　10.6
　　　　　贷：主营业务收入　　　　　　　　　　　　　　　　　　　　10
　　　　　　　应交税费——应交增值税(销项税额)　　　　　　　　　　0.6
　　C. 借：银行存款　　　　　　　　　　　　　　　　　　　　　　10.6
　　　　　贷：其他业务收入　　　　　　　　　　　　　　　　　　　　10
　　　　　　　应交税费——应交增值税(销项税额)　　　　　　　　　　0.6
　　D. 借：其他业务成本　　　　　　　　　　　　　　　　　　　　12
　　　　　贷：累计摊销　　　　　　　　　　　　　　　　　　　　　　12
5. 根据上述资料，甲公司2×21年12月应确认的收入为(　　)万元。
　　A. 245　　　　　　　　　　　　　　　B. 685
　　C. 185　　　　　　　　　　　　　　　D. 385

知识训练二　费　　用

一、单项选择题

1. 甲公司2×21年5月份发生如下与包装物有关事项：购入包装物一批，支付价款10万元；出租包装物一批，本月租金收入1.5万元，成本摊销额1万元；随同商品出售单独计价包装物一批，价款3万元，成本2万元。假定不考虑相关税费，则甲公司本月应确认的其他业务成本的金额为(　　)万元。
　　A. 2　　　　　　　　　　　　　　　　B. 3
　　C. 3.5　　　　　　　　　　　　　　　D. 14.5

2. 2×21年2月，某企业发生自用房地产应交房产税2 000元、应交增值税10 000元、车船税3 000元、城镇土地使用税1 500元、消费税16 000元，支付印花税800元。不考虑其他因素，该企业当月应记入"税金及附加"科目的金额为(　　)元。
　　A. 5 800　　　　　　　　　　　　　　B. 7 300
　　C. 23 300　　　　　　　　　　　　　D. 26 000

3. 某企业2×21年11月发生以下经济业务：支付专设销售机构固定资产修理费3万元；代垫销售商品运杂费2万元；支付受托方代销商品手续费10万元；结转随同商品出售单独

计价包装物成本 5 万元,预计本月已销商品质量保证损失 1 万元,支付诉讼费 0.8 万元。该企业 11 月份应计入销售费用的金额为( )万元。
A. 16
B. 16.8
C. 14
D. 14.8

4. 某企业 2×21 年 3 月支付给管理人员的工资 50 万元,业务招待费 20 万元,展览费 30 万元,违约金 5 万元。该企业 3 月份计入管理费用的金额为( )万元。
A. 5.5
B. 50
C. 70
D. 100

5. 企业 2×21 年 3 月份发生如下费用:计提生产车间固定资产折旧 5 万元,发生业务招待费 10 万元,发放生产工人工资 9 万元,管理人员工资 4 万元,预计产品质量保证损失 2 万元,广告费 7 万元,商品维修费 8 万元。则企业本月应确认销售费用的金额为( )万元。
A. 17
B. 19
C. 22
D. 31

6. 企业向银行借入生产经营用短期借款,其利息应计入( )。
A. 制造费用
B. 财务费用
C. 管理费用
D. 在建工程

7. 下列各项中,不应计入销售费用的是( )。
A. 已售商品预计保修费用
B. 为推广新产品而发生的广告费用
C. 随同商品出售且单独计价的包装物成本
D. 随同商品出售而不单独计价的包装物成本

8. 下列费用中,不属于管理费用列支范围的是( )。
A. 出借包装物的摊销
B. 董事会会费
C. 管理用无形资产摊销费用
D. 业务招待费

9. 超支的业务招待费应计入( )。
A. 销售费用
B. 其他业务成本
C. 营业外支出
D. 管理费用

10. 某企业为增值税一般纳税人,2×21 年应交各种税金为:增值税 350 万元,消费税 150 万元,城市维护建设税 35 万元,房产税 10 万元,车船税 5 万元,所得税 250 万元。上述各项税金应计入"税金及附加"科目的金额为( )万元。
A. 5
B. 200
C. 50
D. 185

11. 下列各项中,应在发生时不直接确认为期间费用的是( )。
A. 管理人员工资支出
B. 广告费支出
C. 固定资产安装工人工资支出
D. 专设销售机构的职工工资支出

12. 下列各项中,不属于费用的是( )。
A. 销售商品等经常性活动发生的成本
B. 预计产品质量保修费用
C. 企业发生的现金折扣
D. 因违约支付的赔偿款

13. 某企业2×21年3月份发生的费用有：计提车间用固定资产折旧10万元，发生车间管理人员工资40万元，支付广告费用30万元，预提短期借款利息20万元。则该企业当期的期间费用总额为（　　）万元。
    A. 50　　　　　　　　　　　　　　B. 60
    C. 100　　　　　　　　　　　　　 D. 110

14. 甲企业为增值税一般纳税人，销售库存商品一批，收到价款340万元，该批商品成本200万元，已提存货跌价准备50万元，则应结转的销售成本为（　　）万元。
    A. 340　　　　　　　　　　　　　 B. 150
    C. 140　　　　　　　　　　　　　 D. 200

15. 下列关于费用的表述中，错误的是（　　）。
    A. 费用是指企业在非日常活动中发生的
    B. 费用会导致所有者权益减少
    C. 费用包括成本费用和期间费用
    D. 期间费用包括销售费用、管理费用和财务费用

16. 某企业2×21年12月份发生如下事项：销售M商品的同时出售不单独计价的包装物的成本为5万元；计提管理用无形资产的摊销额为1万元，出租包装物的摊销额为0.5万元。则该企业2×21年12月份应计入其他业务成本的金额为（　　）万元。
    A. 8.5　　　　　　　　　　　　　　B. 0.5
    C. 8　　　　　　　　　　　　　　　D. 6.5

17. 东亚集团2×21年9月实际应交纳增值税170万元，消费税220万元，适用的城市维护建设税税率为7%，教育费附加税率为3%，则东亚集团9月份应确认税金及附加的金额为（　　）万元。
    A. 39　　　　　　　　　　　　　　B. 242
    C. 259　　　　　　　　　　　　　 D. 429

18. 下列各项中，不应计入其他业务成本的是（　　）。
    A. 短期出租设备计提的折旧额
    B. 出借包装物的成本摊销额
    C. 出售原材料结转的成本
    D. 随同商品出售单独计价的包装物成本

19. 企业专设销售机构固定资产的折旧费应记入（　　）科目。
    A. "其他业务成本"　　　　　　　　B. "制造费用"
    C. "销售费用"　　　　　　　　　　D. "管理费用"

20. 下列各项中，属于企业"营业成本"核算内容的是（　　）。
    A. 委托方委托代销商品支付的手续费
    B. 非房地产开发企业销售不动产缴纳的土地增值税
    C. 出售无形资产的账面价值
    D. 出租包装物的摊销额

21. 企业发生的下列各项税费中，不通过"税金及附加"科目核算的是（　　）。
    A. 销售自产消费品缴纳的消费税　　B. 销售商品交纳的教育费附加

C. 自用房产交纳的房产税　　　　　　D. 销售商品交纳的增值税

22. 下列各项中,不应计入企业财务费用的是(　　)。
A. 支付的发行股票手续费　　　　　　B. 支付的银行结算手续费
C. 支付的银行承兑汇票手续费　　　　D. 确认的短期借款利息费用

23. 下列关于企业管理费用的表述中,不正确的是(　　)。
A. 管理费用是企业为组织和管理企业生产经营发生的费用
B. 企业发生的董事费不计入管理费用
C. 商品流通企业管理费用不多的,可以不设置"管理费用"科目,相关内容的核算记入"销售费用"科目
D. 生产车间的日常维修费计入管理费用

24. 企业发生的诉讼费用应计入(　　)。
A. 销售费用　　　　　　　　　　　　B. 管理费用
C. 利润分配　　　　　　　　　　　　D. 营业外支出

25. 下列各项中,应列入利润表"税金及附加"项目的是(　　)。
A. 进口原材料应交的关税
B. 购进生产设备应交的增值税
C. 购入土地使用权交纳的契税
D. 销售自产应税消费品应交的消费税

26. 下列人员工资薪金直接计入期间费用的是(　　)。
A. 工程人员工资　　　　　　　　　　B. 提供服务人员的工资
C. 生产车间管理人员的工资　　　　　D. 财务人员的工资

27. 下列各项中,企业不应确认为管理费用的是(　　)。
A. 计提的行政管理人员社会保险费　　B. 计提的行政管理人员住房公积金
C. 计提应付行政管理人员的福利费　　D. 代垫的行政管理人员医药费

28. 下列各项中,应在企业"销售费用"科目核算的是(　　)。
A. 销售商品发生的现金折扣
B. 购入原材料支付的运费
C. 预计产品质量保证损失
D. 随同商品出售单独计价的包装物成本

29. 下列关于费用的表述中,不正确的是(　　)。
A. 费用的增加会减少企业的负债
B. 费用的增加会导致企业所有者权益的减少
C. 费用会导致经济利益流出企业
D. 费用是企业日常活动中发生的

30. 下列各项中,属于企业发生的损失的是(　　)。
A. 企业预计产品质量保证损失
B. 企业发生的汇兑损失
C. 企业支付的税收滞纳金
D. 企业存货管理不善导致的盘亏损失

二、多项选择题

1. 下列各项中,可以计入管理费用的有( )。
   A. 企业在筹建期间内发生的开办费
   B. 生产车间使用固定资产计提的折旧费
   C. 行政管理部门计提的固定资产折旧费
   D. 按规定计算确定的应交印花税

2. 下列各项中,属于工业企业"其他业务成本"核算内容的有( )。
   A. 随同产品出售不单独计价的包装物的成本
   B. 出租无形资产支付的服务费
   C. 销售材料结转的材料成本
   D. 出售无形资产结转的无形资产的摊余价值

3. 下列各项中,应作为企业期间费用核算的有( )。
   A. 固定资产报废净损失 B. 产品质量保证损失
   C. 汇兑损失 D. 捐赠支出

4. 下列关于费用和损失的说法中,正确的有( )。
   A. 费用是在企业非日常活动中发生的
   B. 损失是在企业日常活动中发生的
   C. 商品维修费、向咨询公司支付的咨询费用、业务费等属于费用
   D. 因违约支付的罚款,因自然灾害造成的财产毁损等属于损失

5. 下列各项中,应计入税金及附加的有( )。
   A. 处置无形资产应交的增值税 B. 销售商品应交的增值税
   C. 销售应税产品的资源税 D. 销售应税消费品应交的消费税

6. 下列各项中,应记入"其他业务成本"项目的有( )。
   A. 出租包装物成本的摊销 B. 出借包装物成本的摊销
   C. 随同产品出售单独计价的包装物成本 D. 收取包装物押金

7. 企业购进货物发生的下列相关税金中,应计入货物取得成本的有( )。
   A. 签订购买合同缴纳的印花税
   B. 小规模纳税人外购材料交纳的增值税
   C. 进口商品支付的关税
   D. 一般纳税人购进生产设备支付的增值税

8. 下列各项中,应计入财务费用的有( )。
   A. 短期借款利息费用 B. 现金折扣
   C. 支付的发行股票手续费 D. 贴现手续费

9. 下列各项中,属于费用的有( )。
   A. 主营业务成本 B. 其他业务成本
   C. 地震造成的存货毁损 D. 税金及附加

10. 下列各项中,应确认为企业利得的有( )。
   A. 原材料的盘盈 B. 出租厂房取得的收入
   C. 接受非关联方现金捐赠 D. 无法查明原因的现金溢余

11. 下列各项中,应计入主营业务成本的有( )。
    A. 暴雨导致商品毁损的成本
    B. 非流动资产毁损报废损失
    C. 工业企业销售自产产品的成本
    D. 服务企业提供劳务所发生的成本

12. 下列关于管理费用会计处理的表述中,正确的有( )。
    A. 行政管理部门发生的固定资产修理费用计入管理费用
    B. 技术转让费计入管理费用
    C. 行政管理部门职工工资及福利费计入管理费用
    D. 转销确实无法支付的应付账款应冲减管理费用

13. 企业发生的下列事项中,通过主营业务成本核算的有( )。
    A. 工业企业销售产品结转的产品成本
    B. 安装公司提供安装服务发生的支出
    C. 工业企业出租固定资产发生的折旧
    D. 租赁公司短期出租固定资产发生的折旧

14. 下列各科目,年末应无余额的有( )。
    A. 管理费用
    B. 所得税费用
    C. 本年利润
    D. 长期待摊费用

15. 下列关于费用的特点,说法正确的有( )。
    A. 费用是企业在日常活动中发生的经济利益总流出
    B. 费用会导致所有者权益的减少
    C. 费用与向所有者分配利润无关
    D. 费用与向所有者分配利润有关

16. 下列各项中,应列入利润表"营业成本"项目的有( )。
    A. 销售商品的成本
    B. 销售材料的成本
    C. 出租非专利技术的摊销额
    D. 支付的违约金

三、判断题

1. 企业发生的增值税、消费税、教育费附加等均应计入税金及附加。( )
2. 随同商品出售,不单独计价的包装物成本计入其他业务成本。( )
3. 企业在销售产品过程中发生的商业折扣以及现金折扣实质上是一种促销手段,均应计入销售费用。( )
4. 房地产开发企业销售房地产交纳的土地增值税应记入"固定资产清理"科目。( )
5. 财务部门人员的职工福利费应计入财务费用。( )
6. 企业将自产的应税矿产品对外销售,按规定应交纳的资源税计入相关资产成本。( )
7. 导致经济利益流出的支出都构成费用。( )
8. 企业发生的与专设销售机构相关的固定资产修理费用属于期间费用。( )
9. 主营业务成本按主营业务的种类进行明细核算,期末,将主营业务成本转入本年利润科目,结转后本科目无余额。( )
10. 税金及附加是指企业经营活动应负担的相关税费,包括消费税、城市维护建设税、增值税和资源税等。( )

11. 费用包括成本费用和期间费用,成本费用计入有关核算对象的成本,而期间费用直接计入当期损益。 ( )
12. 企业销售应税消费品交纳的消费税通过"税金及附加"科目核算。 ( )
13. 企业发生的借款利息费用均计入财务费用。 ( )
14. 制造费用和管理费用都是本期发生的费用,均影响当期损益。 ( )
15. 费用是企业日常经营活动中所产生的经济利益的总流出。 ( )

知识训练三　利　　润

一、单项选择题

1. 下列各项中,不应计入营业外支出的是( )。
   A. 捐建希望小学支出　　　　　　　B. 税收罚款支出
   C. 诉讼案件败诉支付的赔偿费　　　D. 产品保修发生的维修费

2. 在计算企业所得税应纳税所得额时,允许扣除的职工福利支出,不超过企业工资、薪金总额的( )。
   A. 5%　　　　　　　　　　　　　　B. 10%
   C. 14%　　　　　　　　　　　　　D. 25%

3. 某公司2×21年度营业收入为5 000万元,营业成本为3 500万元,税金及附加为612万元,资产减值损失为60万元,营业外收入为10万元,营业外支出为30万元(其中税收滞纳金为5万元),适用的所得税税率为25%,则该公司应当确认的应交所得税为( )万元。
   A. 203.25　　　　　　　　　　　　B. 202
   C. 609.75　　　　　　　　　　　　D. 606

4. 下列各项中,不影响利润表"所得税费用"项目金额的是( )。
   A. 当期应交所得税　　　　　　　　B. 递延所得税资产
   C. 递延所得税负债　　　　　　　　D. 代扣代缴的个人所得税

5. A企业2×20年度利润总额为600万元,其中本年度国债利息收入6万元,企业所得税税率为25%。假定不考虑其他因素,该企业2×20年度应交所得税税额为( )万元。
   A. 400　　　　　　　　　　　　　　B. 148.5
   C. 150　　　　　　　　　　　　　　D. 498

6. 某公司因雷电造成损失共计250万元,其中流动资产100万元,非流动资产150万,获得保险公司赔偿80万元,计入营业外支出的金额为( )万元。
   A. 250　　　　　　　　　　　　　　B. 170
   C. 150　　　　　　　　　　　　　　D. 100

7. 某企业2×20年度的利润总额为910万元,其中包括本年收到的国库券利息收入10万元;税法规定当期可以扣除的业务招待费标准为200万元,实际发生的业务招待费为300万元,企业所得税税率为25%。该企业2×20年应交的所得税为( )万元。
   A. 225　　　　　　　　　　　　　　B. 250

C. 222.5 D. 275

8. 某企业2×20年应纳税所得额为1 000万元,适用的所得税税率为25%。递延所得税资产年初余额为200万元,年末余额为210万元;递延所得税负债年初余额为180万元,年末余额为210万元。假定递延所得税的发生额只影响所得税费用,该企业2×20年应确认的所得税费用的金额为( )万元。
   A. 250 B. 230
   C. 1020 D. 270

9. 一般企业处置投资或股票取得的净收益计入( )。
   A. 资本公积 B. 营业外收入
   C. 投资收益 D. 公允价值变动损益

10. 下列情形报经批准后计入营业外支出的是( )。
    A. 结转售出材料的成本 B. 采购原材料运输途中合理损耗
    C. 管理原因导致的原材料盘亏 D. 自然灾害导致的原材料损失

11. 企业转销确实无法支付的应付账款,应按其账面余额转入( )科目。
    A. "管理费用" B. "其他业务收入"
    C. "财务费用" D. "营业外收入"

12. A公司2×21年年初未分配利润为80万元,2×21年度利润总额为480万元,所得税费用为125万元,按税后利润的10%和5%提取法定盈余公积和任意盈余公积,向投资者宣告分配现金股利100万元。A公司2×21年年末的未分配利润余额为( )万元。
    A. 381.75 B. 201.75
    C. 281.75 D. 335

13. 在表结法下,年末结账后下列会计科目有余额的是( )。
    A. 主营业务收入 B. 所得税费用
    C. 本年利润 D. 利润分配——未分配利润

14. 下列有关企业期末结转利润的说法中,不正确的是( )。
    A. 在表结法下,各损益类科目每月月末只需结计出本月发生额和月末累计额
    B. 表结法下,年中损益类科目无需结转入"本年利润"科目
    C. 账结法下,每月月末不需编制转账凭证
    D. 账结法相对于表结法而言,增加了转账环节和工作量

15. 下列账户中,不能转入"本年利润"账户借方的是( )。
    A. 生产成本 B. 主营业务成本
    C. 管理费用 D. 财务费用

16. 甲公司2×21年应交所得税30万元;年初的递延所得税资产和递延所得税负债为10万元和5万元;年末的递延所得税资产和递延所得税负债余额分别为15万元和10万元。甲公司2×21年应确认的所得税费用金额为( )万元。
    A. 30 B. 35
    C. 40 D. 25

17. 甲企业2×21年度实现的主营业务收入2 000万元,发生的主营业务成本1 600万元,其他业务收入800万元,其他业务成本600万元,生产成本150万元,计提的固定资产减值

损失120万元。假定不考虑其他因素,则甲企业2×21年12月31日"本年利润"科目余额为( )万元。

  A. 600   B. 330

  C. 480   D. 450

18. 期末,将主营业务成本的余额转入( )科目,结转后主营业务成本科目无余额。

  A. 本年利润   B. 库存商品

  C. 合同履约成本   D. 其他业务成本

19. 下列各项中,不影响利润表中营业利润的是( )。

  A. 对产成品计提的资产减值损失   B. 无法查明原因的现金短缺

  C. 管理不善导致原材料盘亏净损失   D. 地震造成产品的毁损净损失

20. A公司2×20年度应纳税所得额为200万元,递延所得税负债期初余额为5万元,期末余额为10万元,递延所得税资产的期初余额为8万元,期末无余额。A公司适用的企业所得税税率为25%,则A公司2×20年度应确认的所得税费用为( )万元。

  A. 63   B. 50

  C. 37   D. 68

21. 甲公司2×20年度税前会计利润为9 900万元,所得税税率为25%。甲公司全年实发工资、薪金总额为1 000万元,职工福利费为150万元。经查,甲公司当年营业外支出中有60万元为税收滞纳罚金。假定甲公司全年无其他纳税调整因素。税法规定,企业发生的合理的工资、薪金支出准予据实扣除;企业发生的职工福利费支出,不超过工资、薪金总额14%的部分准予扣除;企业发生的税收滞纳金不允许扣除。则甲公司2×20年的净利润为( )万元。

  A. 9 970   B. 2 492.5

  C. 7 407.5   D. 7 425

22. 2×21年12月20日,某企业销售商品开出的增值税专用发票上注明价款为500万元,增值税税额为65万元,全部款项已收存银行。该商品的成本为450万元,并结转相应的跌价准备金额为10万元。不考虑其他因素,该业务使企业2×21年12月营业利润增加( )万元。

  A. 50   B. 60

  C. 63   D. 45

23. 下列各项中,影响企业当期营业利润的是( )。

  A. 台风导致原材料毁损的净损失   B. 现金短缺无法查明原因的部分

  C. 报废房屋的净损失   D. 向灾区捐赠商品的成本

24. 下列交易或事项中,不影响企业当期利润总额的是( )。

  A. 结转出售存货的成本   B. 计提无形资产减值准备

  C. 固定资产盘盈   D. 非关联方捐赠利得

25. 下列各项经济业务中,应在"营业外收入"科目中核算的是( )。

  A. 出租包装物取得的收入   B. 接受非关联方现金捐赠

  C. 固定资产盘盈   D. 存货盘盈

26. 下列各项经济业务中,不应记入"营业外支出"科目的是( )。

A. 行政罚款损失　　　　　　　　　　B. 无形资产报废净损失
C. 无法查明原因的现金盘亏损失　　　D. 固定资产盘亏损失

27. 2×21年度甲公司营业收入5 020万元,营业成本3 500万元,税金及附加120万元,期间费用合计320万元,资产减值损失50万元,营业外收入100万元,营业外支出10万元(其中行政罚款2万元),适用的企业所得税税率为25%,则甲公司应当确认的所得税费用为(　　)万元。
   A. 280.5　　　　　　　　　　　　B. 281
   C. 257.5　　　　　　　　　　　　D. 258

28. 2×21年度A公司应纳税所得额为2 000万元,递延所得税资产期初余额为100万元,期末余额为70万元,递延所得税负债期初余额为20万元,期末余额为0万元,A公司适用的企业所得税税率为25%,则A公司2×21年度应确认的所得税费用为(　　)万元。
   A. 500　　　　　　　　　　　　　B. 510
   C. 520　　　　　　　　　　　　　D. 530

29. 某企业本期营业收入1 000万元,营业成本800万元,管理费用50万元,销售费用15万元,资产减值损失20万元,投资收益45万元,营业外收入18万元,营业外支出13万元,所得税费用32万元。假定不考虑其他因素,该企业本期营业利润为(　　)万元。
   A. 123　　　　　　　　　　　　　B. 200
   C. 160　　　　　　　　　　　　　D. 155

30. 2×21年度甲公司利润总额为100万元,适用所得税税率为25%,2×20年发生亏损20万元。当年无任何纳税调整事项,该公司按10%计提法定盈余公积,则当年甲公司应计提的法定盈余公积为(　　)万元。
   A. 6　　　　　　　　　　　　　　B. 7.5
   C. 6.5　　　　　　　　　　　　　D. 10

二、多项选择题

1. 下列各项中,应计入营业外收入的有(　　)。
   A. 大型设备出售净收益　　　　　　B. 存货收发计量差错形成的盘盈
   C. 接受捐赠利得　　　　　　　　　D. 无法支付的应付账款

2. 下列关于结转本年利润账结法的表述中,正确的有(　　)。
   A. "本年利润"科目本年余额反映本年累计实现的净利润或发生的亏损
   B. 各月均可通过"本年利润"科目提供当月及本年累计的利润(或亏损)额
   C. 年末时需将各损益类科目的全年累计余额结转入"本年利润"科目
   D. 每月月末各损益类科目需将本月的余额结转入"本年利润"科目

3. 下列各项目中,使本期所得税费用增加的有(　　)。
   A. 本期应交所得税　　　　　　　　B. 本期递延所得税资产借方发生额
   C. 本期递延所得税负债借方发生额　D. 本期递延所得税负债贷方发生额

4. 应纳税所得额的主要来源有(　　)。
   A. 税前会计利润　　　　　　　　　B. 纳税调整增加额
   C. 纳税调整减少额　　　　　　　　D. 以上都是

5. 下列各项中,可能引起应纳税所得额调整的有(　　)。
   A. 滞纳金罚款　　　　　　　　　　　B. 非公益性捐赠
   C. 业务招待费　　　　　　　　　　　D. 国债利息收入

6. 下列各项中,期末需要转入"本年利润"科目的有(　　)。
   A. 主营业务收入　　　　　　　　　　B. 主营业务成本
   C. 生产成本　　　　　　　　　　　　D. 制造费用

7. 下列各项中,属于直接计入当期利润的利得或损失的有(　　)。
   A. 财务费用　　　　　　　　　　　　B. 营业外支出
   C. 营业外收入　　　　　　　　　　　D. 销售费用

8. 下列各项中,属于纳税调整减少事项的有(　　)。
   A. 企业以前年度未弥补亏损(前五年内)　B. 国债利息收入
   C. 税收罚款　　　　　　　　　　　　D. 税收滞纳金

9. 下列关于期末结转本年利润"账结法"的表述中,正确的有(　　)。
   A. 每月月末均需要编制结转损益凭证
   B. 与"表结法"相比,减少了转账环节和相应的工作量
   C. 每月末将各损益类科目的余额转入"本年利润"科目
   D. "本年利润"科目可以提供当月及本年累计的利润(或亏损)额

10. 会计期末结转本年利润的方法主要有(　　)。
    A. 表结法　　　　　　　　　　　　　B. 账结法
    C. 品种法　　　　　　　　　　　　　D. 分批法

11. 下列各项中,按规定应记入"营业外支出"科目的有(　　)。
    A. 固定资产出售净损失　　　　　　　B. 自然灾害存货毁损净损失
    C. 固定资产盘亏净损失　　　　　　　D. 计提的固定资产减值准备

12. 企业发生的下列交易或事项不会直接影响企业营业利润的有(　　)。
    A. 进口环节缴纳的关税　　　　　　　B. 固定资产盘亏
    C. 诉讼费　　　　　　　　　　　　　D. 计提的坏账准备

13. 下列会计科目中,期末余额应结转到"本年利润"科目的有(　　)。
    A. 所得税费用　　　　　　　　　　　B. 资产减值损失
    C. 投资收益　　　　　　　　　　　　D. 其他收益

14. 下列各项中,影响利润表"所得税费用"项目金额的有(　　)。
    A. 当期应交所得税　　　　　　　　　B. 递延所得资产
    C. 递延所得税负债　　　　　　　　　D. 代扣代缴的个人所得税

三、判断题

1. "本年利润"科目借方余额代表企业亏损,贷方余额代表企业盈利。　　　　(　　)
2. 营业外收入是指企业发生的与其日常活动无直接关系的各项利得。　　　　(　　)
3. 公益性捐赠支出应当计入营业外支出。　　　　　　　　　　　　　　　　(　　)
4. 企业采用账结法结转本年利润的,年度内每月月末损益类科目发生额合计数和月末累计余额无需转入"本年利润"科目,但要将其填入利润表,在年末时将损益类科目全年累

计余额转入"本年利润"科目。   （   ）
5. 年度终了,如果企业发生亏损,不能将"本年利润"科目的本年累计余额转入"利润分配——未分配利润"科目。   （   ）
6. 账结法下,各损益类科目每月月末只需结计出本月发生额和月末累计余额,不结转到"本年利润"科目,只有在年末时才将全年累计余额结转入"本年利润"科目。（   ）
7. 本期所得税费用与本期应交所得税相等。   （   ）
8. 利润总额扣除本期应交所得税,即为本期净利润。   （   ）
9. 年度终了,"未分配利润"和"利润分配"科目下的其他明细科目应当无余额。（   ）
10. 递延所得税包括递延所得税资产与递延所得税负债。   （   ）
11. 企业当期所得税可能等于所得税费用。   （   ）
12. 企业须在月末将本年利润的余额结转至"利润分配——分配利润"科目。（   ）
13. 企业根据企业会计准则规定,计算确定的当期所得税费用和递延所得税费用之和,即为应当从当期利润总额中扣除的所得税费用。   （   ）
14. 营业外支出是指企业发生的与其日常活动无直接关系的各项损失。   （   ）
15. 企业的利得或损失是非日常活动中形成的。   （   ）
16. "本年利润"科目借方余额代表企业累计亏损,贷方余额代表企业累计盈利。（   ）

四、不定项选择题

甲企业为增值税一般纳税人,适用的增值税税率为13%,销售商品和安装服务均为主营业务。发出商品成本按月末一次加权平均法计算,原材料采用计划成本核算。2×21年12月该企业发生如下经济业务:

(1) 1日,库存商品结存数量1 000件,单位生产成本为21元;本月生产完工验收入库商品2 000件,单位生产成本为24元;本月发出商品2 800件,其中2 000件符合收入确认条件并已确认收入,其余部分未满足收入确认条件。

(2) 15日,将仓库积压的一批原材料出售,开具的增值税专用发票上注明售价为20 000元,增值税税额为2 600元,款项已存入银行。该批原材料的计划成本为18 000元,材料成本差异率为-2%。

(3) 20日,将自产的空气净化器作为福利发放给专设销售机构的30名职工,每人1台,每台不含增值税的市场售价为15 000元,生产成本为10 000元。

(4) 31日,本月月初与乙企业签订一项安装工程合同,合同总价款为160 000元,合同签订时预收服务款60 000元,至月末累计发生服务支出60 000元,工程尚未完工,预计至完工还需要发生服务支出40 000元,属于在某一时段内履行的履约义务,履约进度不能合理估计,企业发生的成本预计能够得到补偿。

要求:根据上述资料,不考虑其他因素,分析回答下列小题。

1. 根据资料(1),甲企业会计处理结果正确的是(   )。
   A. 月末结转的商品销售成本为64 400元
   B. 本月发出商品的单位成本为23元
   C. 本月发出商品的单位成本为21元
   D. 月末结转的商品销售成本为46 000元

2. 根据资料(2),甲企业应结转的原材料实际成本为( )元。
   A. 18 000 B. 17 640
   C. 18 360 D. 20 000

3. 根据资料(3),甲企业会计处理正确的是( )。
   A. 确认空气净化器作为福利时：
      借：销售费用   358 500
          贷：应付职工薪酬——非货币性福利   358 500
   B. 发放空气净化器时：
      借：应付职工薪酬——非货币性福利   358 500
          贷：库存商品   300 000
              应交税费——应交增值税(销项税额)   58 500
   C. 发放空气净化器时：
      借：应付职工薪酬——非货币性福利   508 500
          贷：主营业务收入   450 000
              应交税费——应交增值税(销项税额)   58 500
      借：主营业务成本   300 000
          贷：库存商品   300 000
   D. 确认空气净化器作为福利时：
      借：销售费用   508 500
          贷：应付职工薪酬——非货币性福利   508 500

4. 根据资料(4),甲企业安装工程业务的会计处理正确的是( )。
   A. 结转合同履约成本 60 000 元   B. 确认营业收入 60 000 元
   C. 确认营业收入 96 000 元   D. 暂不能确认收入、结转成本

5. 根据资料(1)至(4),甲企业 2×21 年 12 月当月利润表中"营业成本"项目的本期金额为( )元。
   A. 395 610 B. 423 640
   C. 442 760 D. 442 040

第八章 财务报告

知识训练一 概 述

一、单项选择题

1. ( )是能够反映企业某一特定日期财务状况的报表。
   A. 利润表 B. 现金流量表
   C. 所有者权益变动表 D. 资产负债表
2. 财务报告中,反映企业在特定日期的财务状况的财务报表为( )。
   A. 资产负债表 B. 利润表
   C. 现金流量表 D. 所有者权益变动表
3. 下列各项中,不属于企业财务报表的是( )。
   A. 现金流量表 B. 资产负债表
   C. 试算平衡表 D. 附注

二、判断题

1. 附注是对资产负债表、利润表、现金流量表和所有者权益变动表等报表中列示项目的文字描述或明细资料,以及对未能在这些报表中列示项目的说明。( )
2. 现金流量表通常表现为一定时期的经营活动现金流量的增减情况。( )
3. 相同的会计资料即使分别采用不同的账务处理程序,编制的财务报表其结果都是一致的。( )

知识训练二 资产负债表

一、单项选择题

1. 在企业资产负债表中,"固定资产"项目的填列方法正确的是( )。
   A. 固定资产期末余额－累计折旧－固定资产减值准备期末余额＋固定资产清理期末余额
   B. 固定资产期末余额＋固定资产清理期末余额
   C. 固定资产＋在建工程期末余额
   D. 固定资产＋工程物资期末余额
2. 某企业"应收账款"有三个明细账,其中"应收账款——甲企业"明细分类账月末借方余额为 100 000 元,"应收账款——乙企业"明细分类账月末借方余额为 400 000 元,"应收账款——丙企业"明细分类账月末贷方余额为 100 000 元;"预收账款"有两个明细分类账,其中"预收账款——丁公司"明细分类账月末借方余额 55 000 元,"预收账款——戊公司"明细分类账月末贷方余额为 20 000 元;坏账准备月末贷方余额为 3 000 元(均与应收账款相关),则该企业月末资产负债表的"预收款项"项目应为( )元。

A. 517 000 B. 152 000
C. 155 000 D. 120 000

3. 2×20 年 2 月 3 日,甲公司(一般纳税人)购入一台生产用机器设备,共支付价款 240 万元,增值税专用发票上注明的增值税税额为 31.2 万元。该设备的预计使用寿命为 5 年,预计净残值为 10 万元,甲公司采用双倍余额递减法对该设备计提折旧。则甲公司 2×20 年 12 月 31 日资产负债表列示的"固定资产"项目的金额为( )万元。

A. 153.33 B. 160
C. 200 D. 240

4. 关于资产负债表中,"预付款项"项目的填列的说法中,正确的是( )。

A. "预付账款"和"应付账款"科目所属明细科目期末借方余额合计数,减去预付账款计提的坏账准备
B. "预付账款"和"预收账款"科目所属明细科目期末借方余额合计数,减去预付账款计提的坏账准备
C. "预付账款"和"应付账款"科目所属明细科目期末借方余额合计数
D. "预付账款"和"预收账款"科目所属明细科目期末借方余额合计数

5. 企业年末"本年利润"未结转前贷方余额为 17 万元,"利润分配——未分配利润"账户期初贷方余额为 18 万元,本期分配现金股利 12 万元,则当期资产负债表中"未分配利润"项目金额应为( )万元。

A. 35 B. 23
C. 5 D. 17

6. 资产负债表中作为流动负债列示的是( )。

A. 累计折旧 B. 应收利息
C. 一年内到期的非流动负债 D. 应付债券

7. 2×21 年 12 月 31 日,某企业材料采购总账科目借方余额为 20 万元,原材料总账科目借方余额为 25 万元,材料成本差异总账科目贷方余额为 3 万元。不考虑其他因素,该企业资产负债表中存货项目期末余额为( )万元。

A. 48 B. 45
C. 42 D. 22

8. 某企业 2×21 年 10 月 31 日生产成本借方余额 50 000 元,原材料借方余额 30 000 元,材料成本差异贷方余额 500 元,委托代销商品借方余额 40 000 元,工程物资借方余额 10 000 元,存货跌价准备贷方余额 3 000 元,则资产负债表中存货项目的金额为( )元。

A. 116 500 B. 76 500
C. 119 500 D. 86 500

9. 2×21 年 12 月初某企业"应收账款"明细账科目借方余额为 300 万元,相应的"坏账准备"科目贷方余额为 20 万元,本月实际发生坏账损失 6 万元。2×21 年 12 月 31 日经减

值测试,该企业应补提坏账准备11万元。假定不考虑其他因素,2×21年12月31日该企业资产负债表"应收账款"项目的金额为( )万元。
A. 280　　　　　　　　　　　B. 275
C. 274　　　　　　　　　　　D. 269

10. 下列资产负债表项目中,属于非流动资产的是( )。
A. 预付款项
B. 持有待售的非流动资产或持有待售的处置组中的资产
C. 长期应收款
D. 递延收益

11. 2×21年12月31日,乙公司"固定资产"科目余额1 200万元,"累计折旧"科目余额220万元,"在建工程"科目余额589万元,"工程物资"科目余额234万元,"固定资产减值准备"余额89万元。则2×21年12月31日乙公司资产负债表中"固定资产"项目填列的金额为( )万元。
A. 1 480　　　　　　　　　　B. 980
C. 891　　　　　　　　　　　D. 1 714

12. 2×20年12月31日,甲公司固定资产的科目余额为500万元,累计折旧科目余额为100万,固定资产减值准备科目余额为30万元,该企业2×20年资产负债表中的固定资产项目的金额为( )。
A. 500万元　　　　　　　　　B. 470万元
C. 400万元　　　　　　　　　D. 370万元

13. 2×20年12月31日,某企业"工程物资"科目的借方余额为200万元,"发出商品"科目的借方余额为50万元,"原材料"科目的借方余额为70万元,"委托代销商品"科目的借方余额为120万元,"材料成本差异"科目的贷方余额为15万元,不考虑其他因素,该企业2×20年12月31日资产负债表中"存货"项目的期末余额为( )万元。
A. 105　　　　　　　　　　　B. 255
C. 225　　　　　　　　　　　D. 425

14. 下列报表中,( )能够反映企业一定时点所拥有的资产、需偿还的债务,以及投资者所拥有的净资产的情况。
A. 资产负债表　　　　　　　　B. 利润表
C. 所有者权益变动表　　　　　D. 附注

15. 资产负债表中资产项目的排列依据是( )。
A. 金额大小　　　　　　　　　B. 流动性大小
C. 收益率高低　　　　　　　　D. 重要性大小

16. 2×20年8月1日,甲公司开始研究开发一项技术,当月共发生研发支出54万元,其中,费用化的金额23万元,符合资本化条件的金额31万元。12月末,研发活动尚未完成。该企业2×20年12月31日应计入资产负债表"开发支出"项目的金额为( )万元。
A. 0　　　　　　　　　　　　B. 54
C. 23　　　　　　　　　　　　D. 31

17. 下列关于财务报表的说法中,不正确的是( )。
A. 一套完整的财务报表至少应当包括资产负债表、利润表、现金流量表和所有者权益

变动表
B. 资产负债表反映企业在某一特定日期的财务状况
C. 利润表反映企业在一定会计期间的经营成果
D. 所有者权益变动表反映构成所有者权益各组成部分当期增减变动情况

18. 企业银行本票存款10万元,商业承兑汇票8万元,库存现金15万元,银行结算账户存款40万元,则企业资产负债表中"货币资金"项目的金额为( )万元。
    A. 18 B. 65
    C. 55 D. 50

19. 下列资产负债表项目中,可以按总账科目余额直接填列的是( )。
    A. 其他应收款 B. 在建工程
    C. 资本公积 D. 固定资产

20. 下列有关资产负债表的相关说法中,正确的是( )。
    A. 资产负债表是反映企业某一特定日期的财务状况的报表
    B. 资产负债表是反映企业在一定会计期间的经营成果的报表
    C. 资产负债表是反映构成所有者权益各组成部分当期增减变动情况的报表
    D. 资产负债表是反映在某一特定日期企业所承担的、预期会导致经济利益流出企业的现时义务

21. 下列项目中,属于资产负债表中非流动资产项目的是( )。
    A. 应收股利 B. 存货
    C. 长期借款 D. 工程物资

22. 下列资产负债表项目中,应根据明细科目余额计算填列的是( )。
    A. 短期借款 B. 在建工程
    C. 预收款项 D. 货币资金

二、多项选择题

1. 下列各项中,属于企业非流动负债的有( )。
   A. 长期借款 B. 应付债券
   C. 应付票据 D. 其他应付款

2. 下列资产负债表项目中,应根据有关科目余额减去备抵科目余额后的净额填列的有( )。
   A. 短期借款 B. 应收账款
   C. 固定资产 D. 无形资产

3. 资产负债表中"期末余额"栏的填列方法,主要有( )。
   A. 根据几个总账科目的期末余额的合计数填列
   B. 根据有关科目的余额减去其备抵科目余额后的净额填列
   C. 根据明细科目的余额计算填列
   D. 直接根据各自的总账科目的期末余额填列

4. 下列各项中,在资产负债表中"非流动负债"项目下列示的有( )。
   A. 递延所得税负债 B. 预计负债

C. 递延收益 D. 一年内到期的长期借款

5. 下列资产负债表项目中,属于非流动资产的有( )。
A. 长期股权投资 B. 交易性金融资产
C. 无形资产 D. 开发支出

6. 下列资产负债表各项目中,应根据有关科目余额减去备抵科目余额后的金额填列的有( )。
A. 固定资产 B. 在建工程
C. 其他非流动资产 D. 无形资产

7. 下列关于流动负债的说法中,正确的有( )。
A. 预计在一个正常营业周期中清偿
B. 主要为交易目的而持有
C. 自资产负债表日起一年内(不含一年)到期应予以清偿
D. 企业有权自主地将清偿推迟至资产负债表日后一年以上

8. 下列各项中,根据总账科目余额直接填列的有( )。
A. 应收账款 B. 资本公积
C. 短期借款 D. 长期借款

9. 下列各科目的期末余额,应在资产负债表"存货"项目列示的有( )。
A. 工程物资 B. 生产成本
C. 受托代销商品款 D. 发出商品

10. 在填列资产负债表时,以下表达正确的有( )。
A. 应付账款项目=应付账款所属明细账贷方余额+预付账款所属明细账贷方余额
B. 预付款项项目=应付账款所属明细账借方余额+预付账款所属明细账借方余额-和预付账款相关的坏账准备期末余额
C. 应收账款项目=应收账款所属明细账借方余额+预收账款所属明细账借方余额-相关的坏账准备期末余额
D. 预收款项项目=应收账款所属明细账贷方余额+预收账款所属明细账贷方余额

11. 下列各项中,不应在资产负债表货币资金项目中列示的有( )。
A. 银行承兑汇票 B. 银行本票存款
C. 商业承兑汇票 D. 交易性金融资产

12. 下列各项中,属于流动资产的有( )。
A. 存货 B. 货币资金
C. 无形资产 D. 一年内到期的非流动资产

13. 下列各项中,影响资产负债表中应收账款项目的有( )。
A. 应收账款所属明细科目借方余额 B. 应收账款计提的坏账准备
C. 预收账款所属明细科目借方余额 D. 预收账款贷方余额

14. 下列关于流动资产的表述中,正确的有( )。
A. 流动资产预计在一个正常营业周期中变现、出售或耗用
B. 流动资产主要为交易目的而持有
C. 流动资产预计在资产负债表日起一年内(不含一年)变现

D. 流动资产是自资产负债表日起一年内交换其他资产或清偿负债的能力不受限制的现金或现金等价物

15. 编制资产负债表时,不属于根据明细账科目余额计算填列的项目有（　　）。
    A. 应付股利　　　　　　　　　B. 预收款项
    C. 货币资金　　　　　　　　　D. 长期待摊费用

16. 下列资产负债表项目中,应根据有关科目余额减去其备抵科目余额后的净额填列的有（　　）。
    A. 无形资产　　　　　　　　　B. 交易性金融资产
    C. 其他应收款　　　　　　　　D. 工程物资

17. 下列资产负债表项目中,根据总账余额直接填列的有（　　）。
    A. 短期借款　　　　　　　　　B. 实收资本
    C. 应收票据　　　　　　　　　D. 其他应收款

18. 下列账户中可能影响资产负债表"应收账款"项目金额的有（　　）。
    A. 应收账款　　　　　　　　　B. 预收账款
    C. 预付账款　　　　　　　　　D. 坏账准备

19. 下列各项中,在资产负债表"其他应收款"项目中反映的有（　　）。
    A. 应收利息　　　　　　　　　B. 应收票据
    C. 应收股利　　　　　　　　　D. 其他应收款

三、判断题

1. 长期待摊费用的摊销年限只剩一年或不足一年的,或预计在一年内(含一年)进行摊销的部分,不得归类为流动资产,仍在各该非流动资产项目中填列,不转入"一年内到期的非流动资产"项目。　　　　　　　　　　　　　　　　　　　　　　　　　　　（　　）

2. "利润分配"总账的年末余额不一定与相应的资产负债表中"未分配利润"项目的数额一致。　　　　　　　　　　　　　　　　　　　　　　　　　　　　　　　　　　（　　）

3. "资产＝负债＋所有者权益"是静态会计等式,是编制利润表的依据。　　　（　　）

4. "开发支出"项目应当根据"研发支出"科目中所属的"费用化支出"明细科目期末余额填列。　　　　　　　　　　　　　　　　　　　　　　　　　　　　　　　　（　　）

5. 坏账准备科目期末余额有可能在借方,在资产负债表上列示时,应列示于坏账准备项目中。　　　　　　　　　　　　　　　　　　　　　　　　　　　　　　　　（　　）

6. "应交税费"项目,反映企业按照税法规定计算应交纳的各种税费,包括增值税、消费税、车船税、印花税等。　　　　　　　　　　　　　　　　　　　　　　　　　（　　）

7. 资产负债表"上年年末余额"栏内各项数字,应根据上年末资产负债表的"期末余额"栏内所列数字填列。　　　　　　　　　　　　　　　　　　　　　　　　　（　　）

8. 资产负债表中列示的是企业各项资产的本期发生额,利润表列示的是企业各项损益类科目的期初余额和期末余额。　　　　　　　　　　　　　　　　　　　　（　　）

9. 预付账款属于负债类的会计科目,预付款项属于负债类的报表项目。　　　（　　）

10. 分期付款方式购入固定资产和无形资产发生的应付账款在资产负债表中的"应付账款"项目列示。　　　　　　　　　　　　　　　　　　　　　　　　　　　　（　　）

11. "生产成本"科目余额不应该反映在资产负债表中,应该列示在利润表中。（   ）

12. 资产负债表日,应根据"库存现金""银行存款""其他货币资金"三个总账科目的期末余额合计数填列资产负债表"货币资金"项目。（   ）

13. "预收款项"项目应根据"预收账款"和"应收账款"科目所属各明细科目的期末贷方余额合计数填列。如"预收账款"科目所属各明细科目期末有借方余额,应在资产负债表"应付账款"项目内填列。（   ）

14. 资产负债表中"长期借款"项目应根据"长期借款"科目余额直接填列。（   ）

四、不定项选择题

某公司为一家增值税一般纳税人企业。2×20 年年初,货币资金的年初借方余额为 520 万元,应收票据的年初借方余额为 50 万元,应收账款的年初借方余额为 234 万元,固定资产的借方余额为 1 800 万元,另外盈余公积贷方余额为 640 万元,未分配利润贷方余额为 150 万元。2×20 年度该公司发生如下经济业务：

（1）外购生产用原材料一批,取得增值税专用发票注明的价款 100 万元,增值税税额 13 万元,供货方垫运杂费 2 万元,款项尚未支付,材料已验收入库。

（2）将自产的产品发放给本单位的管理人员,该产品成本 20 万元,市场售价 30 万元（与计税价格一致）。

（3）持有面值 50 万元不计息的商业承兑汇票到期,债务人暂时无力偿还款项。

（4）销售商品一批,增值税专用发票上注明的售价为 300 万元,增值税税额 39 万元,商品已发出。该批商品的成本为 200 万元。货款于销售的当时收讫存入银行。

（5）长期借款的年初余额为 860 万元,本年度计提到期一次还本付息的长期借款的利息为 86 万元,该借款到期日为 2×21 年 6 月 30 日。

（6）计提行政管理部门折旧费用为 50 万元。

（7）2×20 年该公司当年实现利润总额为 120 万元,确认的所得税费用为 30 万元,按净利润的 10% 提取法定的盈余公积金。

要求:根据上述资料,不考虑其他因素,分析回答下列小题。（答案中金额单位用万元表示）。

1. 根据资料（1）和资料（2）,下列各项中,会计分录正确的是（   ）。

    A. 主营业务收入增加 30 万元

    B. 原材料增加 102 万元

    C. 管理费用增加 33.9 万元

    D. 应付职工薪酬增加为 20 万元

2. 根据资料（3）和资料（4）,下列各项中,会计分录正确的是（   ）。

    A. 发出商品并收到款项时：
       借：银行存款   339
           贷：主营业务收入   300
               应交税费——应交增值税（销项税额）   39

    B. 结转销售商品成本时：
       借：主营业务成本   200
           贷：库存商品   200

C. 确认暂时无力支付款项时:
   借:应收账款   50
      贷:应收票据   50
D. 确认暂时无力支付款项时:
   借:坏账准备   50
      贷:应收票据   50

3. 根据资料(5),该企业在2×20年度资产负债表中,"长期借款"项目应为(   )万元。
   A. 860   B. 946
   C. 0   D. 774

4. 根据上述资料,下列有关资产负债表项目列示金额的表述中,正确的是(   )。
   A. "固定资产"项目为1 800万元   B. "应收账款"项目为234万元
   C. "应付账款"项目为115万元   D. "货币资金"项目为859万元

5. 根据相关的资料,下列有关资产负债表项目列示金额的表述中,正确的是(   )。
   A. "盈余公积"项目为649万元   B. "未分配利润"项目为231万元
   C. "盈余公积"项目为652万元   D. "未分配利润"项目为258万元

知识训练三 利 润 表

一、单项选择题

1. 下列反映企业根据企业会计准则规定,未在损益中确认的各项利得和损失扣除所得税影响后的净额的是(   )。
   A. 净资产   B. 综合收益总额
   C. 其他综合收益的税后净额   D. 所得税费用

2. 下列各项中,应列入利润表管理费用项目的是(   )。
   A. 计提的坏账准备
   B. 出租无形资产的摊销额
   C. 支付中介机构的咨询费
   D. 处置固定资产因自然灾害原因造成的清理净损失

3. 2×20年10月,A公司销售产品实际应交纳增值税76万元,消费税70万元,适用的城市维护建设税税率为7%,教育费附加税率为3%。假定不考虑其他因素,A公司当月应列入利润表税金及附加项目的金额为(   )万元。
   A. 14.6   B. 77
   C. 84.6   D. 160.6

4. 下列各项,不影响企业营业利润的是(   )。
   A. 计提的工会经费   B. 发生的业务招待费
   C. 转销确实无法支付的应付账款   D. 处置投资取得的净收益

5. 2×21年度A公司资产发生的相关减值情况如下:存货减值损失合计25万元,坏账损失合计10万元,固定资产减值损失合计200万元,无形资产减值损失合计100万元,则A

公司2×21年利润表中资产减值损失项目本期金额中列报的金额为(　　)万元。
A. 300　　　　　　　　　　　　B. 325
C. 35　　　　　　　　　　　　　D. 335

6. 下列各项中,影响企业利润总额但是不影响营业利润的是(　　)。
A. 主营业务收入　　　　　　　B. 资产处置收益
C. 信用减值损失　　　　　　　D. 营业外支出

二、多项选择题

1. 下列各项中,属于利润表项目的有(　　)。
A. 税金及附加　　　　　　　　B. 研发费用
C. 净敞口套期收益　　　　　　D. 综合收益总额

2. 下列各项中,既影响营业利润又影响利润总额的业务有(　　)。
A. 计提坏账准备　　　　　　　B. 转销确实无法支付的应付账款
C. 出售单独计价包装物取得的收入　　D. 转让股票所得收益

3. 下列各项中,可以通过利润表反映的有(　　)。
A. 某一期间的经营成果　　　　B. 某一期间的获利能力
C. 某一时点的财务状况　　　　D. 某一时点的偿债能力

4. 下列各项中,应列入利润表中"资产减值损失"项目的有(　　)。
A. 原材料盘亏损失
B. 应收账款减值损失
C. 固定资产减值损失
D. 无形资产可收回金额低于账面价值的差额

5. 下列各项中,影响利润表"投资收益"项目有(　　)。
A. 处置交易性金融资产时处置价款与账面价值的差额
B. 购入交易性金融资产支付的交易费用
C. 短期租赁方式下出租固定资产的租金
D. 发行股票支付的手续费

6. 下列各项中,影响利润表中"营业利润"项目的有(　　)。
A. 对外提供服务结转的成本　　B. 计提固定资产减值准备
C. 发生的所得税费用　　　　　D. 支付合同的违约金

7. 下列各项中,应在企业利润表"营业成本"项目列示的有(　　)。
A. 出租无形资产摊销额　　　　B. 出售不需用原材料成本
C. 出售固定资产发生的清理费用　　D. 出售无形资产取得的收入

8. 编制多步式利润表的第一步和第三步分别是(　　)。
A. 以营业收入为基础,计算营业利润
B. 以营业收入为基础,计算利润总额
C. 以营业利润为基础,计算利润总额
D. 以利润总额为基础,计算净利润

9. 下列关于企业利润表的表述中,正确的有(　　)。

A. 利润表应按照多步式进行列示
B. 利润表应按照账户式进行列示
C. 利润表反映企业在一定会计期间的经营成果
D. 利润表反映企业在特定时点的经营成果

10. 下列有关利润表编制的说法中,正确的有(　　)。
    A. 利润表编制的原理是"收入－费用＝利润"的会计平衡公式
    B. 利润表中的综合收益总额是以净利润(或亏损)和其他综合收益为基础计算得出的
    C. 利润表各项目均需填列"本期金额"和"上期金额"两栏
    D. 未分配利润也是属于利润表中的项目

三、判断题

1. 通过利润表,可以考核企业一定会计期间的经营成果,分析企业的盈利能力及未来发展趋势。(　　)
2. 利润表各项目均需填列"本期金额"和"上期金额"两栏。其中"上期金额"栏内各项数字,应根据上年该期利润表的"本期金额"栏内所列数字填列。(　　)
3. 如果不存在纳税调整事项和递延所得税,利润表中的"所得税费用"项目金额可以直接根据"利润总额"项目金额乘以所得税税率计算得到。(　　)
4. 利润表中营业收入项目是根据主营业务收入发生额和其他业务收入发生额的合计数填列。(　　)
5. 企业出售无形资产形成的净损失,应列入利润表的营业外支出项目,使得企业的营业利润增加。(　　)
6. 未分配利润是指企业实现的净利润经过亏损弥补、提取盈余公积和向投资者分配利润后留存企业的、历年结存的利润,应在利润表中列示。(　　)
7. 利润表中"税金及附加"项目应包括增值税和印花税。(　　)
8. 出售固定资产、无形资产取得的净收益记入"资产处置损益"科目贷方。(　　)

四、不定项选择题

甲公司是增值税一般纳税人,适用的增值税税率为13%。销售商品、材料的价款中均不包含增值税,其成本随销售收入的确认逐笔结转,本年利润采用表结法核算。2×21年1月至11月实现主营业务收入1 500万元,主营业务成本1 000万元,其他业务收入500万元,其他业务成本为400万元,税金及附加80万元,管理费用100万元,财务费用15万元,投资收益30万元,公允价值变动损益100万元(贷方余额),营业外收入30万元。2×21年12月份甲公司发生的交易或事项:

(1) 12月1日,出售一项无形资产,共取得价款20万元,支付相关税费1万元,该设备原价50万元,采用直线法摊销,无残值,该无形资产原计划摊销10年,到出售时已经摊销了8年。

(2) 12月5日,甲公司委托乙公司代销商品一批,售价100万元,实际成本60万元,月底,甲公司收到乙公司交来的代销清单,列明已经出售了商品的80%,甲公司按照代销价款的10%支付了乙公司代销手续费。

(3) 12月10日,甲公司将一栋写字楼出租给丙公司,月底取得本月的租金收入2万元。

(4) 12月15日,甲公司用银行存款支付产品保险费3万元。

(5) 12月20日,甲公司用银行存款支付印花税0.2万元。

(6) 12月20日,因捐赠利得获得确认收益5万元。

要求:根据上述资料,不考虑其他因素,分析回答下列小题。(答案中金额单位用万元表示)

1. 甲公司2×21年1～—11月份的营业利润为(　　)万元。
   A. 535　　　　　　　　　　　　B. 565
   C. 505　　　　　　　　　　　　D. 465

2. 根据资料(2),甲公司应该确认的收入为(　　)万元。
   A. 0　　　　　　　　　　　　　B. 100
   C. 40　　　　　　　　　　　　　D. 80

3. 根据资料(2)～(4),甲公司应该计入销售费用的金额为(　　)万元。
   A. 13.2　　　　　　　　　　　　B. 11.2
   C. 11　　　　　　　　　　　　　D. 3.2

4. 根据资料(1)～(6),甲公司12月份应该计入营业外收入的金额为(　　)万元。
   A. 9　　　　　　　　　　　　　B. 5
   C. 14　　　　　　　　　　　　　D. 16

5. 根据资料(1)～(6),甲公司2×21年的利润总额为(　　)万元。
   A. 535　　　　　　　　　　　　B. 565
   C. 596.8　　　　　　　　　　　D. 601.8

知识训练四　现金流量表

一、单项选择题

1. 下列各项中,属于企业现金流量表"经营活动产生的现金流量"的是(　　)。
   A. 收到的现金股利　　　　　　B. 支付的银行借款利息
   C. 收到的设备处置价款　　　　D. 支付的经营租赁租金

2. 当期销售商品实现收入100 000元;应收账款期初余额20 000元,期末余额50 000元;预收账款期初余额10 000元,期末余额30 000元。销售商品、提供劳务收到的现金项目为(　　)元。
   A. 50 000　　　　　　　　　　B. 90 000
   C. 110 000　　　　　　　　　D. 150 000

3. 某企业2×21年度发生以下业务:以银行存款购买将于2个月后到期的国债500万元,偿还应付账款200万元,支付生产人员工资150万元,购买固定资产300万元。假定不考虑其他因素,该企业2×21年度现金流量表中"购买商品、接受劳务支付的现金"项目的金额为(　　)万元。
   A. 200　　　　　　　　　　　　B. 350
   C. 650　　　　　　　　　　　　D. 1 150

二、多项选择题

1. 下列各项中,属于现金流量表"现金及现金等价物"的有( )。
   A. 库存现金 B. 银行本票存款
   C. 银行承兑汇票 D. 持有2个月内到期的国债

2. 下列各项中,属于现金流量表"经营活动产生的现金流量"的报表项目有( )。
   A. 收到的税费返还
   B. 偿还债务支付的现金
   C. 销售商品、提供劳务收到的现金
   D. 支付给职工以及为职工支付的现金

3. 下列各项中,应作为现金流量表中经营活动产生的现金流量的有( )。
   A. 销售商品收到的现金 B. 取得短期借款收到的现金
   C. 采购原材料支付的增值税 D. 取得长期股权投资支付的手续费

4. 下列各项,属于现金流量表中现金及现金等价物的有( )。
   A. 库存现金 B. 其他货币资金
   C. 3个月内到期的股票投资 D. 不能随时用于支付的银行存款年

5. 下列各项中,属于筹资活动现金流量的有( )。
   A. 分配股利支付的现金 B. 清偿应付账款支付的现金
   C. 偿还债券利息支付的现金 D. 清偿长期借款支付的现金

三、判断题

现金流量表中"销售商品、提供劳务收到的现金"项目,反映本企业自营销售商品或提供劳务收到的现金,不包括委托代销商品收到的现金。 ( )

知识训练五 所有者权益变动表

一、单项选择题

1. 下列各项中,不属于所有者权益变动表列示的项目是( )。
   A. 利润分配 B. 所有者投入和减少资本
   C. 每股收益 D. 盈余公积弥补亏损

2. 某有限责任公司2×21年2月初的资产总额为1 800 000元,负债为1 000 000元。2×21年2月份发生下列交易或事项:①公司行政办公室职工因公出差,预借差旅费2 000元,以现金支付;②收到投资方投入设备一台,投资合同约定其价值(该约定价值是公允的)为100 000元(假定不考虑增值税);③开出并承兑面值为60 000元的商业汇票一份,抵付前欠某单位货款;④按规定分配给投资者2×20年度利润120 000元,款项尚未支付;⑤以银行存款10 000元偿还前欠某单位账款。该公司2×21年2月末的所有者权益为( )。
   A. 900 000 B. 800 000
   C. 780 000 D. 640 000

二、多项选择题

1. 在所有者权益变动表上,企业至少应当单独列示反映的信息有( )。
   A. 综合收益总额　　　　　　　　B. 向所有者分配利润
   C. 所有者投入资本　　　　　　　D. 提取的盈余公积

2. 下列各项中,年末在资产负债表和所有者权益变动表中均有反映并且年末金额相等的项目有( )。
   A. 综合收益总额　　　　　　　　B. 资本公积
   C. 盈余公积　　　　　　　　　　D. 未分配利润

3. 下列各项中,属于"所有者权益内部结转"项目的有( )。
   A. 利润分配　　　　　　　　　　B. 资本公积转增资本
   C. 盈余公积转增资本　　　　　　D. 盈余公积弥补亏损

三、判断题

1. 企业的净利润及其分配情况是所有者权益变动表的组成部分,不需要单独编制利润分配表。（　　）

2. 资本公积转增资本(或股本)项目,应在所有者权益变动表中的"利润分配"项目列示。（　　）

3. 我国企业的所有者权益变动表采用的结构和资产负债表一致,都属于账户式结构。（　　）

知识训练六　财务报表附注及财务报告信息披露要求

一、单项选择题

下列关于财务报表附注的表述中,不正确的是( )。
A. 附注中包括财务报表重要项目的说明
B. 对未能在财务报表中列示的项目在附注中说明
C. 如果没有需要披露的重大事项,企业不必编制附注
D. 附注中包括会计政策和会计估计变更以及差错更正的说明

二、多项选择题

1. 下列项目中,上市公司应在其财务报表附注中披露的有( )。
   A. 会计政策变更当期和各个列报前期财务报表中受影响的项目名称和调整金额
   B. 会计估计变更的原因
   C. 未决诉讼
   D. 与关联方交易的定价政策规定

2. 下列关于财务报告的表述中,正确的有( )。
   A. 资产负债表表明企业运用所拥有的资产的获利能力
   B. 财务报告是指企业对外提供的反映企业某一特定日期的财务状况和某一会计期间

的经营成果、现金流量等会计信息的文件
  C. 企业需单独编制利润分配表
  D. 附注是财务报表不可或缺的组成部分
3. 下列属于企业财务报告附注中应披露的内容有(　　)。
  A. 企业基本情况　　　　　　　　　B. 财务报表的编制基础
  C. 重要会计政策和会计估计　　　　D. 遵循企业会计准则的声明

三、判断题
1. 企业对报表重要项目的说明,可以按任意顺序,采用文字和数字描述相结合的方式进行披露,报表重要项目的明细金额合计,应当与报表项目金额相衔接。　　　　　(　　)
2. 企业股东大会审议批准的利润分配方案中应分配的现金股利,在支付前不作账务处理,但应在报表附注中披露。　　　　　　　　　　　　　　　　　　　　　(　　)
3. 企业应当披露采用的所有会计政策和会计估计。　　　　　　　　　　　(　　)

综合模拟测试卷一

一、**单项选择题**(每小题备选答案中,只有一个符合题意的正确答案。每题2分,错选、不选均不得分。)

1. 下列各项中,不属于所有者权益的来源的是(　　)。
   A. 所有者投入的资本
   B. 留存收益
   C. 直接计入所有者权益的利得和损失
   D. 企业借入的长期借款

2. 下列各项中,可以采用划线更正法更正的账簿记录错误的是(　　)。
   A. 记账凭证正确,在记账时发生错误,导致账簿记录错误
   B. 记账凭证上会计科目或记账方向错误,导致账簿记录错误
   C. 记账凭证上会计科目或记账方向正确,所记金额大于应记金额,导致账簿记录错误
   D. 记账凭证上会计科目或记账方向正确,所记金额小于应记金额,导致账簿记录错误

3. 甲公司和乙公司均为增值税一般纳税人,甲公司委托乙公司加工一批应税消费品(非金银首饰),发出材料成本 280 000 元,支付往返运输费 2 000 元,乙公司收取的加工费为 20 000 元(不含税),并向甲公司开具了增值税专用发票,乙公司代收代交消费税 75 000 元。甲公司收回该批商品后用于直接销售。则甲公司收回该批委托加工物资的成本为(　　)元。
   A. 377 000　　　　　　　　　　　B. 300 000
   C. 302 000　　　　　　　　　　　D. 375 000

4. 甲企业为增值税一般纳税人,适用增值税税率为 13%,2×21 年 9 月建造一厂房领用企业库存商品实际成本 50 000 元,计税价格为 54 000 元,则应计入在建工程成本的金额为(　　)元。
   A. 50 000　　　　　　　　　　　B. 56 500
   C. 54 000　　　　　　　　　　　D. 61 020

5. 下列各项中,影响应付账款入账金额的是(　　)。
   A. 享有商业折扣
   B. 享有现金折扣
   C. 银行承兑汇票到期无力支付票据款
   D. 商业承兑汇票到期无力支付票据款

6. 某企业计提生产车间管理人员基本养老保险费 12 万元,下列各项中,关于该事项的会计处理正确的是(　　)。

A. 借：管理费用　　　　　　　　　　　　　　　　　　　　120 000
　　贷：应付职工薪酬——设定提存计划——基本养老保险费　120 000
B. 借：制造费用　　　　　　　　　　　　　　　　　　　　120 000
　　贷：应付职工薪酬——设定提存计划——基本养老保险费　120 000
C. 借：制造费用　　　　　　　　　　　　　　　　　　　　120 000
　　贷：银行存款　　　　　　　　　　　　　　　　　　　　120 000
D. 借：制造费用　　　　　　　　　　　　　　　　　　　　120 000
　　贷：其他应付款　　　　　　　　　　　　　　　　　　　120 000

7. 甲公司年初"利润分配——未分配利润"借方余额30万元，当年实现利润总额100万元，所得税税率为25%，法定盈余公积提取比例为10%，则甲公司当年应提取盈余公积（　　）万元。
   A. 10　　　　　　　　　　　　　　　　B. 8.25
   C. 7　　　　　　　　　　　　　　　　　D. 5.25

8. 企业发生的下列支出中，不应当计入当期损益的是（　　）。
   A. 无法在尚未履行的与已履行（或已部分履行）的履约义务之间区分的相关支出
   B. 非正常消耗的直接材料
   C. 由客户承担的管理费用
   D. 与履约义务中已履行（包括已全部履行或部分履行）部分相关的支出

9. 某企业2×21年"递延所得税资产"科目的年初数为50万元，年末数为30万元。则应将该科目的本年发生额记入（　　）。
   A. "递延所得税资产"科目的借方
   B. "递延所得税资产"科目的贷方
   C. "递延所得税负债"科目的借方
   D. "递延所得税负债"科目的贷方

10. 某企业2×21年销售商品20万件，并承诺未来一年当中如果产品质量出现问题给予免费修理或者更换，为此估计未来一年可能发生的产品质量保证损失为360万元。则该企业正确的会计处理是（　　）。
    A. 计入2×21年的销售费用360万元
    B. 计入2×22年的销售费用360万元
    C. 冲减2×21年的销售收入360万元
    D. 增加2×21年的存货减值损失360万元

11. 下列各项中，企业不应计入管理费用的是（　　）。
    A. 年度财务报告的审计费用　　　　　B. 董事会成员的津贴
    C. 专设销售机构的业务费　　　　　　D. 筹建期间发生的开办费

12. 下列各项中，不属于利润表"利润总额"项目内容的是（　　）。
    A. 确认的资产减值损失
    B. 无法查明原因的现金溢余
    C. 确认的所得税费用
    D. 收到政府补助确认的其他收益

13. 某企业产品入库后发生可修复废品一批,生产成本26万元,返修过程中发生材料费1.5万元、人工费用1万元、制造费用2.6万元,废品残料作价0.1万元已回收入库。假定不考虑其他因素,该批可修复废品的净损失为( )万元。
   A. 5.5   B. 31
   C. 5   D. 21

14. 2×21年年末,某事业单位完成财政拨款收支结转,对财政拨款各项明细项目进行分析,按照有关规定将某项目结余资金50 000元转入财政拨款结余,下列会计分录中正确的是( )。
   A. 借:财政拨款结余——结转转入   50 000
        贷:财政拨款结转——累计结转   50 000
   B. 借:财政拨款结转——累计结转   50 000
        贷:财政拨款结余——结转转入   50 000
   C. 借:财政拨款结转——结转转入   50 000
        贷:财政拨款结余——累计结余   50 000
   D. 借:财政拨款结余——累计结转   50 000
        贷:财政拨款结转——结转转入   50 000

15. 下列计量属性中,考虑了货币时间价值的是( )。
   A. 历史成本   B. 现值
   C. 重置成本   D. 可变现净值

16. 以权责发生制为核算基础,下列收入或费用中,不属于本期的是( )。
   A. 本期支付下期的房租
   B. 本期支付本期的房租
   C. 上期支付本期的房租
   D. 本期销售商品,尚未收到货款

17. 下列选项中,不能通过"其他业务成本"科目核算的是( )。
   A. 出售不单独计价包装物的成本
   B. 出租无形资产摊销额
   C. 出租固定资产的折旧额
   D. 出租包装物的成本

18. 企业销售随同商品出售单独计价的包装物一批,该批包装物的计划成本为30 000元,材料成本差异率为2%,则需要计入( )。
   A. 其他业务成本29 400元   B. 销售费用29 400元
   C. 其他业务成本30 600元   D. 销售费用30 600元

19. 2×21年11月,某企业确认短期借款利息7.2万元(不考虑增值税),收到银行活期存款利息收入1.5万元,开具银行承兑汇票支付手续费0.5万元(不考虑增值税)。不考虑其他因素,11月该企业利润表中"财务费用"项目的本期发生额为( )万元。
   A. 5.7   B. 5.2
   C. 7.7   D. 6.2

20. 2×21年11月1日,A公司与B公司签订合同,合同约定A公司在B公司的土地上为其建造厂房,建设期5个月,合同价款1 000万元,预计合同成本600万元。当日A公司已预收B公司材料款200万元。至12月31日,A公司已发生建造成本300万元,预计还将发生建造成本300万元,经专业测量师测量后,确定该项劳务的完工程度为50%。不考虑其他因素,A公司2×21年应确认的收入为(　　)万元。
A. 200　　　　　　　　　　　　　　　B. 300
C. 500　　　　　　　　　　　　　　　D. 1 000

二、多项选择题(每小题备选答案中,有两个或两个以上符合题意的正确答案。请至少选择两个答案,每题2分,全部选对得满分,少选得相应分值,多选、错选、不选均不得分。)

1. 下列各项中,企业必须进行财产全面清查的有(　　)。
   A. 股份制改造　　　　　　　　　　　B. 单位改变隶属关系
   C. 单位主要领导人离任交接前　　　　D. 清产核资

2. 下列关于无形资产的会计处理中,正确的有(　　)。
   A. 报废无形资产损益计入资产处置损益
   B. 使用寿命不确定的无形资产按月进行摊销
   C. 出售无形资产的净损益计入营业利润
   D. 出租无形资产的摊销额计入其他业务成本

3. 下列关于职工薪酬的说法中,正确的有(　　)。
   A. 从职工薪酬涵盖的时间来看,既包括在职期间,也包括离职后
   B. 从职工薪酬的支付对象来看,既包括本企业职工,也包括本企业职工的亲属
   C. 职工薪酬均应根据受益对象进行分配计入相关资产成本或费用中
   D. 职工薪酬包括货币性和非货币性福利

4. 下列关于实收资本构成比例的描述中,正确的有(　　)。
   A. 实收资本的构成比例是确定所有者参与企业生产经营决策的基础
   B. 实收资本的构成比例是企业进行利润分配的依据
   C. 实收资本的构成比例是企业清算时确定所有者对净资产的要求权的依据
   D. 实收资本的构成比例是确定所有者在企业所有者权益中所占的份额的基础

5. 下列利润总额的计算公式中,表达正确的有(　　)。
   A. 利润总额=营业收入－营业成本－税金及附加－销售费用－管理费用－财务费用
   B. 利润总额=营业收入－营业成本－税金及附加－销售费用－管理费用－研发费用－财务费用＋其他收益＋投资收益(－投资损失)＋净敞口套期收益(－净敞口套期损失)＋公允价值变动收益(－公允价值变动损失)－信用减值损失－资产减值损失＋资产处置收益(－资产处置损失)＋营业外收入－营业外支出
   C. 利润总额=营业利润＋营业外收入－营业外支出
   D. 利润总额=营业利润＋营业外收入－营业外支出－所得税费用

6. 下列各项中,会影响企业管理费用的有(　　)。
   A. 现金盘亏　　　　　　　　　　　　B. 管理不善造成的存货盘亏
   C. 固定资产盘亏净损失　　　　　　　D. 存货盘盈

7. 下列各项中,影响利润表"营业成本"项目本期金额的有(　　)。

A. 销售原材料成本
B. 转销已售商品相应的存货跌价准备
C. 出租非专利技术的摊销额
D. 出售商品的成本

8. 在下列方法中,属于计算半成品成本的分步法包括(　　)。
  A. 平行结转法　　　　　　　　　　　B. 综合结转法
  C. 分项结转法　　　　　　　　　　　D. 逐步结转法

9. 某事业单位对外捐赠现金5万元,应当进行的账务处理有(　　)。
  A. 借:捐赠支出　　　　　　　　　　　　　　　　　　　50 000
    贷:库存现金　　　　　　　　　　　　　　　　　　　　　50 000
  B. 借:其他费用　　　　　　　　　　　　　　　　　　　50 000
    贷:库存现金　　　　　　　　　　　　　　　　　　　　　50 000
  C. 借:其他支出　　　　　　　　　　　　　　　　　　　50 000
    贷:资金结存——货币资金　　　　　　　　　　　　　　　50 000
  D. 借:捐赠支出　　　　　　　　　　　　　　　　　　　50 000
    贷:资金结存——货币资金　　　　　　　　　　　　　　　50 000

10. 按照账页格式的不同,会计账簿分为(　　)。
  A. 活页式账簿　　　　　　　　　　　B. 三栏式账簿
  C. 数量金额式账簿　　　　　　　　　D. 多栏式账簿

三、判断题(每小题答题正确的得1分,错答、不答均不得分,也不扣分。)

1. 登记账簿的唯一依据是审核无误的原始凭证。　　　　　　　　　　　　　　　(　　)

2. 存货跌价准备一经计提,以后会计期间不得转回。　　　　　　　　　　　　　(　　)

3. 货物验收入库但尚未取得增值税扣税凭证,月末按暂估价格入账,增值税进项税额不需要暂估入账。　　　　　　　　　　　　　　　　　　　　　　　　　　　　　　　(　　)

4. 留存收益是指企业从历年实现的利润中提取或形成的留存于企业的内部积累,包括其他综合收益、盈余公积和未分配利润。　　　　　　　　　　　　　　　　　　　(　　)

5. 企业出售原材料、包装物等存货也视同商品销售,其收入确认和计量原则比照商品销售,因此其实现的收入应该作为主营业务收入处理。　　　　　　　　　　　　　(　　)

6. 企业履约过程中所产生的商品具有不可替代用途,属于在某一时段内履行的履约义务。
　　　　　　　　　　　　　　　　　　　　　　　　　　　　　　　　　　　　　(　　)

7. "预付账款"明细科目期末有贷方余额的,应在资产负债表"预收款项"项目内填列。(　　)

8. 按年度计划分配率分配法,适用于季节性生产企业,是按照年度开始前确定的全年度适用的计划分配率分配费用的方法。　　　　　　　　　　　　　　　　　　　　(　　)

9. 甲企业2×21年9月售出商品,12月才能收回货款,收付实现制基础下,甲企业9月份没有收到现金,不确认该笔收入。　　　　　　　　　　　　　　　　　　　　　　(　　)

10. 企业出售原材料、出租包装物和商品、出售无形资产、出租固定资产等实现的收入应通过"其他业务收入"科目核算。　　　　　　　　　　　　　　　　　　　　　　(　　)

四、不定项选择题（每小题备选答案中,有一个或一个以上符合题意的正确答案。每小题2分,全部选对得满分,少选得相应分值,多选、错选、不选均不得分。）

1. 某企业为增值税一般纳税人,适用的增值税税率为13%,该企业2×21年12月初"应付职工薪酬"科目贷方余额为128万元,12月发生的有关职工薪酬的业务资料如下：

   (1) 5日,以银行存款支付上月的应付职工薪酬,并按规定代扣代交职工个人所得税14万元,代扣为职工垫付的医药费4万元,实发工资110万元。

   (2) 15日,将公司自产产品作为本月生产车间工人的福利发放。产品不含税价格为100万元,成本为70万元。

   (3) 该企业实行累积带薪缺勤制度,期末由于预计100名部门经理人员未使用带薪休假,预期支付的薪酬金额为18万元。

   (4) 31日,分配本月货币性职工薪酬112万元（未包括累积带薪缺勤相关的职工薪酬）,其中,直接生产产品人员30万元,车间管理人员15万元,企业行政管理人员55万元,专设销售机构人员12万元,该职工薪酬将于下月初支付。

   要求：根据上述资料,不考虑其他因素,分析回答下列小题。（答案中的金额单位用万元表示）

   (1) 根据资料(1),下列关于支付职工薪酬的会计处理中,正确的是(　　)。

    A. 借：应付职工薪酬　　　　　　　　　　128
    　　贷：银行存款　　　　　　　　　　　　　　128

    B. 借：应付职工薪酬　　　　　　　　　　128
    　　贷：银行存款　　　　　　　　　　　　　　110
    　　　　应交税费　　　　　　　　　　　　　　14
    　　　　其他应付款　　　　　　　　　　　　　4

    C. 借：应付职工薪酬　　　　　　　　　　128
    　　贷：银行存款　　　　　　　　　　　　　　110
    　　　　其他应付款　　　　　　　　　　　　　18

    D. 借：应付职工薪酬　　　　　　　　　　128
    　　贷：银行存款　　　　　　　　　　　　　　110
    　　　　应交税费　　　　　　　　　　　　　　14
    　　　　其他应收款　　　　　　　　　　　　　4

   (2) 根据资料(2),下列关于该企业发放福利的会计处理中,正确的是(　　)。

    A. 计入生产成本的金额为113万元
    B. 计入应付职工薪酬的金额为100万元
    C. 计入应付职工薪酬的金额为113万元
    D. 计入生产成本的金额为70万元

   (3) 根据资料(3),下列关于该企业累计带薪缺勤事项的会计处理中,正确的是(　　)。

    A. 借：管理费用　　　　　　　　　　　　18
    　　贷：应付职工薪酬　　　　　　　　　　　　18

    B. 借：其他应付款　　　　　　　　　　　18
    　　贷：应付职工薪酬　　　　　　　　　　　　18

C. 借：应付职工薪酬　　　　　　　　　　　　　　　　　　　　　18
　　　贷：银行存款　　　　　　　　　　　　　　　　　　　　　　　　　18
D. 借：管理费用　　　　　　　　　　　　　　　　　　　　　　　18
　　　贷：其他应付款　　　　　　　　　　　　　　　　　　　　　　　　18

(4) 根据资料(4)，下列关于确认本月职工薪酬的会计处理中，正确的是(　　)。
　　A. 车间管理人员薪酬15万元计入管理费用
　　B. 企业行政管理人员薪酬55万元计入管理费用
　　C. 直接生产产品人员薪酬30万元计入生产成本
　　D. 专设销售机构人员薪酬12万元计入销售费用

(5) 根据期初资料，资料(1)~(4)，该企业12月末"应付职工薪酬"科目余额为(　　)万元。
　　A. 131　　　　　　　　　　　　　　　　　B. 240
　　C. 112　　　　　　　　　　　　　　　　　D. 130

2. 甲公司属于增值税一般纳税人，适用的增值税税率为13%。甲公司2×20—2×22年与固定资产有关的业务资料如下：

(1) 2×20年11月1日，甲公司在生产经营期间购入一台需要安装的设备，取得的增值税专用发票上注明价款为2 200万元，增值税税额为286万元；发生保险费78万元，款项均以银行存款支付。

(2) 2×20年11月15日，甲公司开始安装该设备，发生安装工人薪酬622万元，没有发生其他相关税费。

(3) 2×20年12月31日，该设备达到预定可使用状态，当日投入使用。该设备预计使用年限为6年，预计净残值为20万元，采用直线法计提折旧。

(4) 2×22年6月30日，甲公司采用出包方式对该设备进行改良。当日，该设备停止使用，开始进行改良。在改良过程中，甲公司以银行存款支付工程总价款250万元，被更换的部件的账面价值为10万元。

要求：根据上述资料，不考虑其他因素，分析回答下列小题。（答案中的金额单位用万元表示）。

(1) 根据资料(1)和资料(2)，构成固定资产成本的是(　　)。
　　A. 增值税专用发票上注明的买价
　　B. 增值税专用发票上注明的增值税
　　C. 购入时支付的保险费
　　D. 安装人员薪酬

(2) 根据资料(1)和资料(2)，2×20年12月31日，该设备达到预定可使用状态时的成本为(　　)万元。
　　A. 2 900　　　　　　　　　　　　　　　　B. 3 274
　　C. 2 200　　　　　　　　　　　　　　　　D. 2 574

(3) 根据资料(1)~(3)，2×21年该设备折旧额为(　　)万元。
　　A. 480　　　　　　　　　　　　　　　　　B. 400
　　C. 360　　　　　　　　　　　　　　　　　D. 420

(4) 根据资料(1)~(4),甲公司采用出包方式对该设备进行改良的账务处理正确的是( )。

A. 借：在建工程　　　　　　　　　　　　　　　　　　250
　　贷：银行存款　　　　　　　　　　　　　　　　　　　　　250
B. 借：营业外支出　　　　　　　　　　　　　　　　　10
　　贷：在建工程　　　　　　　　　　　　　　　　　　　　　10
C. 借：在建工程　　　　　　　　　　　　　　　　　2 420
　　　累计折旧　　　　　　　　　　　　　　　　　　480
　　贷：固定资产　　　　　　　　　　　　　　　　　　　　2 900
D. 借：在建工程　　　　　　　　　　　　　　　　　2 180
　　　累计折旧　　　　　　　　　　　　　　　　　　720
　　贷：固定资产　　　　　　　　　　　　　　　　　　　　2 900

(5) 根据资料(5),改良后的固定资产成本为( )万元。

A. 2 420　　　　　　　　　　　　　　B. 2 450
C. 2 410　　　　　　　　　　　　　　D. 2 400

3. 北方公司为增值税一般纳税人,增值税税率为13%,生产中所需原材料按计划成本法核算。2×20年8月1日,原材料结存2 000千克,计划成本为每千克50元,"材料成本差异"账户为借方余额1 000元,未计提存货跌价准备。北方公司2×20年8月份发生的有关原材料业务如下：

(1) 8月12日,北方公司持银行汇票600 000元购入原材料10 000千克,增值税专用发票上注明货款为480 000元,增值税税额62 400元,对方代垫包装费和运输费8 400元(不考虑增值税),验收入库时发现短缺50千克,经查明为途中定额内自然损耗,按实收数量验收入库。剩余票款退回并存入银行。

(2) 8月份发出材料情况如下：生产车间领用原材料5 000千克,用于生产A产品;车间管理部门领用500千克。

(3) 8月30日,原材料的可变现净值为310 000元。

要求：根据上述资料,不考虑其他因素,分析回答下列问题。

(1) 下列关于原材料核算的说法中,正确的是( )。

A. 原材料可以采用实际成本法核算,也可以采用计划成本法核算
B. 购进原材料过程中的合理损耗计入原材料成本
C. 原材料期末应按照成本与可变现净值孰低计量
D. 购进原材料过程中的包装费和运输费计入原材料成本

(2) 下列关于原材料核算的账务处理中,正确的是( )。

A. 因自然灾害毁损的原材料,进项税额要转出
B. 应收保险公司赔偿款,记入"应收账款"科目
C. 生产车间生产产品耗用的原材料,记入"制造费用"或"生产成本"科目
D. 车间管理部门耗用的原材料,记入"制造费用"科目

(3) 北方公司在8月12日购入原材料的账务处理中,正确的是( )。

A. 记入"原材料"科目的金额是500 000元

B. 记入"原材料"科目的金额是 497 500 元

C. 记入"材料成本差异"科目的金额是 8 400 元

D. 记入"材料成本差异"科目的金额是 －9 100 元

(4) 该批原材料 8 月材料成本差异率为(   )。

    A. 1.3%   B. －1.36%

    C. －1.22%   D. 1.5%

(5) 北方公司在 2×21 年 8 月末对原材料的核算中,正确的是(   )。

    A. "原材料"科目的期末余额为 322 500 元

    B. 原材料期末记入"存货"项目的金额为 310 000 元

    C. 原材料期末需要计提存货跌价准备

    D. 原材料期末不需要计提存货跌价准备

综合模拟测试卷二

一、单项选择题(每小题备选答案中,只有一个符合题意的正确答案。每题2分,错选、不选均不得分。)

1. 下列关于结账的表述中,不正确的是( )。
   A. 每一账页登记完毕时,应当结出本页发生额合计数及余额,写在本页最后一行和下页第一行有关栏内,并在摘要栏内注明"过次页"和"承前页"字样
   B. 对不需要按月结计本期发生额的账户,需要随时结出余额
   C. 总账账户年终结账时需要结出全年发生额和年末余额
   D. 年度终了结账时,有余额的账户,需要编制记账凭证将其余额结转下年

2. 企业在结账前发现账簿记录有文字或数字错误,而记账凭证没有错误,应当采用( )。
   A. 划线更正法　　　　　　　　　B. 补充登记法
   C. 红字更正法　　　　　　　　　D. 重新编制记账凭证

3. 固定资产盘盈时,应通过( )科目进行核算。
   A. "制造费用"　　　　　　　　　B. "管理费用"
   C. "营业外收入"　　　　　　　　D. "以前年度损益调整"

4. 甲企业本年以700万元的价格转让一项无形资产。该无形资产的取得成本为900万元,预计使用年限为10年,转让时已使用4年。不考虑减值准备及相关税费,甲企业转让该无形资产确认的净收益为( )万元。
   A. 65　　　　　　　　　　　　　B. 100
   C. 250　　　　　　　　　　　　D. 160

5. 下列关于应付账款的表述中,不正确的是( )。
   A. 应付账款附有现金折扣条件,应按扣除现金折扣前的应付款总额入账
   B. 销货方代购货方垫付的运杂费等应计入购货方的应付账款入账金额
   C. 企业确实无法支付的应付账款应计入资本公积
   D. 企业采购存货如果月末发票及账单尚未到达应暂估应付账款入账

6. 小规模纳税人发生增值税税控系统专用设备技术维护费,按规定抵减的增值税应纳税额,借记"应交税费——应交增值税"科目,贷记( )科目。
   A. "其他收益"　　　　　　　　　B. "营业外收入"
   C. "管理费用"　　　　　　　　　D. "其他业务成本"

7. 下列各项中,能够引起企业所有者权益总额减少的是( )。
   A. 宣告发放现金股利　　　　　　B. 以资本公积转增资本
   C. 盈余公积补亏　　　　　　　　D. 盈余公积转增资本

8. 下列各项中,应计入营业外收入的是( )。
   A. 大型设备处置利得
   B. 存货收发计量差错形成的盘盈
   C. 无形资产出售利得
   D. 无法支付的应付账款

9. 甲公司适用的所得税税率为25%,2020年度该企业实现利润总额500万元,应纳税所得额为480万元,递延所得税资产增加8万元,递延所得税负债减少2万元。不考虑其他因素,甲公司2×21年度利润表"所得税费用"项目本期金额为( )万元。
   A. 128
   B. 112
   C. 110
   D. 120

10. 下列各项中,应计入期间费用的是( )。
    A. 计提车间管理用固定资产的折旧费
    B. 预计产品质量保证损失
    C. 车间管理人员的工资
    D. 销售商品发生的商业折扣

11. 甲公司2×21年5月销售部门发生的商品维修费5万元,业务招待费8万元,为宣传新产品发生的展览费2万元,生产车间固定资产发生修理费用1万元。则甲公司2020年5月应计入销售费用的金额为( )万元。
    A. 16
    B. 15
    C. 8
    D. 7

12. 下列各资产负债表项目中,应根据总账科目和明细账科目余额分析填列的是( )。
    A. "长期借款"
    B. "资本公积"
    C. "应付债券"
    D. "长期股权投资"

13. 下列各资产负债表项目中,不应根据有关科目余额减去其备抵科目余额后填列的是( )。
    A. "应收票据"
    B. "固定资产"
    C. "盈余公积"
    D. "长期股权投资"

14. 下列情况中,适用分步法计算产品成本的是( )。
    A. 单件、小批生产
    B. 小批大量生产
    C. 大量大批多步骤生产
    D. 单步骤生产

15. 季节性生产企业特别适合的制造费用的分配标准是( )。
    A. 生产产量比例分配法
    B. 生产工人工资比例分配法
    C. 机器工时比例分配法
    D. 按年度计划分配率法

16. 期末,事业单位应将"财政拨款收入"科目当期发生额转入( )科目。
    A. "累计盈余"
    B. "本期盈余"
    C. "财政拨款预算收入"
    D. "财政拨款结余"

17. 2×19年12月31日,甲企业购入一台不需要安装的设备,已交付生产使用,原价30 000元,预计使用5年,预计净残值1 000元。甲企业采用年数总和法计提折旧,2×22年对该设备应计提的折旧额为( )元。
    A. 9 667
    B. 5 800
    C. 3 867
    D. 7 733

18. 某企业一项固定资产原价为 2 000 万元,预计使用年限为 5 年,预计净残值为 80 万元。在采用双倍余额递减法对固定资产计提折旧的情况下,该固定资产投入使用第 2 年全年应计提折旧额为( )万元。
   A. 384   B. 400
   C. 480   D. 800

19. 补充登记法主要适用于( )。
   A. 记账文字或数字有误,所用科目无误
   B. 记账后在年内发现所记金额无误,所用科目有误
   C. 记账后在年内发现所记金额大于应记金额,所用科目无误
   D. 记账后发现所记金额小于应记金额,所用科目无误

20. 下列各项中,属于数量金额式账簿的是( )。
   A. 库存商品明细账   B. 短期借款明细账
   C. 银行存款明细账   D. 制造费用明细账

二、多项选择题(每小题备选答案中,有两个或两个以上符合题意的正确答案。请至少选择两个答案,每题 2 分,全部选对得满分,少选得相应分值,多选、错选、不选均不得分。)

1. 下列各项中,属于会计账簿应具备的基本内容有( )。
   A. 封面   B. 封底
   C. 扉页   D. 账页

2. 企业取得交易性金融资产支付的总价款中,不应当计入交易性金融资产入账成本的有( )。
   A. 取得时金融资产的公允价值
   B. 支付给代理机构的手续费
   C. 取得时已到付息期但尚未领取的债券利息
   D. 支付给咨询公司的佣金

3. 下列关于消费税的表述中,正确的有( )。
   A. 企业销售应税消费品,因为消费税属于价内税,所以应通过"税金及附加"科目核算
   B. 企业在建工程领用应税消费品时,应当将消费税的金额计入在建工程成本中
   C. 进口环节交纳的消费税需要计入进口货物的成本中
   D. 委托加工物资收回后直接出售,受托方代收代交的消费税应记入"应交税费——应交消费税"科目中

4. 下列各项中,属于企业费用的有( )。
   A. 管理费用   B. 主营业务成本
   C. 税金及附加   D. 营业外支出

5. 下列各项中,属于直接计入当期利润的利得和损失的有( )。
   A. 财务费用   B. 公允价值变动损益
   C. 营业外支出   D. 营业外收入

6. 下列各项中,属于流动负债的有( )。
   A. 长期借款   B. 预计负债

C. 应付职工薪酬　　　　　　　　D. 预收款项

7. 采用平行结转分步法,每一步骤的生产费用也要在其完工产品和月末在产品之间进行分配。如果某产品生产分三个步骤在三个车间进行,则第二车间的在产品包括(　　)。
   A. 第一车间尚未完工产品
   B. 第二车间尚未完工产品
   C. 第三车间尚未完工产品
   D. 第三车间完工产品

8. 事业单位"累计盈余"科目核算的内容包括(　　)。
   A. 核算事业单位历年实现的盈余扣除益余分配后滚存的金额
   B. 核算因无偿调入调出资产产生的净资产变动额
   C. 核算按规定上缴、缴回单位间调剂结转结余资金产生的净资产变动额
   D. 核算对以前年度盈余的调整金额

9. 下列各项中,属于审核记账凭证时应审核的内容有(　　)。
   A. 内容是否真实　　　　　　　　B. 项目是否齐全
   C. 科目是否正确　　　　　　　　D. 金额是否正确

10. 企业为了核算交易性金融资产的取得、收取现金股利或利息、处置等业务,可能涉及的科目有(　　)。
    A. "交易性金融资产"　　　　　　B. "公允价值变动损益"
    C. "投资收益"　　　　　　　　　D. "应收股利"

三、判断题(每小题答题正确的得1分,错答、不答均不得分,也不扣分。)

1. 甲企业2×20年10月与乙公司签订了一份2×21年1月的供货合同,甲企业的财务部门应依据该份合同核算2×20年的收益。(　　)
2. 企业出售交易性金融资产时,同时应将原记入"公允价值变动损益"科目的金额转入投资收益。(　　)
3. 企业在资产负债表日为换取职工在会计期间提供的服务而应向单独主体缴存的提存金,确认为其他应付款。(　　)
4. 企业未满足销售收入确认条件的售出商品发生销售退回时,应借记"库存商品"科目,贷记"主营业务成本"科目。(　　)
5. 投资性房地产的租金收入应该通过"投资收益"科目核算。(　　)
6. 资产负债表中"开发支出"项目的金额,应当根据"研发支出——费用化支出"的科目期末余额填列。(　　)
7. 分步法分为逐步结转分步法和平行结转分步法,采用平行结转分步法不需要进行成本还原。(　　)
8. 持续经营反映企业会计确认、计量和报告的空间范围。(　　)
9. 利润表中"所得税费用"项目的本期金额等于当期所得税,而不应考虑递延所得税。(　　)
10. 无法在尚未履行的与已履行(或已部分履行)的履约义务之间区分的相关支出应计入合同履约成本。(　　)

四、不定项选择题(每小题备选答案中,有一个或一个以上符合题意的正确答案。每小题2分,全部选对得满分,少选得相应分值,多选、错选、不选均不得分。)

1. 甲公司购置了一套需要安装的生产线,与该生产线有关的业务如下:
   (1) 2×19年9月30日,以银行存款购入待安装的生产线,取得的增值税专用发票上注明买价为468 000元,增值税税额为60 840元,另支付保险费及其他杂费32 000元,不考虑其增值税。该待安装生产线交付本公司安装部门安装。
   (2) 安装工程人员应计工资18 000元,用银行存款支付其他安装费70 000元,不考虑增值税。
   (3) 2×19年12月31日,安装工程结束,并随即投入使用,该生产线使用年限为5年,采用双倍余额递减法计提折旧(预计净残值为0)。
   (4) 2×21年12月31日,甲公司将该生产线出售,出售时用银行存款支付清理费用30 000元,出售所得价款为500 000元,假设增值税税额为9 708元,全部存入银行。
   要求:根据上述资料,分析回答下列问题。
   (1) 根据资料(1),2×19年购入该待安装生产线,应记入的会计科目和金额为( )。
      A. 在建工程468 000元   B. 固定资产468 000元
      C. 在建工程500 000元   D. 固定资产500 000元
   (2) 2×19年12月31日安装工程完工并投入使用,该生产线的入账价值为( )元。
      A. 518 000   B. 500 000
      C. 570 000   D. 588 000
   (3) 2×20年该生产线应计提的折旧额为( )元。
      A. 117 600   B. 70 560
      C. 235 200   D. 141 120
   (4) 2×21年该生产线应计提的折旧额为( )元。
      A. 117 600   B. 70 560
      C. 235 200   D. 141 120
   (5) 2×21年12月31日,该生产线的账面价值为( )元。
      A. 223 600   B. 211 680
      C. 198 240   D. 230 420
   (6) 出售该生产线的净收益为( )元。
      A. 211 680   B. 258 320
      C. −211 680   D. −258 320

2. 甲、乙、丙、丁公司均为增值税一般纳税人,适用的增值税税率为13%,假定销售商品、原材料的成本在确认收入时逐笔结转,商品、原材料售价中不含增值税。2×20年6月,甲公司发生如下交易或事项:
   (1) 1日,与乙公司签订合同,向乙公司销售商品一批,该批商品售价总额为100万元,实际成本为80万元。由于成批销售,甲公司给予乙公司10%的商业折扣,并在销售合同中规定现金折扣条件为:2/10,1/20,N/30,计算现金折扣时不考虑增值税。当日发出商品并确认收入。乙公司于6日支付货款。
   (2) 5日,与丙公司签订合同,采用预收款方式向丙公司销售一批商品,该批商品的实际成本为 60 万元,售价总额为 80 万元;当日收到丙公司预付商品售价总额的 50%,余款于发出商品时结清(截至月末商品尚未发出)。

(3) 15 日,与丁公司签订委托代销合同,委托丁公司销售商品 100 件,每件成本为 0.8 万元,商品已经发出,合同约定,丁公司应按每件 1 万元对外销售,甲公司按商品售价的 10%向丁公司支付手续费。丁公司有权将未售出商品退还给甲公司,甲公司也有权收回未售出商品或将商品销售给其他客户。30 日,丁公司销售商品 50 件,开出的增值税专用发票上注明售价为 50 万元,增值税税额为 6.5 万元,款项已收到。31 日,甲公司收到丁公司代销清单并开具一张相同金额的增值税专用发票。

(4) 20 日,对外销售一批原材料,开出的增值税专用发票上注明的售价为 40 万元,增值税税额为 5.2 万元,款项已收到并存入银行,该批材料的实际成本为 30 万元。

要求:根据上述资料,分析回答下列问题(答案中的金额单位以万元表示)。

(1) 根据资料(1),甲公司 2×20 年 6 月 1 日的会计处理,正确的是(　　)。
　　A. "应收账款"科目增加 113 万元
　　B. "应收账款"科目增加 101.7 万元
　　C. "主营业务收入"科目增加 90 万元
　　D. "主营业务收入"科目增加 100 万元

(2) 根据资料(1),甲公司 2×20 年 6 月 6 日应确认的现金折扣为(　　)万元。
　　A. 1　　　　　　　　　　　　　B. 0.9
　　C. 1.8　　　　　　　　　　　　D. 2

(3) 根据资料(2),甲公司的会计处理中,结果正确的是(　　)。
　　A. 丙公司取得商品控制权时应确认主营业务收入 80 万元
　　B. 5 日应确认主营业务收入 40 万元
　　C. 收到剩余款项并交付商品时应确认主营业务收入 40 万元
　　D. 5 日应确认合同负债 40 万元

(4) 根据资料(3),甲公司收到丁公司代销清单时的会计处理中,结果正确的是(　　)。
　　A. "销售费用"科目增加 5 万元
　　B. "主营业务成本"科目增加 40 万元
　　C. "主营业务成本"科目增加 50 万元
　　D. "应交税费——应交增值税(销项税额)"科目增加 6.5 万元

(5) 根据资料(1)~(4),甲公司 2×20 年 6 月份利润表中"营业利润"项目本期金额为(　　)万元。
　　A. 25　　　　　　　　　　　　B. 28.2
　　C. 23.2　　　　　　　　　　　D. 30

3. 某商品批发企业为增值税一般纳税人,该公司只经营甲类商品。该类商品购进时采用实际成本核算,发出时采用毛利率法计价,季度内各月份的毛利率根据上季度实际毛利率确定。该企业 2×20 年第一季度、第二季度该商品的有关资料如下:

(1) 第一季度累计销售收入为 600 万元,销售成本为 510 万元,3 月末库存商品的实际成本为 400 万元。

(2) 第二季度购进甲类商品,买价 880 万元,增值税税额为 114.4 万元,款项以支票支付,商品已验收入库。
(3) 4月销售甲类商品,售价330万元,增值税税额为42.9万元,代对方垫付运杂费3万元(已计入应收账款,不考虑增值税),收到银行汇票存入银行。
(4) 4月,客户发现本月销售的商品部分存在质量问题,经与本公司协商,同意将10%的商品退回。
(5) 5月,销售甲类商品,售价500万元,增值税税额65万元,收到支票存入银行。
(6) 假定6月末按一定方法计算的库存商品实际成本为420万元。

要求:根据以上资料,分析回答下列问题。

(1) 根据资料(1),该企业第一季度毛利率为(　　)。
　　A. 12%　　　　　　　　　　B. 15%
　　C. 14%　　　　　　　　　　D. 10%
(2) 根据资料(3)~(4),该企业4月份的销售成本为(　　)万元。
　　A. 252.45　　　　　　　　　B. 280.5
　　C. 297　　　　　　　　　　D. 333
(3) 根据资料(5),该企业5月份的销售成本为(　　)万元。
　　A. 500　　　　　　　　　　B. 585
　　C. 425　　　　　　　　　　D. 415
(4) 根据资料(1)~(6),该企业6月份的销售成本为(　　)万元。
　　A. 400　　　　　　　　　　B. 420
　　C. 252.5　　　　　　　　　D. 182.55

综合模拟测试卷三

一、**单项选择题**(每小题备选答案中,只有一个符合题意的正确答案。每题2分,错选、不选均不得分。)

1. 下列记账凭证中,可以不附原始凭证的是(　　)。
   A. 更正错误的记账凭证　　　　　　　B. 材料入库的记账凭证
   C. 以现金存入银行的记账凭证　　　　D. 从银行提取现金的记账凭证

2. 下列各项中,属于汇总原始凭证的是(　　)。
   A. 制造费用分配表　　　　　　　　　B. 限额领料单
   C. 发料凭证汇总表　　　　　　　　　D. 银行结算凭证

3. 行政管理部门王某前来报销差旅费3 500元(原预借2 000元),财务部门补足其现金。会计人员应当填制的记账凭证是(　　)。
   A. 只填制现金收款凭证
   B. 只填制转账凭证
   C. 除填制现金收款凭证外还要填制转账凭证
   D. 除填制现金付款凭证外还要填制转账凭证

4. 下列错误中,能够通过试算平衡查找的是(　　)。
   A. 重记经济业务　　　　　　　　　　B. 漏记经济业务
   C. 借贷方向相反　　　　　　　　　　D. 借贷金额不等

5. 企业自行研发一项非专利技术,累计研究支出为160万元,累计开发支出为500万元(其中符合资本化条件的支出为400万元)。该业务导致企业利润总额减少(　　)万元。
   A. 100　　　　　　　　　　　　　　　B. 160
   C. 260　　　　　　　　　　　　　　　D. 660

6. 下列各项中,不会引起无形资产账面价值发生增减变动的是(　　)。
   A. 对无形资产计提减值准备　　　　　B. 出租无形资产
   C. 摊销无形资产　　　　　　　　　　D. 转让无形资产所有权

7. 甲企业将其自行开发的软件出租给乙公司,每年收到使用费240 000元(不含增值税)。租赁期限为5年。该软件总成本为600 000元,按月进行摊销。不考虑其他因素,该企业对其计提摊销,正确的会计处理是(　　)。
   A. 借:管理费用　　　　　　　　　　　　　　　　　　　　20 000
         贷:累计摊销　　　　　　　　　　　　　　　　　　　　　　20 000
   B. 借:其他业务成本　　　　　　　　　　　　　　　　　　20 000
         贷:累计摊销　　　　　　　　　　　　　　　　　　　　　　20 000

C. 借：其他业务成本　　　　　　　　　　　　　　　　10 000
　　　贷：累计摊销　　　　　　　　　　　　　　　　　　　10 000
D. 借：管理费用　　　　　　　　　　　　　　　　　　10 000
　　　贷：累计摊销　　　　　　　　　　　　　　　　　　　10 000

8. 某公司出售一台旧设备，取得价款 100 万元，增值税税额 13 万元，发生处置费用 5 万元，涉及增值税税额 0.65 万元。该设备原值为 200 万元，已提折旧 60 万元。假定不考虑其他因素，处置该设备影响当期损益的金额为(　　)万元。
　A. −62　　　　　　　　　　　　　　　B. −45
　C. −28　　　　　　　　　　　　　　　D. 50

9. 甲公司为增值税一般纳税人，2×21 年 5 月收购免税农产品一批。收购发票上注明的买价为 950 000 元，款项以现金支付，收购的免税农产品已验收入库，税法规定按 9% 的扣除率计算进项税额。该批免税农产品的入账价值为(　　)元。
　A. 950 000　　　　　　　　　　　　　B. 864 500
　C. 1 035 500　　　　　　　　　　　　D. 855 000

10. A 公司为增值税一般纳税人，2×21 年应交的各种税金为：增值税 350 万元，消费税 150 万元，城市维护建设税 35 万元，车辆购置税 10 万元，印花税 5 万元，耕地占用税 5 万元，所得税 150 万元。该公司当期"应交税费"科目余额为(　　)万元。
　A. 702　　　　　　　　　　　　　　　B. 355
　C. 500　　　　　　　　　　　　　　　D. 685

11. 下列各项中，会引起留存收益总额变动的是(　　)。
　A. 盈余公积补亏　　　　　　　　　　　B. 计提法定盈余公积
　C. 盈余公积转增资本　　　　　　　　　D. 计提任意盈余公积

12. 某企业 2×21 年度实现主营业务收入 200 万元，主营业务成本 160 万元，其他业务收入 124 万元，其他业务成本 80 万元，计提的资产减值损失 48 万元，税金及附加 15 万元，销售费用 6 万元，管理费用 12 万元，实现的投资收益 20 万元，行政罚款 8 万元。假定不考虑其他因素，则该企业 2×21 年 12 月 31 日结转后"本年利润"科目余额为(　　)万元。
　A. 23　　　　　　　　　　　　　　　B. 15
　C. 0　　　　　　　　　　　　　　　　D. −1

13. 下列各项中，应列入利润表"管理费用"项目的是(　　)。
　A. 计提的产品质量保证　　　　　　　B. 出租无形资产的摊销额
　C. 存货盘盈转销　　　　　　　　　　D. 处置固定资产的净损失

14. 下列各项中，影响企业当期营业利润的是(　　)。
　A. 无法查明原因的现金短缺　　　　　B. 公益性捐赠支出
　C. 固定资产报废净损失　　　　　　　D. 支付的合同违约金

15. 下列各项中，不影响企业当期营业利润的是(　　)。
　A. 所得税费用
　B. 存货减值损失
　C. 销售包装物收入
　D. 交易性金融资产公允价值变动收益

16. 下列各项中,应列入一般企业利润表"营业收入"项目的是( )。
   A. 出售专利技术净收益
   B. 出租固定资产租金收入
   C. 接受捐赠利得
   D. 债券投资利息收入

17. 2×21年12月,A公司的主营业务收入60万元,主营业务成本50万元;其他业务收入10万元,其他业务成本8万元;营业外收入5万元,则A公司12月份应确认的营业收入金额为( )万元。
   A. 70
   B. 12
   C. 75
   D. 65

18. 2×21年年终结账时,某事业单位当年经营结余的贷方余额为30 000元,其他结余的贷方余额为40 000元。该事业单位按照有关规定提取职工福利基金10 000元。年末,"非财政拨款结余分配"的账户余额为( )元。
   A. 10 000
   B. 20 000
   C. 60 000
   D. 0

19. 下列科目中,属于预算会计科目的是( )。
   A. "零余额账户用款额度"
   B. "资金结存"
   C. "银行存款"
   D. "财政应返还额度"

20. A公司2×21年应交所得税50万元;年初的递延所得税资产和递延所得税负债分别为40万元和50万元;年末的递延所得税资产和递延所得税负债余额分别为50万元和40万元。A公司2×21年应确认的所得税费用金额为( )万元。
   A. 20
   B. 25
   C. 30
   D. 50

二、多项选择题(每小题备选答案中,有两个或两个以上符合题意的正确答案。请至少选择两个答案,每题2分,全部选对得满分,少选得相应分值,多选、错选、不选均不得分。)

1. 下列各项中,可以作为登记总账依据的有( )。
   A. 汇总原始凭证
   B. 汇总记账凭证
   C. 记账凭证
   D. 记账凭证汇总表

2. 下列关于银行存款余额调节表的表述中,正确的有( )。
   A. 银行存款日记账余额加上银行已收企业未收款
   B. 银行存款日记账余额加上银行已付企业未付款
   C. 银行对账单余额加上企业已收银行未收款
   D. 银行对账单余额加上企业已付银行未付款

3. 会计凭证分为原始凭证和记账凭证是按( )分类的。
   A. 填制程序
   B. 用途
   C. 来源
   D. 填制手续

4. 下列选项中,应通过"固定资产清理"科目核算的有( )。
   A. 固定资产盘亏的账面价值
   B. 固定资产更新改造支出
   C. 固定资产毁损净损失
   D. 固定资产出售的账面价值

5. 根据企业管理金融资产的业务模式和金融资产的合同现金流量特征,《企业会计准则第

22号——金融工具确认和计量》(2018)将金融资产划分为( )。
A. 以摊余成本计量的金融资产
B. 以公允价值计量且其变动计入其他综合收益的金融资产
C. 以公允价值计量且其变动计入当期损益的金融资产
D. 交易性金融资产

6. 下列关于应付职工薪酬的表述中,正确的有( )。
A. 企业研发无形资产人员的辞退福利应计入无形资产成本
B. 企业工程人员的设定受益计划应计入工程成本
C. 企业销售人员的利润分享计划应计入销售费用
D. 企业外购存货入库前挑选整理人员的职工薪酬应计入存货采购成本

7. 已确认收入的商品发生销售退回且不属于资产负债表日后事项,一般应在发生时借记的科目可能有( )。
A. "主营业务收入" B. "应交税费"
C. "库存商品" D. "主营业务成本"

8. 下列各项中,影响企业利润总额的有( )。
A. 企业销售自产产品 B. 交易性金融资产公允价值上升
C. 所得税 D. 支付违约金

9. 企业至少应当在所有者权益变动表上单独列示的项目有( )。
A. 所有者投入资本 B. 提取的盈余公积
C. 未分配利润的期初和期末余额 D. 向所有者分配利润

10. 甲事业单位接受现金捐赠5万元,应进行的账务处理有( )。
A. 借:库存现金　　　　　　　　　　　　　　　　　50 000
　　　贷:捐赠收入　　　　　　　　　　　　　　　　　　50 000
B. 借:库存现金　　　　　　　　　　　　　　　　　50 000
　　　贷:其他收入——捐赠收入　　　　　　　　　　　　50 000
C. 借:资金结存——货币资金　　　　　　　　　　　50 000
　　　贷:捐赠预算收入　　　　　　　　　　　　　　　　50 000
D. 借:资金结存——货币资金　　　　　　　　　　　50 000
　　　贷:其他预算收入——捐赠预算收入　　　　　　　　50 000

三、判断题(每小题答题正确的得1分,错答、不答均不得分,也不扣分。)

1. 固定资产明细账不必每年更换,可以连续使用。　　　　　　　　　　　( )
2. 明细账一般使用活页式账簿,以便根据实际需要,随时添加账页。　　　( )
3. 企业对外出借包装物发生的摊销额计入销售费用。　　　　　　　　　　( )
4. 企业对外出租包装物收取的租金,应记入营业外收入。　　　　　　　　( )
5. 企业在职工提供了服务从而增加了其未来享有的带薪缺勤权利时,确认与非累积带薪缺勤相关的职工薪酬。　　　　　　　　　　　　　　　　　　　　　　　( )
6. 费用是企业在日常活动中发生的、会导致所有者权益减少的、与向所有者分配利润无关的经济利益的总流出。　　　　　　　　　　　　　　　　　　　　　( )

7. 企业专设销售机构固定资产的日常维修费应计入管理费用。（ ）

8. 企业利润表中，"资产处置收益""公允价值变动收益""投资收益"项目金额，均可能以负号填列。（ ）

9. 年末，"非财政拨款结转"科目余额转入"非财政拨款结余"科目，"非财政拨款结转"科目无余额。（ ）

10. 企业在日常经营活动中随同商品出售单独计价的包装物取得的收入应计入其他业务收入。（ ）

四、不定项选择题（每小题备选答案中，有一个或一个以上符合题意的正确答案。每小题2分，全部选对得满分，少选得相应分值，多选、错选、不选均不得分。）

1. 2×21年12月，A公司有关资料如下：

(1) 12月1日，"应收账款"账户借方余额为125万元，"坏账准备"账户贷方余额为0.625万元。

(2) 12月5日，向B公司销售产品110件，单价为1万元，增值税税率为13%，单位销售成本为0.8万元，尚未收款。

(3) 12月25日，因产品质量原因，B公司要求退回本月5日购买的10件商品，A公司同意B公司退货，并办理退货手续和开具增值税专用发票，A公司收到B公司退回的商品。

(4) 12月26日，发生坏账损失2万元。

(5) 12月28日，收回前期已经确认的坏账1万元，存入银行。

(6) 2×21年12月31日，预期损失1.2万元，计提坏账准备。

要求：根据上述资料，分析回答下列问题（答案中的金额单位以万元表示）。

(1) 下列各项业务中，应记入"坏账准备"科目借方的是（   ）。

    A. 冲回多提的坏账准备

    B. 当期确认的坏账损失

    C. 收回前期应收账款

    D. 已转销的坏账当期又收回

(2) 根据资料(3)，关于销售退回的会计处理，正确的是（   ）。

    A. 冲减销售费用10万元   B. 计入销售费用10万元

    C. 冲减主营业务收入10万元   D. 冲减主营业务成本10万元

(3) 根据资料(4)，12月26日，确认坏账损失的会计处理，正确的是（   ）。

    A. 借记"坏账准备"科目2万元   B. 借记"应收账款"科目2万元

    C. 贷记"坏账准备"科目2万元   D. 贷记"应收账款"科目2万元

(4) 2×21年12月31日，应收账款余额为（   ）万元。

    A. 242   B. 200

    C. 236   D. 237

(5) 2×21年12月31日，计提或转销坏账准备前坏账准备余额为（   ）万元。

    A. 贷方1.2   B. 借方0.375

    C. 借方1.375   D. 贷方0.625

(6) 2×21年12月31日,计提或转销坏账准备( )万元。
   A. 贷方1.2　　　　　　　　　　B. 贷方1.575
   C. 借方1.275　　　　　　　　　D. 贷方0.625

2. 甲公司为增值税一般纳税人,适用的所得税税率为25%,2×21年1月1日,递延所得税负债余额为25万元,递延所得税资产余额为30万元,2×21年12月31日,递延所得税负债余额为28万元,递延所得税资产余额为23万元。本年有关业务资料如下:
  (1) 2×21年初结存原材料100吨,单位成本为1万元/吨,原材料发出采用先进先出法。2×21年6月和8月分别购入60吨和40吨,单位成本分别为1.2万元/吨和1.5万元/吨;2×21年7月生产领用150吨,10月建造厂房领用40吨;年末剩余的10吨原材料由于市场价格下跌,预计可变现净值为5万元。
  (2) 2×21年3月1日,购入乙股份公司股票20万股,每股市价10元,另支付交易费用2万元(不考虑增值税),确认为交易性金融资产。6月30日,该股票市价为每股12元;12月31日,该股票市价为每股11.8元。
  (3) 2×21年甲公司发生业务招待费70万元,按税法规定允许扣除50万元;发生广告费100万元,按税法规定允许扣除80万元;当年营业外支出中有10万元为行政罚款。
  (4) 2×21年甲公司利润总额400万元。
  要求:根据上述资料,分析回答下列问题(答案中的金额单位以万元表示)。
  (1) 根据资料(1),下列说法正确的是( )。
     A. 2×21年7月,甲公司生产成本增加150万元
     B. 2×21年10月,甲公司厂房成本增加48万元
     C. 2×21年12月末,甲公司库存原材料账面余额为15万元
     D. 2×21年12月31日,该原材料应确认资产减值损失10万元
  (2) 根据资料(2),2×21年3月1日,甲公司的正确会计处理是( )。
     A. 交易性金融资产增加202万元
     B. 投资损失增加2万元
     C. 交易性金融资产增加200万元
     D. 投资收益增加2万元
  (3) 根据资料(2),2×21年12月31日,甲公司的正确做法是( )。
     A. 交易性金融资产增加40万元
     B. 交易性金融资产减少4万元
     C. 公允价值变动损失4万元
     D. 公允价值变动收益40万元
  (4) 根据资料(3),甲公司的正确做法是( )。
     A. 调整增加应纳税所得额50万元
     B. 调整增加应纳税所得额10万元
     C. 调整减少应纳税所得额50万元
     D. 不做调整
  (5) 根据上述资料,甲公司做法正确的是( )。
     A. 2×21年应纳税所得额450万元

B. 2×21年递延所得税 10 万元

C. 2×21年所得税费用 100 万元

D. 2×21年净利润 300 万元

3. 甲企业为增值税一般纳税人,适用增值税税率为13%,原材料按实际成本核算,该企业12月份发生的有关经济业务如下:

(1) 5日,购入A材料5 000千克,增值税专用发票上注明价款为300 000元,增值税税额39 000元,购入该种材料发生保险费1 000元,发生运输费4 000元(不考虑增值税),材料已验收入库,款项均已通过银行付清。

(2) 15日,委托外单位加工B材料(属于应税消费品),发出B材料成本10 000元,支付加工费5 000元,取得的增值税专用发票上注明增值税税额为650元,由受托方代收代交的消费税为1 500元,材料加工完毕验收入库,款项均已支付,材料收回后用于继续生产应税消费品。

(3) 31日,生产领用A材料一批,该批材料成本15 000元。

要求:根据上述资料,不考虑其他因素,分析回答下列问题。

(1) 根据资料(1),下列各项中,应计入外购原材料实际成本的是(　　)。

　　A. 运输过程中的合理损耗

　　B. 采购过程中发生的保险费

　　C. 增值税专用发票上注明的价款

　　D. 增值税专用发票上注明的增值税税额

(2) 根据资料(1),甲企业采购A材料的会计处理,结果正确的是(　　)。

　　A. 记入"原材料"科目的金额为305 000元

　　B. 记入"原材料"科目的金额为300 000元

　　C. 记入"应交税费——应交增值税(进项税额)"科目的金额为39 000元

　　D. 记入"管理费用"科目的金额为5 000元

(3) 根据资料(2),甲企业委托加工业务的会计处理,结果正确的是(　　)。

　　A. 收回委托加工物资的成本为15 000元

　　B. 收回委托加工物资的成本为16 500元

　　C. 受托方代收代交的消费税1 500元应计入委托加工物资成本

　　D. 受托方代收代交的消费税1 500元应记入"应交税费"科目的借方

(4) 根据资料(3),企业实际成本法下领用原材料的方法是(　　)。

　　A. 先进先出法　　　　　　　　B. 个别计价法

　　C. 移动加权平均法　　　　　　D. 后进先出法